啓明館が紡ぐ

小学国語
読解の完成

【5年・6年向け】

中学入試必携
決定版!!
受験国語のアンソロジー

みらい

実力判定テスト① 解答用紙

試験時間　五十分（百点満点）

得　点

一

問1　A　B　C

問2

問3

問4

問5　1　2

二

問1　Ⅰ　Ⅱ

問2　〜

問3

問4

問5　1　2

問6　④　⑤　⑥　⑧

問7　1

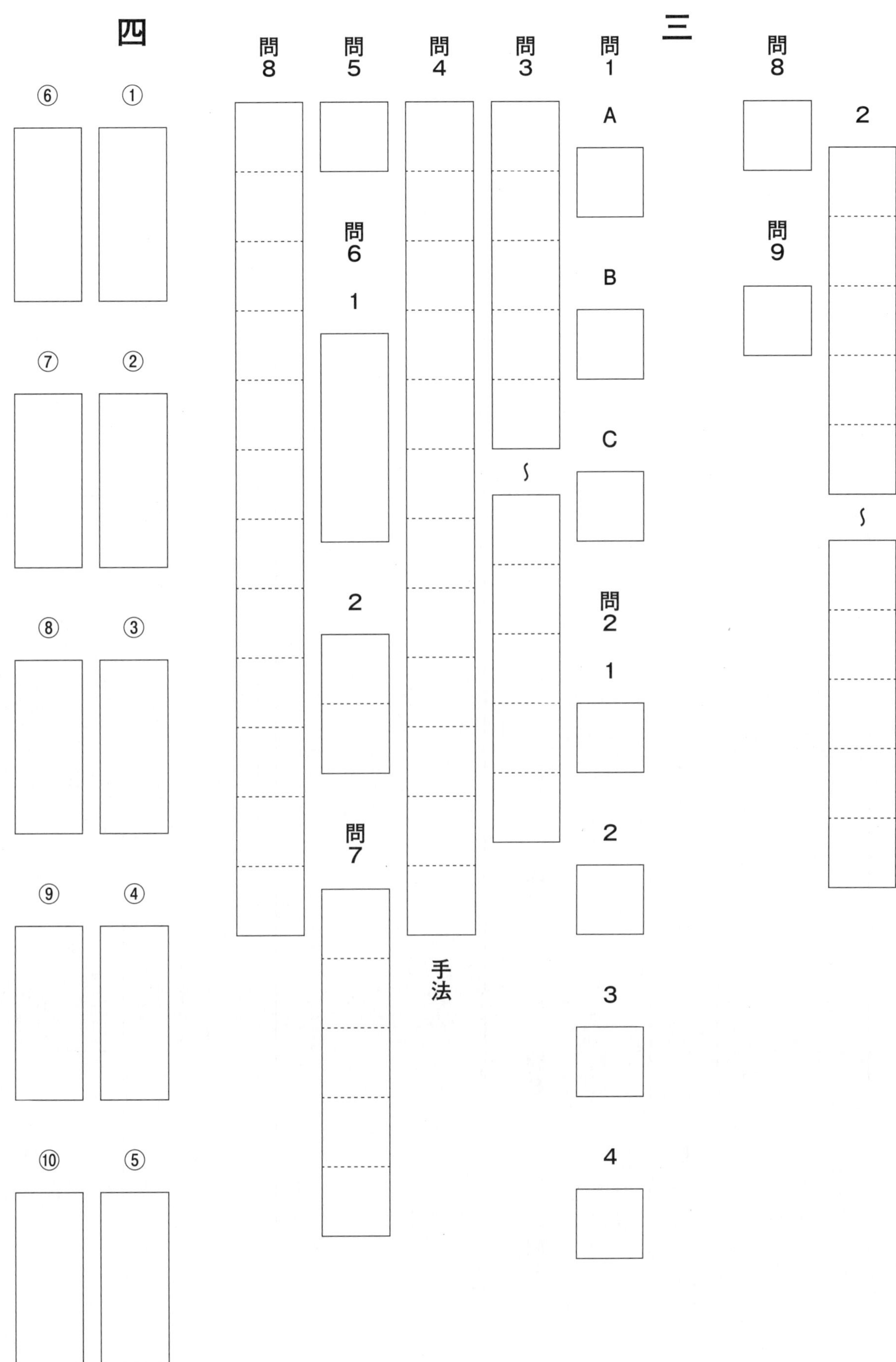

2
問8
問9
三
問1
A
B
C
問2
1
2
3
4
問3
問4
手法
問5
問6
1
2
問7
問8
四
①
②
③
④
⑤
⑥
⑦
⑧
⑨
⑩

実力判定テスト② 解答用紙

試験時間 五十分（百点満点）

得点

一

問1

問2 あ い う え お

問3

問4

問5

問6 〜 こと

問7

問8

問9

二

問1 A B C D E 急 亡

問2 こと

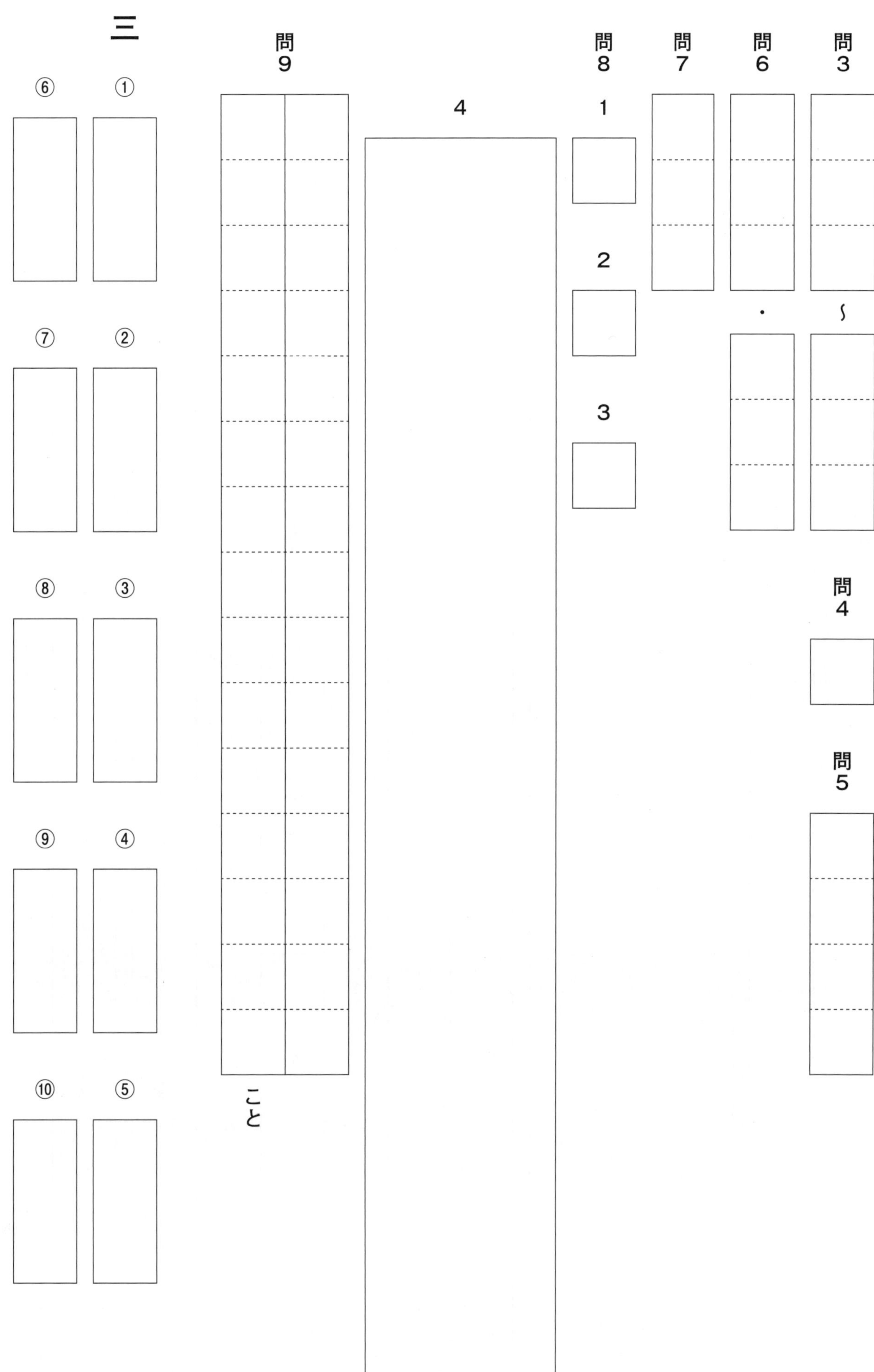
三
問3
〜
問4
問5
問6
・
問7
問8
1
2
3
4
問9
こと
①
②
③
④
⑤
⑥
⑦
⑧
⑨
⑩

実力判定テスト③　解答用紙

試験時間　五十分（百点満点）

得点

一

①
②
③
④
⑤
⑥
⑦
⑧
⑨
⑩

二

問1

問2

①
②
③
④

三

問1

問2

問3

四

問4

問5

問1

1

2

3

4

5

問2

ア

イ

ウ

転倒

エ

者

問3

問4

〜

問5

〜

問6

A

B

C

問7

問8

A

B

五

①

②

③

分野別ワンポイント講座

練習問題　解答

その1

1　うかがって
→「うかがって」は謙譲語(けんじょう)ですから、相手の動作に対して使うのはふさわしくありません。「お聞きになって」と尊敬語(そんけい)を用いるべきです。

2　お父さん（は）
→「お父さん」は自分の身内ですから、「父」と言うべきです。

3　お持ちになり（ます）
→「お持ちになり（ます）」は尊敬語ですから、「私」の動作に対して使うのはふさわしくありません。謙譲語の「お持ちし（ます）」「お持ちいたし（ます）」を用いるべきです。

4　いただいて
→「いただいて」は謙譲語ですから、相手の動作に対して使うのはふさわしくありません。「めしあがって」と尊敬語を用いるべきです。

その3

1　登場人物　2　ア
3　ト書き　4　しもて

I－1 戦争と人間

解答

問1　ア　ウバ　イ　エンガワ　ウ　カッキテキ
エ　ウイウイ　オ　オジ

問2　ア・イ・ウ（順不同）

問3　エ　問4　ウ

問5　敵に囲まれた日本と同じように「ぼく」は包囲されていて、逃げ場はなく、反抗しても無駄だということを思い知らせようとしている。

問6　自尊心

問7　息子に会えた喜びと、両親と会えない他の子供達への同情から、おいもの父親が、涙を浮かべているということ。

問8　ア　問9　エ

問10　ようだった

問11　一般的には大切なもの、持つべきものと考えられているから。

問12　あ　理科室　い　人骨の模型　う　泣き出して

解説

問1　漢字は書き取りばかりでなく、読みにも気をつけましょう。それから「カタカナで」という注意を見逃さないように。

問2　ふつうに考えれば「さん」付けは敬意を込めた表現です。しかし、佐伯が「ぼく」に敬意を持っているとは考えられません。むしろ、かつて「副級長」としてみんなの上に立っていた「ぼく」よりも、自分の方が「力」を持っている現状を誇っています。

問3　本文中の「三束はカタい」は「可能性が高い、確かだ」という意味なので、エの「優勝はカタい」が同じ意味の使い方になります。

問4　傍線部の周辺を読んでも、意味がわからないかもしれませんが、62行目での使われ方を見れば、「お国のためにつくそうって気がない」人を「非国民」と呼んでいることが分かります。つまり、ウ「国の方針に対して協力的でない人」が正解となります。

問5　直前に「ぼくを包囲する体勢を崩さなかった」とあります。つまり「敵に囲まれて」いるのは「日本」だけでなく「ぼく」も同様なのです。そして「破れると思うか」と聞くことで、暗に「俺たちからは逃げられないのだから、言うことを聞け」というメッセージを送っているのです。

問6　「ふざけるな！」と拒否したいのに、「わかったよ……」と言ってしまう。この時、何が痛むのか。当然「心」ですね。「三字のことば」を探すと、139行目に「自尊心」とあります。

問7　傍線部の前後のせりふは共に「おいもの父親」のものですから、「彼」がだれかはすぐにわかります。「目に光るものがあった」の「光るもの」とは「涙」のこと。おいもの父親が目に涙を浮かべるのは、「おうちの方にあいたい」であろう少年たちへの同情と、「早く許可がおり」て息子に会うことができた喜びからです。

問8　はっきりと頷かないのは、本当は頷きたくないからです。しかし、佐伯には逆らえない。そこで「あいまいに頷く」のです。

問9　「おいも」が「一日級長」になったというのは、彼の父親をだますための嘘です。それが他の人（たとえば先生）の耳に入れば、その「嘘」がばれてしまいます。

問10　ぼくのところに何もまわってこなかったのですから、佐伯たちが〈特配〉を受けたということは言い切れません。したがって「（〈特配〉を受けた）ようだった」という表現をしているのです。

問11　書き出しをヒントに考えます。

問12　校内で出会った〈感じの良い子供〉との別れの心細さ、悲しさで泣き出しそうになったぼくは、〈泣き出してもおかしくないきっかけ〉を探していたのです。「理科室」にあった「人骨の模型」がそのきっかけとしてふさわしく感じられたのです。「五字」という指定があるので「人骨の模型」を「ガイコツ」としてはいけません。

家族とは

解答

問1 i 家族の交差点　ii 会話

問2 エ

問3 主人だけが特別の食事をするという生活スタイル

問4 一日の作業が終わった安らぎに包まれ、静かに自分をいやす時間。

問5 ⑥

問6 1 エ　2 オ　3 イ

問7 i リビングルーム　ii 他者との付き合い方　iii 他人への思

問8 ⑤ 威厳　⑥ 他人（他者）

問9 イ・エ

問10 ア 習慣　イ 経　ウ 機械

解説

問1 i、家族が集う食卓を、人々が行き交う交差点にたとえています。ii、家族がそろった食卓では「会話によってお互いの情報を交換」（5行目）しているのですが、父だけの食卓では父は「話をするわけでもなく、黙々と飲んでいた」（16～17行目）のです。

問2 8～9行目の「子供の喜びが自分の喜びと感じられる」と通じるエが最もふさわしい選択肢です。

問3 傍線部のある文と、その前の一文をまとめます。「父親」と商家の店主の例を含むので、主語は「父親」とせず、「（家の）主人」とする必要があります。

問4 キーワードを意識しながら⑧段落の内容をまとめます。

問5 誰と誰が「同じ人間」なのかを考えると、テーマから親子のことだと想像できますから、親と子の力関係を述べた段落を探します。

問6 1、豪華な食生活をする「グルメとか食通とは縁遠い」のですから「シンプル」。2、たまると疲れるのは「ストレス」。3、あると会話がいきいきとするものは「ユーモア」。

問7 i、傍線部を読むと「茶の間」とは家族が集合する場所だと分かります。現在の日本の住宅ではリビングルームが「家族全員の社交の場」（83行目）であると書いてあります。ii、「身につけることができるもの」は、表現を変えて何度か出てきますので、字数に合うものを選びます。iii、設問の「家族でふれあう経験が不足すると」は、76行目の「人間相手の微妙なやりとりの積み重ねがないと」を言いかえたものです。

問8 ⑤、傍線部の前後から、●●にあてはまるのは父親の権力のもとになることばだと分かります。

⑥、傍線部のある「お母さんはまず、子供は●●なのだと自覚することが大切だ」という文は、63～65行目の段落で述べられている「子供のことを、自分の体の一部、自分の所有物のように思っている」ような「困った母親」に対しての要望です。こういう母親に子供を「自分の一部」としてではなく、他人（他者）として認めるようにと述べているのです。

問9 ア「家族で過ごすことの大切さ」は〈Ⅰ〉〈Ⅱ〉の共通テーマですが、「食事」については〈Ⅰ〉のみでふれられている内容です。ウ「父親の存在の重要性を強調」、オ「現在は友人関係のような父子ばかり」とまでは書かれていません。イは〈Ⅱ〉の後半部分で述べられています。エは、〈Ⅰ〉食卓、〈Ⅱ〉リビングルームを挙げ「家族が同じ空間で集うことの大切さ」にふれています。

問10 同音異義語はしっかり区別して覚えましょう。

解答

問1　ア 土産　イ 夢中　ウ 興味　エ 朗読　オ 授けた

問2　A ウ　B ア　C オ　D エ

問3　1 エ　2 オ　3 イ　4 ウ　5 ア

品詞名　副詞

問4　a ウ　b ア　c ウ　d エ

問5　ウ

問6　エ　問7　ア

問8　新しいのは買いませんからね

問9　以前勤めていた家具工場の職人さん

問10　天によって〜えられた音

問11　エ　問12　変えてくれる。

問13　父は仕事で家を空けることが多く、母は子どもがきまりを守っていさえすればあとは無関心で、相談に乗ってくれることはあまりなかった。しかし、キリコさんは、「私」の気持ちを理解し、尊重し、同じ視線でものを見たり考えたりしてくれる、いわば唯一の味方であった。

解説

問2　A、前のことにつけ足し（添加）する「しかも」。B、勉学のひとつの例として漢字の書き取りがあげられているので例示の「たとえば」。C、書いて休む、というように引き続き作業が続いているものをつなぐのは「そして」。D、直前に書いてあることは、インクが切れてうろたえたことの原因といえます。よって「だから」。

問3　2、どうせ↓知っている漢字ばかり、3、たとえ↓ないにしても、4、まるで↓ような気分だった、と続く部分から選びます。

問4　同じように言い換えられるものを探すこと、使われている場所が同じかどうか見ることがポイントです。aとウは連体修飾。イは「気温が」と言い換えられる主格の「の」。エは文の終わりにつく終助詞。bは「（まるで）〜ような」という比喩。ウは「はっきりとわからないけれどどうもそうみたいだ」という推定。エは例示。cは「〜だけ」と言い換えられるものを探します。dは助動詞の「ない」ですから「ない」を「ぬ」に変えることができるものが答え。アは「さりげない」で一つの形容詞、イ・ウは「ない」という形容詞です。

問5　万年筆を手にすることでできることは何か考えましょう。それは書くこと。「私」が力を発揮するとは、書くことであやふやなものにかたちを与え、意味を授けること。ア・イは「書くこと」にまったく無関係。書きたいことは「私」の内側からあくまでも湧き上がってくるのであり、万年筆からあたえられるわけではありません。その表現手段として万年筆があるのです。よってエも誤り。

問6　ただの白い紙だったページに意味を与えたのが自分であり、「世界の隠された法則を、手に入れたかのような」気分なのですから、「優越感」を味わっています。また、ノート一面に字を書いていたのですから、「疲労」も感じていたのです。

問7　③の三行前から判断してアが正解となります。

問8　お母さんのお得意の台詞が入ります。

問9　「食卓の脚になるはずの木」から、家具に関係があると連想します。5行目の「以前は家具工場で事務員をしていた」をもとに、キリコさんが誰に頼んで笛を作ってもらったのか推理します。

問10　リコーダーの音ですから探す範囲は限られています。

問11　「まぎれもない本物の」という意味を持つのは「正真正銘」です。

問12　脱文の「言葉という形」を頼りに本文をたどっていきます。すると、34〜35行目に「言葉たちは〜形に変えてくれる」と、脱文のキーワードを含むところがあります。

問13　「私」にとってキリコさんがどのような存在だったか、「私」の家庭環境はどのようなものだったか、この二点をばらばらに書くのではなく、関連づけてまとめましょう。

比較文化と日本

解答

問1　A カ　B ア　C 馬　D ケ　E 減
問2　1 エ　2 オ　3 ウ　4 イ　5 ア
問3　ヴェネツィア人の乗馬技術はイタリア最低だ
問4　エ　問5　ア
問6　自動～もの／速度～よう
問7　規則・守る（完答）
問8　いな　問9　臨機応変（の）
問10　ローマっ子…自分は規則を守らず運転しているのだから、他の運転手や歩行者も規則を守るとは限らない。だから油断せずに運転する。
ドイツ人……自分は規則を守って運転しているのだから、他の運転手も規則を守るはずだと考え、規則をはずれることなどおこらないと考えて運転する。
問11　それならば

解説

問1　A、「物の姿や形」という意味の「影」。B、「物事の様子」という意味の「図」。C、「生き馬の目を抜く」…「すばしこく、油断がならない」という意味。D、「折あらば、追い抜き割り込みをしようと、いっときも油断していない」（26～27行目）のですから「真剣勝負」。E、まわりの状況を見て、速度を速めたり遅くしたりと「加減」する、という意味。
問2　1、「えてして」は、「えてして○○しがちだ」という形で使われます。
問3　傍線部の「これと同じこと」とは、直前の「彼ら（ヴェネツィア人）の運転技術はイタリア最低」だということ。そして、傍線の直後に「自動車についてではなく、当時の自動車だった馬についてである」とありますから、「運転技術」を「乗馬技術」と言い換えます。
問4　トリノやミラノの人々は比較的「交通規則はちゃんと守る」ために「他の人間も（交通規則を）守ると思い込」んでしまっているから、「規則を守らない人や車」に遭遇すると「完全にお手あげ」、つまり、運転が上手くいかなくなってしまう、と傍線部の後で述べられています。
問5　直前の「ローマは、古い古い都市だから」が理由です。では、古い都市だとなぜ道が「自動車に都合良くは作られていない」のでしょうか？　そうです、そのころまだ自動車はなかったのです。
問7　「ドイツ人は、イタリア人とは正反対に、[⑤]ことの好きな国民だ」とあります。では、イタリア人はどんな国民なのか。もちろんイタリア人といっても、フィレンツェの人、トリノやミラノの人、ローマっ子と、それぞれ特徴があります。しかし、ここでドイツ人と対比されているのはローマっ子であることがわからなくてはいけません。では、ローマっ子は何が嫌いなのか。33行目に「規則を守らない」とありますね。よって、正解は「規則を守る」です。
問8　「～するやいなや」は「～するとすぐに」という意味です。
問9　「柔軟性に欠ける」とはドイツ人の性質を表しています。ということは、これと正反対の表現はイタリア人（ローマっ子）の性質を表すために使われているはずです。「柔軟性」があるのですから、その場、その場に応じて「臨機応変」に適切な行動ができるはずです。
問10　ローマっ子については24～42行目、ドイツ人は46～55行目をよく読んでまとめます。
問11　「このため」という指示語と、「狭い道」というキーワードをヒントに探します。

解答

問1　二段落目　ぼくらが寮　　三段落目　外へ出ると

問2　Ⅰ　エ　　Ⅱ　父ちゃんが～れている。

問3　「ぼく」にとって洗面器と石けんを買うことは、なけなしのお金を父に使わせることであり、それでもこれだけはないと生活していけないという心の苦痛を伴うギリギリの選択だったということ。

問4　a　イ　　b　イ　　c　ウ　　d　イ

問5　ア　　**問6**　ア　　**問7**　オ　　**問8**　オ

問9　田舎とちがい、物価の高い町の様子を目の当たりにして暗い気持ちになりながらも、何とか息子のためにお金を工面していこうとしている父の姿を見て、心からすまない思いがしたから。

問10　光って　　**問11**　しかしぼく

問12　〈父の「ぼく」への思い〉

親元をはなれて苦学を始める息子へ、充分な支度を整えてやれないつらさをかみしめながら、息子を一人残して別れねばならない寂しさや不安にたえる思いを抱いている。

〈「ぼく」の父への思い〉

田舎者の父を恥ずかしく思う気持ちと、貧しくても精一杯子供を気づかい無理を重ねる父の親心への感謝と謝罪の思いを抱いている。

解説

問1　まず一段落目の場面を確認しましょう。「父ちゃんといっしょに街へ買い物に出た」場面ですね。21行目で、「ぼくらが寮へもどって間もなく」と、場面が変わっています。ここからが、寮での様子が描かれた二段落目。次に、汽車で帰る父ちゃんを見送りに出た場面へと変わります。このように、場所の変化、時間の推移、登場人物の増減に注目すると場面わけがしやすくなります。

問2　Ⅰ、「ぼく」の前では経済的な困窮ぶりをおくびにも出さず、「これはどうだ?」と高い品物をすすめる父ちゃん。経済的に苦しい立場にあっても、息子にはみじめな思いをさせたくないという父親の意地といったものが感じられますね。

Ⅱ、「よれよれの上着」「ボタンが二つほど取れている」といった描写からは、身なりにお金をかける余裕がないことが感じられます。

問3　母ちゃんから家の経済状況を聞かされている「ぼく」は、「父ちゃんによけいなゼニを使わせ」ないようにしようと心に決めています。これ以上お金を使わせたくないけれど、生活必需品である「洗面器と石けんだけ」はやはり必要だ、買ってもらわねば…と意を決して買ってもらうことにしたのです。

問4　本を読んでいる青井さんに煙草の煙が迷惑なのでは?　と考えた「ぼく」は眉間に縦じわをつくり、「煙草をここで吸わないで」と、父ちゃんにアピールしているのです。

問5　もう一晩宿にも宿泊でき、子どもにも必要なものを充分にそろえてやれる早瀬の母親と、自分の経済状況を比較し、父ちゃんは暗い気持ちになっているのです。

問6　親元を離れて暮らす息子の身を案ずる親の思いを想像します。

問7　人間でないものが人間のような動作をする、擬人法が用いられているものを選ぶだけです。

問8　父ちゃんが「壁の献立て表を見ながら言った」ことに注目します。献立て表に記された値段を見て、街の物価の高さに驚いたのです。

問9　**問3**と同様。親心をありがたいと思う気持ちと申し訳なさとがまざった複雑な心境をわかりやすくまとめましょう。

問10　直前の段落に、父ちゃんが泣き出しそうな様子が描かれています。

問11　父ちゃんと離れがたく感じていることがわかる一文を探します。

問12　**問2**のⅠ・**問5**・**問6**・**問8**が父→息子への気持ち、**問3**・**問9**が息子→父への気持ち。ここを使って答えを作りましょう。

まとめ・演習2

解答

問1 A ウ　B イ　**問2** 「善いこと～後ろめたさ
問3 山口に弁当を半分わけてやること
問4 イ　**問5** エ　**問6** ア
問7 弁当の中身が弁当箱の大きさに比べて少なくてみすぼらしい様子。
問8 ぼくは思っ　**問9** イ　**問10** 照れくささ
問11 半（信）半疑　**問12** 彼がひね～れたこと　**問13** オ

解説

問1 A、弁当を分けてやるという「ぼく」の親切を、「神経質でプライドのつよい山口」は押しつけがましいと感じてはねつけるだろうと「ぼく」は考えたのです。**問4**も同じ趣旨の設問です。B、次の行の「あたりまえのことをするのに、あたりまえの態度でしよう」も同じ意味です。自分の弁当を食べるのだから、うしろめたさを感じたりしないで当然のこととして食べようということです。

問2 「そのときぼくを躊躇させたものは」何かを追って傍線部を読んでいくと、二行後に「それは」とあります。この述語にあたる部分に答えがあります。

問3 8～9行目「彼に弁当を半分すすめたものだろうか？」と迷っていますね。この内容を「それ」の代わりに文中にあてはめられるように言いかえます。

問5 弁当を持っている「ぼく」は弁当を持っていない山口を伴って歩きながら、山口の思考を想像しています。

①山口は、その日当たりのいいところで「ぼく」が弁当を広げ、山口が弁当を持っていないことに気を遣って弁当を分けてくれると言い出すのではないかと思う。

②そんなふうにあわれまれることはプライドが許さない。

③しかしまだ何も言われてないのにへんに反抗すると、「ぼく」が弁当を分けてあげようと言い出すのではないかと思ったことが、見すかされてしまうと警戒して、おとなしくつづいてきた。

傍線部の直前の「へんに反抗して」をヒントに、拒否するとどうなるかを考えて選びます。また、あくまで「ぼく」が、山口はどう考えるかと想像した内容を答えるのだということにも注意。

問6 「ぼく」が弁当をどうするつもりだったかに注意。イ、山口に見えないように食べようとしていたわけではありません。ウ、この時までは弁当を半分すすめるのはやめようと思っていました。エ、母への罪悪感は14行目に出てきますが、それで「気がはりつめていた」わけではありません。

問7 弁当の中身が少ないので片寄ってしまっているのです。

問8 山口に弁当を分けるのをやめようと冷静に判断している形式段落は24行目からです。

問9 「ぼく」は予定とはちがう言動をとってしまったばかりか、激高し、興奮してしまいました。はっと冷静になり、自分がすまいとしていたことをしてしまったこと、それがもう取り返せないことに気づき、「もうどうにでもなれ」と少しなげやりになっているのです。「横を向いた」というしぐさもヒントになります。

問10 「ありがとう」と好意を受け取っているものの、照れくさいのです。62行目に「照れくささから、相手の目を見たくない気持ちはぼくにもあった」とあります。

問11 目の前の様子が予想とかけはなれているので、「半信半疑」なのです。

問12 山口が弁当を食べることで「ぼく」の好意を受け取ってくれたことに感謝しているのです。

問13 弁当を分け合うことで二人の間に生じた親密さや信頼に合うものはオです。アの「竹馬の友」は、幼い時からの友という意味なのでふさわしくありません。

科学技術の光と影

解答

問1 ア 以外　イ 現象　ウ 結構　エ 発芽　オ 専門家

問2 A エ　B イ　C ア

問3 ぼくたち人類のふるさと

問4 よい影響…気温が上がることによって、現在の気候では育たない農作物がよくとれるようになること。
悪い影響…気候の変化に適応できずに、植物の大半が枯死してしまうこと。

問5 気候変動に対する植物の生きる努力

問6 ついていけません　**問7** 浦島太郎のような気分

問8 温暖化による気候帯の移動のため植物は枯れ、人間以外のあらゆる生物が死に絶えるが、人間だけはエアコンのきいたドーム都市の中で快適に生き続けることのできる世界。

問9 イ・エ

問10 例　使っていない電化製品や電気のスイッチをこまめに切る。
見たい番組だけを見るようにして、テレビをつけっ放しにしない。
二～三階くらいなら階段を上り、エレベーターを使わないようにする。

解説

問2 A、前の文章に説明を加えて言いかえているので、エの「つまり」が答え。B、前の文章で地球温暖化は地球の歴史のリズムの一つかも知れないとあり、後ろの文章では温暖化は人間活動が原因だとあるので、前の文章の反対になるような内容になっています。したがってイの「しかし」があてはまります。C、具体的な例をあげて説明しているので、アの「たとえば」があてはまります。

問3 直後の「地球上の森が衰退し消滅していったら、人類は故郷を失うのです」をヒントにします。

問4 43行目に「もしそうなれば（気温が上がれば）いまの寒冷地域で農作物がよくとれるようになってケッコウなことだ」とあるのが「よい影響」。寒冷地域以外でもこういったことが起こる可能性があるのでそれをふまえて書きましょう。「悪い影響」は、48～49行目の「植物たちは生き残れるだろうか、草木の大半が枯死してしまわないだろうか」ということ。なぜそうなるかという原因（気候の変動に適応できないということ）を付け加えて書きましょう。

問5 直前の「気候変動に対して～生きる努力はするはずです」という文章に着目し、「気候変動」「植物」「生きる努力」という言葉を組み合わせて答えを作ります。

問6 56行目の「森の移動速度はよくて年間数百メートル」と61～62行目の「いまの二酸化炭素量の増加速度は、気候帯を年間数キロとか数十キロも移動させています」から考えると、森の移動速度は気候帯の移動速度に比べて非常に遅いことがわかります。したがって「ついていけません」や「追いつきません」などが答えになります。

問7 筆者のふるさとは、昔は「雪に埋もれていた」のに、今は「雪のかけらもありません」。昔に比べると大きく風景が変わっていて「浦島太郎のような気分」になっています。

問8 最後の段落をまとめます。植物も生物も生きられない荒涼とした大地に、人間だけが快適に暮らせる人工都市。そんな自然との調和を欠いた世界に生きるのはごめんだと筆者は述べているのです。

問9 選択肢の内容と文章の記述を照らし合わせながら解いていきましょう。イは34～35行目、エは86～90行目にある通りです。

問10 本文をヒントに答えます。傍線部の直後に「電気を使いすぎないとか、余分な物を使わない」とあるので、その具体例を書きましょう。

①吉野弘『詩の楽しみ』

解答

問1 A オ　B イ　C エ　**問2** a イ　b エ
問3 c 合理　d 恩　e 万（が）一
問4 受精という〜介入させる
問5 自花受粉は種属の繁殖によくないので、花は自花受粉をできるだけ避け、他花受粉を求めるから。
問6 ア 2　イ 1　ウ 2　エ 1
問7 1 欠如　2 無関心　3 自然の仕組み
問8 A 体言止め　B ウ　C つまり私も〜なのです。

解説

問1 接続語の問題。前後の内容から判断します。
A 「花びらの色」→「めしべの形状」と、芙蓉の花の説明をつけ加えているので、「そして」。
B 「背丈が揃っているほうがいい」→「背丈がちが（う）」という逆接の関係なので、「ところが」。
C 「花が受精する際に、花以外のものの力を借りるという仕組み」→「虫とか風とかに頼る面倒な受精法」と、同じ内容を言い換えているので、「つまり」。

問3 C、めしべとおしべの背丈が揃っているほうが受精しやすく、理にかなっているので、「合理（的）」。

問4 筆者は、「花が受精する際に、花以外のものの力を借りるという仕組み」（16行目）に驚きをおぼえました。指定の字数（四十五字〜五十字）で同じ内容を具体的に表しているのは、18〜19行目。「こと。」につづく形で答えます。

問5 30〜31行目に「芙蓉の花の長いめしべ、そのめしべに距離を置いているおしべ、その仕組みの理由は、この他花受粉の志向の形だったのです。」とあります。その直前の28〜30行目に、花の「他花受粉の志向」が強い理由が書かれているので、この部分をまとめます。

問7 3、52〜53行目に「欠如の充足を他者に委ねた自然の仕組みのすばらしさを思わないわけにはいきません。」とあります。

問8 B、他者なしでは生きられない↓しかし、そのことに気づいていない↓自分の欠点をおぎなってくれる相手の存在も知らない↓むしろ、その相手のことを嫌がっていることさえある。このような自由な世界の構成を「ゆるやかに」と表現しています。

②俵万智『短歌をよむ』

解答

問1 A カ　B エ
問2 子どもというのは、育てるものではなく、やはり育つものなのだ
問3 品詞名 形容動詞　c 勝手に
問4 下の句
問5 母の育て方とは関わりなく私は育ったと詠んだ（こと）
母の世話とは関わりなくトマトは自然に育ったと詠んだ（こと）
問6 ア　**問7** A ウ・エ　B ア・キ　C ア
問8 (1) みだれがみ　(2) イ　(3) エ
(4) 眼病をわずらっている先生　(5) ア・ウ

解説

問1 前半と後半に対になる漢字が入る四字熟語です。

問2 「親は子を〜」の歌の「主旨」を答えます。21行目からの説明に注目しましょう。

問3 「形容動詞」の活用は言えますか？「だろ、だっ、で、に、だ、な、

なら」ですよ。20行目の短歌の中の「形容動詞」と言えば「勝手に」です。正確に抜き出してください。

問4 筆者が探していたのは「今ひとつおもしろみに欠ける下の句」(26〜27行目)の代わりになる「下の句」です。「下の句」とは、「五・七・五・七・七」の「七・七」の部分ですね。

問5 自分の母親が育てた二つのもの。もちろん、一つ目は娘である自分自身ですよね。そして二つ目は家庭菜園で育てたトマトのこと。cの歌はそのどちらもが結局は「勝手に」育ったのだという内容なのですから、娘としては「ゴメンナサイ」というところでしょう。母の育て方とは関係なく、「私」も「トマト」も育ったのだということを書いて下さい。

問6 歌の内容と照らしあわせて考えます。イは「親の育て方で子供の将来も決まる」という部分が間違い。ウは「子を思う親のありがたみ」が変ですね。「子育ての楽しさ」は表現されていないので、エも×。

問7 Aの「しきしまの」は、「日本」・「大和」にかかる枕詞です。Bは倒置法だけでなく、「霧にぬれて」の部分が字余りです。Cも指折り数えてみると……。面倒くさがらずに必ず確認しましょう。

問8 与謝野晶子は社会でも学習しているでしょう。(3)、アは一見もっともらしい選択肢ですが、眼病をわずらっている人に対して「よく見て」というのは思いやりが足りませんよね。(4)、「まなこ病める師」を自分のことばで言いかえます。

③鷹羽狩行『俳句のたのしさ』

解答

問1 発見のよろこび　**問2** イ　**問3** 仏のしずかな世界

問4 ① エ　② イ

問5 i イ　ii 切れ字(切字)　iii イ・エ

iv C 菜の花・春　D 牡丹・夏

問6 エ　**問7** 詩人の眼　**問8** ア　**問9** うちかさなりぬ

問10 毎日の生活のなかにかくされていたかぎりなくゆたかなもの

問11 あ ウ　い エ　う カ　え ア

解説

問1 1行目にあるように、作者の「発見のよろこび」が句には詠みこまれています。

問2 青蛙のピカピカ光っている様子を、ペンキ塗り立ての状態に見立てているこの表現のよさは、牧歌的な素直さと言い換えられるようなものです。「魅力」なのですから、ア奇妙・エ幼稚はふさわしくありません。

問3 俳句Aの句意を説明した8〜10行目からさがしましょう。

問4 終助詞「か」は、疑問と反語の意味もありますが、この「か」は「塗り立てなの?」と問うているのではなく、「塗り立てなんだなあ」と自身の発見に驚く筆者の感動がこめられています。

問5 すべて基本問題です。iii、ちゃんと字数を指折り数えてくださいね。

問6 「当然のこと」という意味です。

問7 ただ見ているだけではだめなのだという表現は、46行目からの段落に繰り返されています。

問8 同じ行の「完全な具体性ではありません」、また二行あとの「断定していない」と合致するものを選びましょう。

問9 花びらの数から、それが重なっていることへ視点が移るわけです。

問10 直前の「それまで見すごしていた毎日の生活の〜かくされていたこと」をうまくまとめましょう。(文中の「それ」と入れ替えられるように「。」は不要です。)

まとめ・演習3

解答

問1 公私

問2 愛国心

問3 1（さ）からわ（ず）　2 等しい意味　3 対照
4 D 応　E 先

問4 1 イ　2 エ　3 ウ　4 ア

問5 ・科学的真理を求めたい科学者としての欲求と、人を大量に殺すための兵器を開発することへの倫理の葛藤。
・国家と国民のためにつくしたいという愛国心と、科学が本来的に持つ「国際性」や「普遍性」のどちらをとるか、という葛藤。

問6 エ

問7 ☆ 真　★ 倫

問8 軍事

問9 イ

問10 エ

解説

問1 傍線部①から、科学が「個人」的なものから「社会」的なものへと変化したことは読み取ることができますね。「個人」と「社会」という反対の概念を二字熟語で表すと「公私」となります。

問2 フリッツ・ハーバーという名前が再び出てくるのは、40行目。彼は強い愛国心から、戦争に全面協力したのです。

問3 1、「言いなりになって」ということばも大きなヒントになりますね。2、「研究費が多く出されたこと」が、「研究の自由」とイコールであると見なされた、ということです。3、同音異義語は中学入試にもよく出題されます。違いがよくわかる、正反対といった意味合いの場合は「対照」と書きます。「6年生対象のテスト」「左右対称」というように、用例ごとに覚えましょう。4のE、「先見性」とは字の通り「先を見とおす力」のことです。

問4 1、直前の「科学のための科学」を「個人の楽しみや哲学的興味で研究が進められていた」と言い換えています。2、科学者の心中にあったさまざまな葛藤を考察する一例として、マンハッタン計画の際の事例を出しています。3、二者の間で悩む例が並べられています。例示の「たとえば」が入ります。4、フランクの発言をつないでいます。順接の「そして」が入ります。

問5 一つ目の葛藤は、「科学的『真理』を求めたい科学者としての欲求」と「人を大量に殺すための兵器を開発することへの『倫理』の葛藤」（30〜32行目）。二つ目は「国家と国民のためにつくしたいという『愛国心』と科学が本来的に持つ『国際性』や『普遍性』との葛藤」（38〜39行目）です。

問6 ケン・ベインブリッジの発言が、「後ろめたさ」に満ちたものであることに注意します。

問7 傍線部⑤は、**問5**の一つ目の葛藤と同様の内容です。

問8 戦争時に、科学者を戦争研究に従事させ、兵器開発に当たらせることは「科学の軍事化」です。兵器開発に向かう科学者の心に、良心・倫理があれば、「科学の軍事化」は押し止めることができると筆者は述べています。

問9 フランク報告の内容と合うものを選びます。

問10 ア、科学者が兵器の開発に当たったのは莫大な研究費に惹かれてという動機からだけではなかったのは26〜27行目にある通りです。イ、外国と日本の対比は本文の中には出てきません。ウ、「朝永振一郎氏が最初」という点が誤り。科学者の社会的責任について初めて明言したのはドイツ出身のジェームス・フランクでしたね（51〜52行目）。

Ⅱ－1 おさらい・演習4

解答

問1 X ア　Y イ　Z オ

問2 A オ　B キ　C ウ

問3 拭き掃除しなくてもわからんよ　問4 オ

問5 病気の母の手伝いのために遅刻する権太を毎日叱るような、高圧的で度量のせまい先生。

問6 やらなきゃあならんことはやるもんだ

問7 たとえ叱られようと、自分の正しいと思うことをつらぬく権太のいさぎよさにふれ、叱られないようにすることばかりを考えて行動する自分の姿勢が間違っていることに気づいたから。

問8 祖父は正しいことをするならば他人がどう思おうと構わないという考え方だが、叔父さんは周りの人からどう見られるかに重きを置く考え方である。

問9 ウ

解説

問1 Xの「大みえ」は「自分を誇示するために大げさな態度をとる」という意味。耕作は級長の若浜に「叱られるのがいやだ」ということを知られたくなくて「大みえ」を切っているのです。

問2 A、直後からわかるように、耕作は先生に見つかって叱られるのがこわいので「びくびく」しているのです。Bは、先生に見つからないよう走ったわけですから、キ「のろのろ」歩いていると見つかってしまいます。Cは、すぐ後に「と言う叔父が、ふたこと目にはそう言うのだ」とあるように、「ふたこと目」とは反対の内容にあたる言葉が入ります。「ふたこと目」とは叔父さんの「部落の者に恥ずかしい」「人に何と言われっか、わかんねえぞ」というような他人の目を気にする発言のことなので、Cには他人に遠慮をしないではっきりものを言う、ウの「ずけずけ」が入ります。

問3 拭き掃除の話題だということはすぐにわかります。次に、直後の権太のせりふから耕作の言ったことを推理します。

問4 耕作は、先生が研究授業の批評会で教室に来られないので、掃除を簡単に終わらせて早く帰ろうとしますが、権太は「わかってもわからんくても、することだけはするべ」と言って耕作に掃除をきちんとするようにうながします。耕作は、裏表のない権太に比べ、自分がずるいようで恥ずかしく思っているのです。「ただす」は「よくないところ、間違っているところをなおす」という意味です。なお、ウは「いつも以上に」という点が誤りです。

問5 母の手伝いをしていて遅刻をする権太が毎日叱られていることについて、耕作は「叱る先生が無理だ」と思っていることをヒントにします。また、権太一人に掃除をさせるという若浜のおどしからも、「先生に言ってやるぞ。叱られるぞ」という懲罰の方法や、教師の立場をかさにきた高圧的な先生だということが想像できます。

問6 「きっかけのことば」ですから、権太のせりふの中から探します。

問7 耕作は小さい時からいつも人にほめられていたため、「叱られる」ということは「耐えがたい恥ずかしさ」でした。そのため「叱られまい」「誰にも指をさされまい」とすることが大切でしたが、権太の「先生に叱られても、自分で正しいと思ったことはしたほうがいい」という考え方を知って自分が間違っていると気づき、「がんと頬を殴られた思い」がしたのです。

問8 耕作の祖父は「人がどう思おうがかまわねえ」という考え方ですが、叔父さんは「部落の者に恥ずかしい」や「人に何と言われっか」からわかるように、他人からどう見られるかという観点で物事を判断しています。これらを対比させてまとめましょう。

問9 ア、53～54行目に「特に何かについて深く話し合うといったことが、今までなかった」とあるので誤り。イ、権太と耕作のどちらが親切かなどは本文と関係がありません。エ、オは言い過ぎです。

解答

問1　そう・せき
問2　ア　たた　イ　いま　ウ　また（まば・しば）　エ　はに
問3　エ　問4　イ　問5　乾電池も忘～だ、病院で
問6　オ
問7　息子を残して死なねばならないが、本当ならばずっとそばにいて成長を見守ってやりたいという息子への思いをその船に託すつもりだったから。
問8　悲し（つら）　問9　イ　問10　ア　問11　ウ
問12　Aでは父を失う悲しみを実感をもって感じられないでいるが、Bでは父との別れを実感し、ほとばしる悲しみに満たされている。
問13　ウ
問14　「タカシ丸」と、思い出の中の水平線に消える漁船、そしてあの世に旅立つ父の姿が時間を超えて重ね合わされ、父の存在が雅也の胸に刻み込まれたことを強く印象づけている。（短い文を重ねることで、悲しみに乱れる雅也の思いを効果的に表現している。）

解説

問3　息子がガンで余命がわずかだと知っているものの、その辛い事実を受け入れることができず、「知らん」と言っているのです。
問4　イは、本文に照らして間違っているところはないものの、決め手に欠けるようにも思えます。しかし、他の選択肢はすべて誤った内容を含みます。ア、「悲しくなった」が×。ウ「ねたましい」は言い過ぎ。エ、「父がガンでさえなければ」が×。オ、「不思議」が誤り。この場合、誤りを含まないイを選ぶことになります。
問5　設問に「雅也が感じている印象以外に」とあるのに注意します。乾電池を買い忘れるんじゃないかと病院で心配していたのだという父親のせりふが、「か、ん、で、ん、ち――」という声は父親のものだったということを暗示しています。
問6　ア、ホームセンターで見かけた親子連れに張り合っているわけではありません。父の声を思いだせないのは、自分と一体化したからだと思い至り、感慨深い思いでいるのです。
問7　まだ小学四年生の息子を残して死なねばならない父親。この船は父親が息子への思いを託した分身でもあり、形見でもあるのです。
問8　父親との共同作業の楽しさを知った雅也。けれど、この楽しさを再び味わうことはないだろうと分かっているので、楽しさと悲しさの両方に包まれているのです。
問9　ア、「来年も工作を手伝ってやれるかも」とは思っていません。ウ、しっかりうなずいているので、「どう答えたらいいだろう」という迷いの姿勢ではありません。エ、幼いながらも、息子は父の死が近いのを悟っていてあえて「来年も、工作、手伝って」と言っています。その気持ちは父親にも伝わっているでしょうから、「父親の死が近いと感づくことのないように」というわけではありません。
問11　問7の解説でもふれたように、この船には父親が重ねられています。「タライの縁に舳先が当たってゴールした」とは、父親の人生の終わりの時を暗示しています。また、この工作はこの船を父親の分身・形見とするための父と子の別れの儀式でもあったのですが、その終わりをも示しています。だから雅也は「船が完成した喜びとは違う、悲しみや寂しさとも似ているようで違う、生まれて初めて感じるなんともいえない思いで胸がいっぱいになった」のです。
問12　Aではまだ、どこか自分のことではないような、現実感のなさを抱いていますが、やせ細った父との工作を通して、父がいなくなってしまうということ、旅立つ父の愛情を実感し、悲しみに満たされているのです。
問13　雅也の心の中に、父の思いはとどまり続けたということです。
問14　思い出の中の漁船と「タカシ丸」が重ねられていることに、どのような意味があるのかを考えましょう。

説明文・まとめあげの技法①

解答

問1　A　イ　B　エ
問2　C　カ　D　イ　E　オ　F　ア
問3　三景ともが海辺の景色であり、おだやかな内海に臨む小さな浜で、すぐ目の前に小島または洲が見える景観であるという性格。
問4　日本列島は山がちな地形なのに、「日本三景」にひとつも山の風景が入っていないこと
問5　ア
問6　エ
問7　他人と争わざるをえなくなること
問8　ものごとはそんなにうまくいくわけがない
問9　悲観主義
問10　期待を裏切られる苦痛からまぬがれるため。
問11　ア　のぞ　イ　冒険　ウ　たみ　エ　気候　オ　いひょう　カ　感心　キ　こうしゃ　ク　軽減
問12　1　同（エ）異（曲）　2　当然　3　う　ウ　え　イ

解説

問1　一般常識としてこのくらいの知識は持っていたいものです。イの「松島」は、絶景のあまり、松尾芭蕉が言葉を失った、という言い伝えもあります。なお「松島や　ああ松島や　松島や」は芭蕉の作ではありません。

問2　C、一文の終わりの「からである」と結びつくのは「なぜなら」。D、「いないわけではなかった」けれど「きわめてわずかだった」と、反対の内容をつなぐもの。E、前の内容をまとめて言い換えている「つまり」。F、筆者が質問すると答えが返ってきた、というつながりです。

問3　傍線部①「共通した性格」の直後に、「第一に」「第二に」とその特徴が挙げられています。

問4　傍線部②の直前の一行「ほとんどが山といってもいいほどなのに、『三景』のなかにひとつも山の風景が入っていない。」を使って答えを作ります。「ほとんどが山といってもいい」では意味が分からないので「日本列島は」と主語を補う必要があります。

問5　何に対して疑問を感じているかを問われていることに注意。

問6　日本人の、海に取り巻かれていながら「まったく海を相手にしなかった」様子を指して「海岸民族」と山崎氏は評しています。

問7　直前の「争わざるをえなくなる」に「だれと（争うのか）」を補い、最後を「こと」でまとめます。

問8　「こうした確信」は大山名人の考えであるので、大山名人のことばの中から探しましょう。

問9　**問8**で答えた考えは「実際以下に期待を抑制する」悲観主義の考え方です。

問10　79〜80行目の「逆に実際以下に期待をおさえれば、期待を裏切られる苦痛からはまぬがれることができよう」を使って答えを作りましょう。この文の語順を入れかえてみると「期待を裏切られる苦痛から（は）まぬがれる」ために「実際以下に期待をおさえる」となります。傍線部の「抑制する」と「おさえる」は同じ意味です。「苦痛からは」の「は」があると作った答えの文のつながりが悪くなるので、「は」を取って答えを作るのがポイントです。

説明文・まとめあげの技法②

解答

問1 B→E→A→D→C
問2 A ア B ウ C イ
問3 ア へり イ たじ ウ たむ エ めい オ ちょ
問4 相手の生活を考えず、自分のいらないものを出しているだけだ
問5 気の毒な人を助けた
問6 相手の立場に立って、本当に必要としているものを援助するのではなく、自分のいらないものを始末するだけの他人を思いやる気持ちをともなわない発想。
問7 少女の古い服は親の形見かもしれないので、規則とはいえ回収してしまうと、新しい衣類とひきかえに彼女の思い出をうばってしまうのではないか、ととまどう気持ち。
問8 少女はもらったドレスを売って、お金を手に入れることができたが、その一方で彼女はいまだに高地の寒さに苦しんでいるので、援助の本来の目的を果たしたとはいえないこと。
問9 エ 問10 ウ

解説

問1 A～Eの直後に「古着を選び始めてすぐ」とありますから、「古着を選ぶ」ことについての話題のCは最後に持ってきます。あとは古着を送るということがどういう順番で行われるのかを考えて並べかえます。A、D、Eが古着を送る具体的な困難さについて述べているので、「古着を送ることは様々な理由から実に困難である」と、A、D、Eの導入となっているBを初めに持ってこなければなりません。Dは無事に古着が届いてからの困難ですが、Aは届く前にかかる費用についてなので、AがEとDの間にきます。

問2 （A）の前のことにひきつづいて（A）の後のことが起きているのでAには「すると」が入ります。Bは逆接。Cは条件をさらにつけ加えているので「しかも」となります。

問3 和語の知識。エの「～めいた」は「～に見える」「～感じがする」という意味。

問4 古着を選んでいて、筆者はどういうことについて「身勝手」と感じたのでしょう。パーティー・ドレスはたくさんあるのに、寒さに苦しむ孤児に本当に必要な衣服がないことですね。必要としているものは提供せず、必要ないものばかりたくさんよこす、という日本人の行動について、筆者は29～32行目のように述べています。「～から」に続くように、という設問の指示に注意しましょう。

問5 途上国に衣服を出したところ、「いい気分」になれたわけです。衣服を出した人はどういうつもりで衣服を出したのでしょうか？ヒントは「善意」。途上国の人を助けようとして、その通りのことをした、と信じているのです。

問6 日本人が経済的に貧しいわけではないことは分かりますよね。ポイントは「精神的に貧しい」という点を本文に即して説明します。

問7 筆者は何にとまどったのか。すぐ後に「とまどわずにルール通りにしたらどうなるか」が書かれているのですから、そのことに対するとまどいであることは分かるはずです。

問8 「本当に救う」とはどういうことかを考えるのが解答への近道。「寒さに震えている」人を救うのですし、衣服の話なのですから「暖かい衣服を与える」ことが「本当に救う」ことです。でも現実にそうなっていないのはなぜでしょうか？

問9 援助とバザーは「全く違う」と筆者は述べていますから、一緒にまとめているアは誤り。古着を集めて送るのは確かに困難ですが、専門家にまかせればすむのならそもそも少女と古着のエピソードはいりませんよね。よって、イも誤り。ウも一見誤りではなさそうですが、筆者の批判の内容をふまえればエの方がより適切です。

問10 ア、評判への心配が筆者の批判の根本にあるわけではありません。イとエは本文の内容とは全く関係ありません。

随筆にこもる情感・情緒①

解答

問1　エ
問2　死
問3　エ
問4　桜の声
問5　エ
問6　あ　オ　い　イ　う　ア　え　エ　お　ウ
問7　自分が生あるものの命を奪おうとしていることをつきつけられるこわさ。
問8　イ
問9　イ

解説

問1　随筆特有の省略された表現。省略されている言葉を補います。傍線部①に必要な言葉を補うと、「花といえば、真っ先に思い浮かべるのが桜だ」となり、また、傍線部①の後に「桜に関する思い出」を綴った文章が続くことをも考えあわせて、さらにくわしく説明しなおすと、「花に関する様々な記憶の中で、私が真っ先に思い浮かべるものは桜に関する思い出だ」となるわけです。有名な『枕草子』の書き出し、「春はあけぼの」も、実は「春はあけぼの（が風情があって魅力的だ）」のカッコの部分が省略されているのですよね。

問2　理科教室には人体標本やらえたいの知れないもののホルマリン漬けやら茶色の薬瓶やらふくろうの剥製やらがあると書かれていますね。こういう背景からも「死」の雰囲気が漂ってきます。

問3　「きゅ」という声は、生きている桜の花が死んでしまう時の声です。「きゅ」というはかなく弱々しい響きに最もふさわしいのはエです。

問4　「聞きながら」に続くのですから「声」だとわかりますね。「きゅ」という声をあげているのは桜です。

問5　[B]の後の筆者の態度を追いかけてみれば答えはわかりますね。直接記されているわけではありませんが、春の日差しを浴びながら、山のように積み上げた花のおしべを数えている図は、決して「悲しく」なっていたり「さびしく」なっていたりするようには見えません。

問6　かかる部分にふさわしいものを選びましょう。

問7　理科教室での様子は文章の冒頭に書かれています。「土の上に落ちた花びら」は、もうその生を終えたものなので踏んでも平気だけれど、「花のかたちをもったままの桜」はまだ生きていて「きゅ」と悲鳴をあげるように感じられた、とあります。そのような悲鳴をあげさせる行為を自らがしてしまっていることに恐ろしさを感じたのですね。

問8　おばあさんがちぎられた桜を持って帰ると言うので、自分がもうだめにしてしまったつもりだった桜の命の生かし方があるのかどうか知りたかったのです。花の命がテーマになっているということを意識して答えます。

問9　傍線部の直後に、「と、同時に～うっとりと思い浮かべていた」とあるのに注意します。ウはこの内容と重複するので、「と、同時に」の前後に並べられません。アは言いすぎ。「足もとが崩れてゆく」というところから、それまで持っていた概念をくつがえされたことで、生と死の境が一瞬あいまいになるような不思議な心許なさを憶えているのだと読み取ります。

随筆にこもる情感・情緒②

解答

問1　ウ　問2　雨は止む（小ぶりになる）だろう
問3　あ　イ　い　オ　う　カ
問4　せっかく〜んでいる
問5　エ
問6　夫に景色を見ろと言われて不満だったところ、夫は妻が見た辛夷の花を見逃して見たがっているので、言い返せるのがうれしく、何より得意だったから。
問7　エ　問8　ア
問9　見られなかった（見ることができなかった）
問10　4と5の間
問11　気まぐれな〜きるまで。

解説

問1　周囲の乗客が日ざしの射す側の座席に移っても、「僕」は木曽の谷に降る雪を眺め続けているということや、冒頭の手紙の調子から、「僕」が雪をやっかいなものとだけ考えているわけではなく、おもいがけず木曽路らしい風情を味わうことができたことを好ましく思っているのだということに注意します。「おもいがけず」とありますから、あらかじめ雪を楽しみにしていたとするアは誤りです。エは吹雪に対してどう思っているかとは関係のない選択肢です。

問2　傍線部の次の行を読むと降っているのは「雨」だと分かりますから、「雪もやむだろう」という答えではいけません。

問3　選択肢は「どのように…した」という動作・作用を詳しく表す副詞ですから、かかる動詞に合うものを選びます。

問4　「僕」が妻に言った「苦情」（61〜62行目）を読みます。

問5　ここでの「あわれ」とは「かわいそう」という意味ではなく、しみじみとした趣があることを表します。少し難しい意味ですが、この旅での「僕」の心持ちやものの感じ方を読み取れていればエが選べるはずです。

問6　妻は何をうれしがっているのかを考えながら二人のやりとりを読みます。えらそうに「たまには山の景色でも見ろよ」と言ってきた夫に対して妻は「いかにも不満そうな顔」をしていたのですから、「あら、あれをごらんにならなかったの」「あんなにいくつも咲いていたのに」「わたしなんぞは、〜知っていてよ」と夫をやりこめることができることが愉快だったのです。85行目の「妻はなんだかすっかり得意そうだった」も見逃さないようにしましょう。

問7　「こんどは僕が」とあるので、直前を受けてイを選んでしまうかもしれませんが、それでは「嘘をいえ」というセリフと合いません。64〜65行目「妻はいかにも不満そうな顔をして」を受けて「こんどは」なのです。

問8　11段落から読み取ります。ウ・エのような理由であれば、二人で「窓に顔をいっしょにくっつけて眺め」はしません。この時点ではまだ辛夷の花をさがしていたのです。しかし、外はまだ枯れ枯れとした景色なので「雪国の春にまっさきに咲くという」辛夷の花とはいえ、再び見つけるのは無理だろうと判断したのです。辛夷を見たという妻に「嘘をいえ」「まぐれあたりに見えたのさ」と言っているところからも、そう簡単に見られるものではないことが分かります。ただし、「視界がさえぎられ」るほど雪は降っていないので、イは誤りです。

問9　「この目で」に続くので辛夷の花を見られたかどうかが入るということが分かります。「観念」したのですから「見られなかった」のです。「見れなかった」という「ら抜きことば」ではいけません。

問10　挿入する段落と4だけが、きのうから今朝発ってきた時までの回想であることに注意します。

問11　言うことも理解しなければ言葉も届くはずのない雪にむかって呼びかけている部分です。倒置法も使われています。

解答

問1 イ・エ・キ（順不同）
問2 ① ア・ウ（順不同） ② イ ③ カ
問3 けいこ
問4 世事からひとが解放され
問5 A 時間 B 空間
問6 昼の世界では世事に囚われ自分本来の生命を生きることができないので、眠りの中で世事から解放され、本来の自分の生を回復して生き切るため。
問7 九
問8 エ

解説

問1 詩の分類の仕方のおさらいをしておきましょう。
「使っている言葉による区別」ア…文語詩（むかしの言葉）、イ…口語詩（現在の言葉）
「形式による区別」ウ…定型詩（俳句や短歌のように字数などが決められている詩）、エ…自由詩（形やきまりにとらわれず、自由な字数で表現した詩）、オ…散文詩（ふつうの文章の形式の詩）
「内容による区別」カ…叙事詩（民族の歴史的事件や英雄の生きざまなどを表現）、キ…叙情詩（感動や気持ちを表現）、ク…叙景詩（風景を表現）
「おやすみなさい」という詩は「口語」で書かれ、字数などの決まりはない「自由詩」であり、作者の思いがよせられた「叙情詩」といえます。

問2 ①、本来は「潮のように夜が満ちて来ました」とするべきものを「夜が満ちて来ました／潮のように」と語の順序が逆になっています。これを「倒置」といいます。また、「潮のように」はもちろん比喩ですが、このようにはっきりと比喩だとわかる表現（例「まるで〜のように」「あたかも〜みたいに」）を直喩といいます。
②、①で説明した直喩に対して、一見比喩とはわからないもの（例「あなたは私の太陽だ」）を隠喩（暗喩）といいます。
③、作者が読者に「呼びかけ」ていますね。エ「対句」は対立する内容や同じような内容を組にして表現する方法（例・父の恩は山よりも高く　母の恩は海よりも深い）、オ「繰り返し（反復法・リフレーン）」はその名の通り、同じ言葉を繰り返してリズムを与える表現技法です。

問3 「『生まれたその日から』稽古しないといけない」とあります。ただし、「ひらがな三字」という指定があるので、正解は「けいこ」です。

問4 「裸の島」というのは第九連の「財産も地位も衣装も持ち込めない」を受けた表現です。そして「財産」「地位」「衣装」は「世事」と言い換えることができます。したがって、「裸の島」というのは「世事からひとが解放され」ている状態であるといえます。

問5 直後にある「空間」と「時間」を使いましょう。

問6 72〜77行目をまとめます。昼は世事に囚われ、自分本来の生命を生きることができない世界、夜は世事から解放されて自分本来の生命を取り戻す世界、という対比をはっきりさせて書きましょう。

問7 第[C]連の「美しくも情熱的なことば」とは引用されている「みんなどんなに優しく、熱く、激しく／生きて来たことでしょう。」ですね。したがって答えは、第九連となります。

問8 石垣さんは亡くなりましたが、彼女の残した「美しいことば」は「ひとびとの心に届」いているのですから、正解はエです。

韻文（詩・短歌・俳句）②

解答

問1　Ⅰ　十七字（音）・（五七五）
Ⅱ　い　秋　え　夏
Ⅲ　擬音語　イ・カ　擬態語　エ・オ

問2　イ　問3　ウ

問4　Ⅰ　平凡な日常　Ⅱ　夏　Ⅲ　句　C　◎◎◎　切れ字

問5　ア　問6　エ

問7　先人に敬意を表してそのあとを慕い真似をするが、結果として先人を越える次元に自分の作品を実らせようとする志向。

解説

問1　Ⅰ　俳句は五・七・五の十七音で構成されます。短歌は五・七・五・七・七の三十一音で構成され、「三十一文字（みそひともじ）」という呼び方もされます。また、俳句は「一句、二句」、短歌は「一首、二首」と数えることも覚えておきましょう。

Ⅱ　ここで日本人が風の音に秋を感じるというのは、古今和歌集に収められている藤原敏行の次の一首に基づいています。

秋きぬと目にはさやかに見えねども　風の音にぞ　おどろかれぬる

（秋が来たと目にははっきりと見えないけれども、風の音で秋が来たことに気づかされ、はっとさせられる）

Ⅲ　擬音語は声や物の音をまねて表すことば、擬態語は様子や身振りなどの感じを表したことばです。擬音語・擬態語ともに副詞です。

問2　「そのような力がある」とは「どのような力がある」のかを考えましょう。「春の海　ひねもす　のたりのたりかな」という句は、のんびりとした春の海の風景を思い浮かべさせるような力がある、つまり、この句を読んだり口ずさんだりすると、春の情景を自然と想像することができるということです。

問3　「一家をなす（成す）」とは、学問や技芸で一つの権威（ある分野において、知識や技術がぬきんでてすぐれていると一般に認められていること）になるという意味です。ここでは、画家としても俳人としても独自な才能を発揮していた蕪村らしさを、「この句」に感じると筆者は述べているわけです。この句から感じられるのは、「蕪村の、表現者としての選択眼の非凡さと、感度の高さ」であり、「物の表にだけ添っているような目（物の本質を見ない）」とは逆の目です。

問4　Ⅰ　35～36行目に「これもまた平凡な日常の些事小事へのいとおしみなしには生まれない」とあります。Aの句のすぐ後にも同様の表現があります。

Ⅱ　Bの句の季語は毛虫・みじか夜（短夜）で、季節は夏です。俳句には季語を入れるというきまりがあります。「朝顔」は秋の季語である、というように現代の季節感覚とはズレるものもありますので、一度まとめて確認しておくとよいでしょう。

Ⅲ　設問中の「季節の推移～に感じ取り」に注目しましょう。この「水」は冬木にひっそりと貯蔵されている樹液のことです。「切れ字」はそれがつく言葉を強調する働きがあり、「や」の他に「かな」「けり」などがあります。

問6　傍線部の直後に注目しましょう。芭蕉の句、古代中国の旅立つ刺客の運命という二つのことを重ねることによって生じた「厚み」といえます。

問7　「その」が何をさすのかを考える指示語の問題です。つまり、「芭蕉の作品に見られる特徴とは何か」を考え、まとめる問題です。基本どおり直前部分にたちかえり、43～44行目を使ってまとめます。「先人に敬意を表してそのあとを慕い、辿り、しかし結果は、先人を越える次元に自分の作品をみのらせている」の部分ですね。

解答

問1 城門は／脚より昏れて／夏の馬／うなずきながら／今日を閉じゆく

夕闇に／とろりと門は／融けはじむ／背に膨みて／ゆくさくらばな

問2 ● 城門　▲ 脚　■ 馬

問3 筆者がその歌の円環構造の美しさに感動し、読者に思わず直接語りかけたくなったようす（がうかがわれる）。

問4 1 a 秋　b 冬　c 春　2 異物

問5 エ　**問6** ウ　**問7** 前後　**問8** ア

問9 なんとなれば「とろり

問10 1 イ　2 殺気のよう　3 が、まあ／さて、み

問11 1 4（行目）　2 門には夕景がよく似合う

3 門は一日の終わりに閉じるもの。夕暮れも夜にむかい、一日を閉じてゆくもの。空間軸と時間軸のちがいはあるものの、静けさと暗がりにむかって「閉じてゆく」気配が似かよっているから。

解説

問2 順にたどっていきます。●の答は「門」だけでは不十分。「●の風景」と言った時の焦点がしぼれません。「城門」が適切。

問3 「どうです。〜でしょう」という言い方には、その短歌の円環構造の美しさに感じ入って、まるでわがことを自慢するかのような気持ちのたかぶりや、読者に共感を求める、あふれ出るような気持ちが感じられるでしょう。

問4 1、季節感をよく意識します。「安らぎ」→秋、「のどか」→春、「イメージがひろがらない」→冬、がふさわしいでしょう。2、「夏」が話題になっている箇所をたんねんにさがします。

問5 「めくるめく」＝「目もくらむような」→エ「めまいをおぼえるような」です。

問6 ウかエで迷いますが、「めくるめく不安感」にもっともよく応じているのは、ウ「深い海の上」より、エ「悪夢にうなされている」が適切でしょう。

問7 d…前、e…背後、なのですが、dとeをつなげて二字熟語にするのですから、「前後」とします。

問8 「〜という焦燥感」につながるのですから、語注を参照します。「あせりにかられる気持ち」にふさわしい「紛れてしまう」の言い方を選びます。（門が閉まってしまう。どうしよう）という気持ちがより明確に伝わる表現となります。

問10 1、「さくらばな」というひらがな一字一字は「く」以外のすべてが曲線的です。イの「直線的でかたい」があてはまりません。本文の「ただの浮世絵というか風景画になっちゃってます」というのは「平面的・ありきたり・俗っぽい」という批判の言葉ととれます。2、「（右と）まったくちがう感じ方」→評価する感じ方とは？「五字ちょうど」がヒント。「殺気のよう」が浮上します。3、創作されていったん作者の手をはなれた作品（短歌）は、作者の意図をはなれ、さまざまな立脚点から解釈されます。最終的には、より説得力のある解釈が採用されるわけですが、いろんな解釈が成り立つことそのものを、筆者は作品の魅力として積極的にみとめているようです。「最後はもう、個人の好みでいいんだ」（50〜51行目）、「みなさんはどう判断しますか」（97行目）と言ってしまう、筆者のそんなのびやかな姿勢が新鮮です。

問11 3、「磨き抜かれた短歌的感性が、半ば必然的に同じような状況設定に到達した」のはなぜでしょう。門と夕暮れというモチーフの共通点を考えます。

気持ちのもつれあいを読み取る

解答

問1 ウ　問2 A ウ　B キ　C オ　D イ

問3 ② 健一が交通事故に遭ったこと
③ 健一の怪我が命に別状ない状態であること

問4 ウ　問5 ア

問6 健一は事故で大怪我を負ったが、死んでしまうという本当に最悪の事態をまぬがれた、と自分に言い聞かせることによって、健一の選手生命に関わる不安をはらいのけようという気持ち。

問7 永遠・永久　問8 エ　問9 ランニング～ユニしか。

問10 プロのサッカー選手としてこれから、という時に、利き足のひざを負傷するという選手生命をおびやかす事故に遭ったことに健一は非常にショックを受け、絶望的な気持ちでいる。そんな健一にとって新二のユニフォーム姿は、健康でスポーツに励む者の象徴であり、まぶしく映った。スポーツができない体になったことを思い知らされたようで、暗く、つらい気持ちでいる。

問11 手術・リハビリ（順不同）　問12 エ

問13 健ちゃんの～いものだ。

解説

問1 「切ない夢だし。」（3行目）に注目します。「ここに健ちゃんがいてくれたらなあ」と、さびしい気持ちになるのですね。

問2 C、新二にとって健一の事故は、「夢」や「冗談」という現実であってほしくないことなのです。D、ショックの中で、尋ねかけたくなる相手としてふさわしいのは「神様」でしょう。

問3 ②、事務所に電話をして兄の交通事故を知った新二。「どういう事故で」「どれだけの怪我」かは聞いていないので、「兄が交通事故に遭った」事実に「ショックを受けた」のです。③、家族が交通事故に遭ったとき、真っ先に気になるのはその安否。新二も、試合後に健一の無事を確認した時はホッとしたことでしょう。

問4 傍線部④直後の「知ってるのか…？」に着目します。事故のことを知らせないで別れたはずの新二が事故について言及するので意外に思い、思わず言葉に詰まったのだと考えられます。

問5・6 事故に遭ったことは、健一の選手生命に関わることで、決して「よかったんじゃないか」で片づけられることではありませんし、健一の先行きは不安なままです。しかし、死んでしまうという本当に最悪の事態をまぬがれたと自分に言い聞かせることによって、不安をはらいのけようというお父さんの気持ちが読み取れます。

問7・8 サッカー選手として一番大切な「足」に問題があるとすれば、致命的です。新二は奈落の底に落とされたようなショックを受けています。

問9 心配のあまり、着替えもせずユニフォーム姿で磐田に来たのです。

問10 健一にとってサッカーがいかに大切なものかは、「サッカーをするための身体は、健ちゃんにとって命そのものだ」という新二の発言から読み取れます。（46～47行目）それなのに、利き足を損傷してしまったのですから、健一の絶望は大変なものでしょう。それが、具体的に96行目の「俺を見ていて、見ていない目」、103行目「冷たい、暗い、激しい…」表情に表れていると考えられます。さらに、ユニフォーム姿の新二を病室から追い出したという行為からは、スポーツそのものや、スポーツのできる健康な身体を連想させるものを見るのもつらい、健一の気持ちが感じられます。ただ、「事故に遭ってつらい」というだけでなく、これらの健一の表情、行動の背後にある心情を答えに盛り込みましょう。

問12 何も悪いことはしていないのに、健一に怒鳴られた新二はかわいそうですが、かといって健一をとがめるわけにもいきませんね。お父さんは息子二人を傷つけないように、新二を慰める一方、健一の擁護もしていると考えられます。124行目に「（医者は）父さんと母さんに説明してくれただけだ」とあるので、エが×となります。

解答

問1 ダマし　問2 ウ

問3 「クン」付けで呼ばれるのは「ぼく」だけの特権だったのに、それをうばわれたように感じたから。

問4 エ　問5 イ・カ

問6 優越感にひたりたかったから。

問7 ア

問8 自分の〜屈辱感

問9 この子が来てからというもの、「クン」付けで呼ばれる「ぼく」の特権がうばわれたばかりでなく、善い子のふりをして大人をだましているという秘密を握られたために、「ぼく」は少しずつ自信をなくし屈辱感を感じるようになっていた。そのため「ぼく」は彼の存在を憎むようになっており、もっとなぐられて、彼も屈辱的な痛みを味わえばいいと思ったから。

問10 教師が見ている　問11 エ　問12 いけない。

解説

問1 「ダマシ」「だまし」など書きぬきミスをしないように気をつけましょう。

問2 40〜41行目にあるように「眼鏡」「シャレた服装」「髪型」「東京から来たこと」に対して（負けんぞ）と「ぼく」は感じています。

問3 傍線部③の直後に理由が述べられているのでそれをまとめます。

問4 ここも直後の「模範作文として皆に朗読することは大いに虚栄心を充たしてくれた」をもとに答えを決めていきましょう。

問5 49〜50行目に「ありもしない場面を作りあげていた」とあり、その作りあげた場面の中で何が「本当のこと」で何が「作りあげたこと」なのかは59行目から始まる段落に書かれています。

問6 標本箱を持っていったのは「彼の病気に同情したためではない」と60行目にあります。この三行後にあるような「優越感」を感じることが快いから標本箱を持っていってやったのです。

問7 問8と一緒に考え、「ぼく」の気持ちの変化をつかみましょう。教師から優等生であり善い子という思い通りの評価を受けほくそえんでいる「ぼく」。そんな「ぼく」を祝福するかのようにオルガンの音や歌声が聞こえます。しかし、傍線部⑧ではそれらは止み、「ぼく」は明らかに動揺しています。90〜91行目に「ぼくがあの時、感じたのは心の呵責ではなく、自分の秘密を握られたという屈辱感だったのだ」とあります。

問9 「ぼく」の若林クンに対する思いをまとめます。問3・問8で考えた内容をうまく生かして答えを作っていきましょう。織り込まなくてはならないのは、若林が来たことで「ぼく」はどういう状況だったかと言うことです。特権が奪われただけでなく、84〜91行目にあるように秘密を握られたことによる屈辱感にさいなまれていたのです。自分に屈辱を与えた相手がひどい屈辱を与えられるのを眺めることで自らの屈辱感を晴らそうという暗い心の動きを読み取ります。

問10 「ぼく」が何を意識していたのかといえば、それはもちろん「教師の目」ですね。

問11 「なにも知らぬ教師が」とあるので、アは×。顔をそむけているのですから、「ぼく」に対する感謝の念などまったくないでしょう。

問12 まず脱文をじっくり吟味しましょう。「その二つ」とは何か、「ぼく」をホメてくれる「彼等」とは誰か。45〜46行目「…この青年教師から賞められるために、純真さ、少年らしい感情を感じさせる場面を織りこんでおいたのだ。」では、「純真さ」「少年らしい感情」という「二つ」のものがあり、「賞められ」てもいますが、青年教師は一人ですので「彼等」という表現があいません。

Ⅱ－7 人の心ってわからないよね②

解答

問1 イ
問2 手間をかけなきゃ何も手に入らない（から）
問3 1 手間　2 時間　3 合理的
問4 便利がよくて物がたくさんある
問5 少女時代を仲良く過ごした兄との思い出の品。
問6 A ロ　B ニ
問7 物がない暮らしの中でも、本当に好きなもの、一生大切にしていきたいものをはっきりと自覚し、それらのものを大事にあつかい、大切にしようという物に対する深い愛情。

解説

問1 筆者は腰巻がすばらしい色合いであることに感動していますが、腰巻がこのようなすばらしい色合いになったのは、「何度も何度も大切に」洗い「一つのものを大切に使」おうとした貧しい農婦の「手間」のためです。持ち主の、物を大切にしようとする気持ちに感動したのです。

問2 傍線部②の三行あとに、「手間をかけなきゃ何も手に入らない」とあります。

問3 1・2、筆者が憧れているのは、「手間」をかけ、「時間」をかけた日常生活をおくることです。3、彼らのしている手間のかかる生活とは逆の生活です。

問4 貧しい村の娘が「江の向こう岸」へ喜んで嫁いでいくのは、「のどかな村よりも便利がよくて物がたくさんある」向こう岸の村への憧れがあるからにほかなりません。また、娘を嫁がせる親の立場からいっても、豊かな村に嫁ぐことで娘が苦労せずにすむのではないか、という親心があるのでしょう。

問5 46～47行目に「このお話は、よくあるパターンの悲恋ものではある」とあるのに注意します。豊かな生活にひかれ、喜んで向こう岸に嫁いできたものの、妹は血のつながらない兄のことをしたい続けているのでしょう。このネッカチーフは、その兄に買ってきてもらった思い出の品なのです（30～31行目）。

問6 豊かであるばかりにものを大事にしない、あるいは大事にする必要がない社会なのです。

問7 傍線部⑤で、物に対する強い気持ちを持っていないことに筆者は気づき、愕然とします。「本当に好きなものがどういうものなのか、一生大切にしていきたいものが何なのか、よくわかってい」て、それを大事にあつかっている「彼女たちの気持ちに憧れ」るのです。

記述演習「上品な私を装う」①

解答

問1 1 ウ　2 ア　3 オ　**問2** A 手　B 称

問3 人は、一人～るのです。　**問4** エ

問5 級友たちと一緒に笑える喜びを知り、授業に出席する苦痛が軽減されたから。

問6 ロシア語の学校に入ったばかりで、わからない授業に出席しつづけなければならない苦痛や、周囲とコミュニケーションがとれない辛さを抱えていた点。

問7 （求め）続ける

問8 違う環境で違う人生を送る人同士が理解し合い、みんなが笑いや感動を共有できること

問9 例）言葉はわからなくても、表情や身ぶりでコミュニケーションできるように努力したい。／その子が孤独を感じないように、通じなくても積極的に声をかけ、仲良くなりたい。／避けるのではなく、身ぶりなどで会話し、簡単な会話を教えてあげたりもしたい。　など

解説

問1 1、授業をつぶすのを生きがいにしていたチボー少年ですが、［1］の後で述べられる「事件」以来授業中だけは静かにするようになったというのですから、逆接の「ところが」が入ります。2、迷惑なことの上に迷惑なことを付け加えていますから、「しかも」が入ります。3、チボー少年のエピソードの要点を「人間というのは他者とのコミュニケーションを求めてやまない動物なんです」とまとめていますから、「つまり」が入ります。

問3 コミュニケーションとは不確実なものであって、完全に一致することなどあり得ないのは、人はそれぞれ違う個性を持ち、違う環境の中で生きているからです。5～6行目の「人は、一人一人～送っているのです。」と6～7行目の「親子や兄弟だって～違います。」のどちらを答えるか迷うかもしれませんが、傍線部①の「コミュニケーション」とは、親子や兄弟の間のコミュニケーションだけを指すのではありませんね。

問4 56～68行目を読めば、チボー少年が授業をつぶしていたのはわけがあったとわかります。「勉強が大きらい」だったり、「いじめることで好きな子の気を引こう」としていたわけではありません。オ、何もわからずに、授業でじっとしているのはチボー少年にとって耐え難いことだったでしょうが、「自由を求める」という点が誤りです。

問5 みんなと一緒に笑う喜びを知ったことで、何もわからない授業に出席する孤独感・苦痛から多少は解放されたのでしょう。

問6 56～68行目をまとめます。「ロシア語の学校に入った当初」「なにもわからない授業に黙って出席しつづける」「耐え難い苦痛」「いちばん悔しいというか寂しいのは、みんなが笑っているときに一緒に笑えないこと」「チボーも来た当初は、やっぱりなにもわからなくて、とても辛かったんだろう」などの表現がポイントとなりますが、七十字以内にまとめるためにも、テーマに迫るためにも「コミュニケーション」という言葉を使えるとよいでしょう。73～74行目の「人間というのは他者とのコミュニケーションを求めてやまない動物なんです」を念頭に置いて考えましょう。

問8 「みんなが同時に笑えて、一緒に感動できる」ことについて書くのだということはすぐにわかります。しかし、「本文全体を読み」「まとめなさい」という設問ですから、これだけでは不足です。5～8行目に書かれている、コミュニケーションの意義を盛り込みましょう。

問9 本文のテーマを把握する力や共感力、記述力の他に、自分をアピールする能力や、柔軟性、現場対応力などが試されることもあります。とにかく空らんにしないで書くことが大事。

解答

問1 もっと猛々しく無愛想な姿をしているのが野菜の本来の姿だと「私」は考えているから。

問2 畑のトマトには消毒薬がかけてあるので幼い二女がそのまま食べては危険だし、畑のものをだまって食べるのは行儀が悪いから。

問3 幼い娘がきつく叱られるのはかわいそうだし、夫の体にも障るので仲裁に入ろうとしたが、二人とも強情でどちらも一歩も引かぬ、という雰囲気に恐れをなしたから。

問4 二女の強情さには手を焼くが、精神力の強さの表れであり、たのもしさすら感じている。

問5 イ

問6 人間は自然とどのように関わって生きるべきなのかという物思い

解説

問1 傍線部①の「彼ら」とは野菜を指し、「不審さを感じる」とは「不思議だな」「分からないな」と感じることです。つまり、筆者は整然と並ぶ野菜に対して何か変だぞ、と感じているのですね。傍線部①の二行後では「不自然」とも言っています。では、筆者が自然であると感じる野菜の姿とはどのようなものなのでしょうか。18行目から始まる段落で「もっと猛々しく無愛想な姿をしている」のが自然本来の野菜の姿であろう、と筆者は考えを述べています。目の前の野菜たちが筆者の考える自然の姿と異なっている点に「不審さ」を感じているのですね。

問2 理由は二つあります。傍線部②の直後に農薬の危険性について述べられていますね。トマトには農薬がかけられているため、幼い子どもがトマトを洗わずに食べたら危険だから、というのが理由の一つ目。これで解答を終えた気になってはいけません。続く部分に、「一方、畑のものを勝手にとって喰うことは不行儀、という躾の意味も附随している」とありますね。これが二つ目の理由です。

問3 「初め何とか取りなしていた」と「途中から黙り込んだ」の二つに分けて考えていきましょう。叱られている二女のことも「母親」として心配だし、怒ることは体力を消耗するので、病気で弱っている「夫」の身体も心配になり、最初は夫と二女とのいさかいを留めようとしていたのですね。しかし、66行目からの「私」との会話の中で妻は、「動物が、喰うか喰われるかの喧嘩」をしているかのような二人の様子を、「留めようにもあれじゃ、どうしようもなかった」と、説明しています。この会話の中で妻が言った「凄くなる」とは、「圧倒される」という意味合いの表現です。

問4 この問いでも解答のポイントが二つあることに注意しましょう。二女の強情さに文字通り「呆れた」という気持ちと、「たのもしい」「見上げたものだ」と感心する気持ち、の二つです。

問5 「私」は二女の強情さは妻の筋を引いたものだが、妻以上のあっぱれさだと考えています。このような状況を言い表した故事成語はイ「青は藍より出でて藍より青し」。そこから生まれたものが、そのもとのものよりもすぐれていること、弟子が師匠よりもまさるようになることの例えとして用いられる言葉です。アは、意外な所から意外な物が出ること。ウ、ふだん見聞きしていると、いつのまにかそれを学び知ってしまう。環境が人に与える影響の大きいことのたとえ。エ、道理の通じない相手には、黙って従うしかないという意味です。

問6 82行目から最後の部分で述べられているのが、筆者の「取りとめもない思案」。ここでは、「人為（人の手で何かを行なうこと・自然の状態に人が手を加えること）」と「自然」との関わりについての思いがめぐらされています。やや難解な表現が用いられているものの、**問1**で確認したように、人間が自然を思い通りにしようとしていることに疑問を持ち、自分の取るべき態度は？　と思案をしているのです。

解答

問1 ア 興　イ 損得　ウ 雑事　エ 蓄積　オ 源泉

問2 Ⅰ オ　Ⅱ ア　Ⅲ ウ

問3 A カ　B ア　C エ　D ウ　E オ

問4 ア　問5 一人で何〜てしまう　問6 イ

問7 日本人はただ道場に通うだけで、道場で習ったことを一人で繰り返し練習しようとしないところ

問8 創造的

問9 何の用事も〜ものである（も好ましい）

問10 A 身を閑かにし、事にあづからずして心を安く　B ひとりある

問11 枕草子・清少納言／方丈記・鴨長明

問12 つれづれなるままにひ

問13 (例) 携帯電話は便利だが、他人と時間を共有する安心感に甘えすぎると、自分の内面と向き合ったり、自分を磨いたりするのに必要な一人の時間を目減りさせてしまう。必要な時とそうでない時をよく見きわめて使おうと思う。

解説

問1 ア「興じる」は「楽しむ」という意味で、「遊びに興じる（興ずる）」といった決まった形で使われることの多い言葉です。

問2 Ⅰ・Ⅱ・Ⅲすべて「孤独な時間」を持つことの大切さについてふれられているので、順番にこだわらず、わかりやすいものから決めていきましょう。その際、各章の結論部分をよく読むとともに、その章の中だけで使われているキーワードはないか注意するとよいでしょう。まず、Ⅲだけで使われている「孤独を技」という言葉、結論部分の「一人の時間をきちんと確保し、『孤独を技』にしてこそ、自分を掘り下げ、自分の未来を切り開く力を養うことができるのだ」から、ウを選ぶことができます。次にⅡ。「後の私の力の源泉」、「次の飛躍」、「次の跳躍」と、「後の」「次の」といった未来と同義の言葉が並びます。「一人の時間を有効に使うこと」で未来への力を養った、という筆者の体験が述べられているのです。よって、ア。最後にⅠは、孤独な時間を持てない人がいつの時代も多い（「いつの時代も」なのでイは×）けれど、意識して孤独な時間を持つことは、内省するために必要だという内容なのでオが正解。エはオ・ア・ウに比べて具体性に欠けます。

問3 A、兼好の意見とは逆の現実を述べています。D、若者の例から大人の例へ話題が転換しています。

問4 Ⅰのまとまりの後半部で引用されている兼好の言葉とアの内容が合致します。

問5 「できるだけ一人の時間を持ちたくない、できれば人と何らかの形でつながっていたい」と考える多くの人は、孤独な時間を恐れ、不安になってしまうのですね。

問6 ア、「一人の時間を持って心ゆったりと安らかに」とあるので、選択肢内の「つらさ」が×。ウ、作業のスピードに優劣をつけてはいません。エ、「こうした地道な作業は、誰に評価されるわけでもない」という本文の記述と合いません。

問7 中国武道の達人の「習いたがりすぎる」という言葉は「道場に通いたがりすぎる」という意味で使われています。道場に通うことではなく、習ったことを一人で繰り返し練習することがおろそかにされていると批判されています。

問9 17行目に「まぎるる方なく、ただひとりあるのみこそよけれ」とあり、その前に口語訳があります。

問11・12 平安時代の枕草子、鎌倉時代の徒然草・方丈記が日本三大随筆であることは知識として知っておきたいものです。それぞれの書き出しの文句も覚えておきましょう。

問13 「孤独な時間」との関わりをふまえて、意見を組み立てましょう。

実力判定テスト①

解答

一
問1　A ウ　B イ　C ア（完答2点）
問2　エ（2点）　問3　敬具（2点）
問4　イ（2点）　問5　1 B　2 松尾芭蕉（各1点）

二
問1　Ⅰ 急　Ⅱ ウ（各2点）
問2　小学校の向～かけてやる（3点）
問3　康楽の主人に弟の食費として月千円を送り届ける余裕（康楽の主人に、月千円の弟の食費を送り届ける余裕）（4点）
問4　イ（3点）
問5　1 一家離散の辛さや悲しさ　2 ア（各3点）
問6　④ ウ　⑤ オ　⑥ イ　⑧ ア（各2点）
問7　1 ぶったり早朝から働かせたりと、身内ならばとてもできないであろう非情な仕打ちを幼い弟にする主人に対して、怒りと憎悪がこみ上げてきたから。（幼い弟をぶったり店で働かせたりする康楽の主人への怒りとにくしみが心にわきおこり、「おじさん」などとんでもない、と強く拒否したかったから。／弟が学校に来ていないのは、店で弟を働かせたりする康楽の主人のせいにちがいないと思い、そんな人間が「おじさん」であるものかとかっとなったから。など）（6点）
2 ぼくは階段～へ上った。（3点）
問8　イ（3点）　問9　エ（3点）

三
問1　A 青　B 赤　C 白（各2点）
問2　1 エ　2 オ　3 イ　4 ウ（各3点）
問3　できるだけ～という見方（3点）
問4　人の死を暗示的に表現する（手法）（3点）
問5　エ（3点）
問6　1 げんがい（2点）　2 余韻（2点）
問7　五七五七七（三十一文字）（2点）
問8　象徴的で余韻の深いもの（4点）

四　各1点
① 裁決　② 親交　③ 蒸気　④ 率いる　⑤ 対照的
⑥ 光明　⑦ 画期的　⑧ 形勢　⑨ 明暗　⑩ 注ぐ

解説

一
問1　相手の名前は一番最後の上方に書く、ということを覚えておきましょう。
問2　問1のウに「八月二十日」とありますね。八月七日ごろの立秋を過ぎて、暦（こよみ）の上では秋ですが、まだまだ暑いころです。ウは盛夏。オはもっと秋が深まってから使います。なお、アの二百十日は立春（二月三日ごろ）から数えて二百十日目という意味で、九月一日ごろを指します。
問3　頭語を「拝啓」としたら、結語は「敬具」となります。「前略」―「草々」という組み合わせも覚えておきましょう。

二
問1　Ⅱ、生徒達が列をなして登校してくる中、弟を見逃（みのが）すまいとしているのですから、「またたきもせず」見つめていたのです。
問2　32～35行目は、「ぼく」が頭の中で考えたことで、実際にはこのように弟と会ったわけではありませんね。
問3　前の行の「母さんから康楽の主人に、月千円の弟の食費が送り届けられているだろうか」という表現を、「母さん」が主語になるように言いかえ、結びをととのえます。
問4　まだ小学四年生の弟がしている苦労を思うと、一刻も早くそんな生活から助け出してやりたいはずです。この金で弟を救ってやるのだと、強く期すところがあるのです。ア、「悪いことでもしたようで」が×。ウ、あらすじに書いてある通り、「ぼく」は全日制高校への進学をあきらめていたはずです。エ、弟を迎えに急ぎ、待ち受ける姿からは、しぶしぶ弟を迎えに行くわけではないことが分かります。オ、ダニエル院長は金を「都合してくれた」のであって、「くれた」わけではありません。また、母をなじる気持ちもこの場面からはうかがえません。

問5　背中をひどく丸めて黙々と働く幼い弟の姿に、兄は「一家離散の辛さや悲しさ」を感じとります。いっそ「弟が泣いてでもいたら」、なぐさめたりはげましたりということもできたのですが、まだ幼い弟が、じっと耐えている不幸の大きさを実感し、ふびんでかける言葉もなかったのでしょう。なお、2の選択肢オが誤りなのは、「ぼく」は「感激の再会」を期待していたわけではないからです。

問6　エ、「退学」は明らかに話が飛躍しすぎ。カ、弟が康楽の主人たちの食事の支度をしていると知ったのは弟に会った後のことです。最初からこの二つの選択肢は排除できます。後の選択肢はどれも弟に会うのが待ちきれないという内容なので、ていねいに傍線部の前後を読んで、その状況に合うものを選びます。

問7　激しい言い方に、康楽の主人が「おじさん」であるということを強く否定したい気持ちが表れています。兄としては、まだ幼い弟をぶったり、店でこき使ったりする相手に憎しみが芽生えるのは当然ですね。

問8　母からの手紙にあるように、弟は「人質」です。康楽の主人は自分の有利な立場を利用して、弟に店の仕事をさせていると考えられます。食事の支度にしてもそうでしょう。

問9　ア、兄は孤児院に弟を引き取るために来たのですから、「行くあてもない」は誤りです。イ、老婆の様子が兄の安心感を表現するというのは変ですね。ウ、この兄弟は母がいないわけではありません。オの内容は本文からは読みとれません。

三

問1　「ナマナマしく」ですから、生命を失って「青ざめた」死体の肌に「赤々と」血が流れているように描かれています。C、「はっきり明らかになる」という意味です。

問2　1、いくつかの選択肢を挙げていますから「あるいは」。2、前の段落に書いてあるような日本の表現の仕方の変化を受けて「現代の日本がどれだけ変わっても、百パーセントヨーロッパ的になることはなく、日本的な表現が一方で生きている」と述べているのですから、逆接の「しかし」。3、「日本的な表現が一方で生きている」ということの例として「詩」を挙げています。4、和歌が「詠み手と読み手が共同でつくり上げていく詩の世界」であるから、「作者は全部を表現し尽くそうとしないで、暗示した場面を読者が想像でつくり上げるに任せる」のですね。

問3　9〜10行目は「考え方」で終わっていますが、これは映画についてのことなので、設問には合いません。

問4　傍線部のある段落しか読まないのでは、字数に合う答えは見つかりません。23行目に「これは先ほどふれた、人の死を暗示的に表現する映画の手法と同じである」とありますね。

問5　15〜21行目からエだと決められます。

問6　「言外」とは、はっきりと言葉に表していないということ。その部分を読み手に想像させるのですね。それによって「言外の意味である余韻が生まれ、余韻の深さによって読む人、見る人が本質に近づく」（26行目）のです。

問8　傍線部のある段落をよく読みます。日本人が、象徴的な表現や余韻の深い表現を追求してきたのは、自然の本質を象徴的で、余韻の深いものとしてとらえてきたからなのです。

実力判定テスト②

解答

一

問1　ウ（2点）

問2　あ　ウ　い　オ　う　エ　え　ア　お　イ（各2点）

問3　自ら死のうとしていた人を助けたのは、本人の意に反したことなので、余計なおせっかいだったかもしれないから。（5点）

問4　命を助けてくれた恩人に対してお礼をする時に、お礼の品物が高価なものであることを相手に少しも告げずに渡すという、お礼を贈る相手に精神的な負担を与えない、日本人特有の配慮が強く感じられる話だったから。（5点）

問5　ア（3点）　問6　日本人～と言う（こと）（3点）

問7　エ（3点）　問8　ア（3点）　問9　イ（3点）

二

問1　A　否定できない　B　ウ　C　気　D　はば
E　危（急）存（亡）（各2点）

問2　絶対に挺身隊に行くと言っていた生徒が進学組（英語組）に進路を変える（こと）（5点）

問3　こんな～う風潮（3点）　問4　オ（3点）

問5　家族で別（3点）　問6　死んで・みごと（順不同各3点）

問7　君死に（3点）

問8　1　イ　2　オ　3　ウ（各3点）
4　「私」は、授業のことを口外しなかった生徒たちの賢さや良心に共感した。また、敬愛する秋山先生の身を心配していたので、事が表ざたにならず（先生が罪に問われず）、ほっとした。（6点）

問9　戦局がさらに緊迫してきて、挺身隊での労働がひんぱんになった（こと）（5点）

三　各1点

① 郵便局　② 資格　③ 量る　④ 賃貸　⑤ 起因
⑥ 経る　⑦ 収拾　⑧ 追究　⑨ 著名　⑩ 悲観

解説

一

問2　あ、生きる希望を失ったことは死のうと思ったことの理由なので「だから」です。い、「もらったけれどうれしくない」ので逆接。う、前の状況に後の状況が付加されていますので「そして」。え、家庭はそういう言い方をする場の一例なので、「たとえば」。お、前と後に同じ種類のものが挙げられているので「あるいは」です。

問3　死のうと思っていた人にとって、「助けられる」ということは、「本人の望んでいないこと」をされる、つまり「良くない」こととなるのです。

問4　「この話」は1行目の「恩に着せるような言い方を日本人はきらう」ことの例として書かれています。日本人が「恩に着せる言い方」をきらうのは、「相手の気持ちを考えた上」でのことです。足袋の話では、「そんなに高いものをもらっては悪いな」と思わせないために「つまらないものですが」と女性は言ったのです。「純金」を「つまらないもの」というのが、相手の気持ちを考えた上でのことばであることが、いかにも日本人らしいのです。

問5　傍線部の直後にある通り、外国人は「なぜつまらない物をわざわざあげるのですか？」と驚くのです。

問6　「相手の気持ちを考えた上で」なされる日本人の言動の内容を答えます。指示語ですから直前を探します。

問7　傍線部とエは、もとの動詞本来の意味を失って付属的に用いられる補助動詞です。

問8　「ありがとう」とはいわずに［★］、というのだから［★］には感謝を表すことばは入りません。直後に「これでおしまいである」とあるので、ごく簡単なあいづちのことばが入るはずです。

問9 修養とは、精神を磨き、優れた人格を形成するようつとめること。ア・エでは内心で見返りを期待しているので「修養」とは言えません。ウ、「正しい」「正しくない」という話ではないので言い過ぎです。

二

問1 A、「いなめない」を漢字で書くと「否めない」。否定できない、の意味。「ないとは言いきれない／ないわけではない」も可。B、辞書でひくと「わざと」が出てきます。これ以外の二つは、文中の状況から考えます。仲良し三人組がばらばらになると思っていたのに、祥子と靖子が同じクラスになり、自分だけ外れてしまいました。内心は落ちこんでいるのに、「つとめて（努めて）」・「無理して」明るくふるまう痛々しさを読みとれるでしょう。D、「周囲をはばかる」とは、周りの人に遠慮や気がねをすること。E、危険がせまり、生きるか死ぬかの瀬戸際にあることを表します。

問2 「転びバテレン」とは、信仰を棄ててしまったキリシタン（キリスト教徒）のこと。29行目に「絶対に挺身隊よ、と指切りしていた人たちのうち、何人が英語組になるか、今日それが明らかになるのである」とあり、挺身隊志望から英語組へと進路変更する同級生を、「私」が息をつめて注目していたことがわかります。

問3 「どんな風潮ですか」と問われているので、「〜風潮」か、それと同じ意味の単語を本文から探します。

問4 「やりきれない」とは、気持ちが行き場を失ってたえられないようすです。このときの「私」は、自分が置かれている境遇への悔しさ・哀しみ・みじめさに心ひそかに傷ついています。オの「ねたましい」だけが攻撃的感情で、あてはまらない答えとなります。

問5 「赤紙が来て翌日入隊」に注目。あとは靖子の会話を丹念に読みます。102行目、「家族で別れを惜しんだり、相談ごとをしたりする暇なんか与えずに、わーっと送り出しちゃう仕組なのね。」の一文が浮かび上がります。

問6 軍歌から「お国のために名誉の戦死をするように」の意味の一行をさがします。「国のために死ね」という意味なので、93行目の「死んで還れと励まされ」と98行目「みごと散りましょ国のため」の二つがあてはまります。

問7 与謝野晶子の詩における「何が何でも生き残って帰って来てくれ」の意味の一行は59行目と69行目にくり返されている「君死にたまふことなかれ」（君よ、お死になさいますな）です。

問8 1、一行ずつ、七音＋五音、七音＋五音、七音＋五音……と定まった音の型で書かれています。また、文語（主に明治大正時代の書き言葉）が使われています。ですから、文語定型詩です。

2、「みなに感銘（を与えた）」の「感銘」に置きかえて一番ぴったりするのは、オ「感動」。

3、「この詩が『明星』に載った時、大町桂月が乱臣賊子と攻撃した」（82行目）ことを頭におきます。愛国者からは危険視されていた詩であることがわかります。また84行目に「そんな詩を授業中に取り上げたことが校長先生に知れたら大変だって、みんな言っているの」ともあります。そこで答えはウ。

4、前問をふまえて「私」の感慨をまとめます。同級生への共感・秋山先生への敬愛の念・事が表面化せずにすんだ安心感、の三点を織りこんだ記述が適切です。86〜88行目にあるように、「私」はとても心配していました。別解としては「家族を戦死させたくない心情を率直に表現した晶子の詩に生徒たちが感動し、詩を紹介してくれた秋山先生を守ろうとして授業のことを内密にしたのだと（私は）思い、安心した。」などもよいでしょう。

問9 「戦局がさらに緊迫してきて、挺身隊での労働がひんぱんになった」、「日本をめぐる戦況がますます悪化して学徒動員がはげしくなった」、「戦争が悲壮味を帯びてきて、学校の授業どころではなくなってきた」といった解答例があげられます。戦争と学校生活の二点をおさえることがポイントです。

実力判定テスト③

解答

一 各1点
① 供給 ② 開放 ③ 講義 ④ 支出 ⑤ 犯人
⑥ こんにち ⑦ がんらい ⑧ しわす ⑨ いくじ
⑩ しろうと

二 各2点
問1 29
問2 ① 漁夫（漁父）・イ ② 功（劫）・ア ③ 衆・ウ
④ 身・オ （漢字・記号完答）

三
問1 息子の信一に大怪我を負わせたことに激怒した源太にひどいめにあわされること。（4点）
問2 源太への恐怖におののいていたところ、やってきたのは誠二を可愛がってくれる優しい源太のおかみさんだったので、恐怖から一気に解放され、彼女に自分の罪を一刻も早くうちあけ、許してもらいたくなった。誠二の言葉を聞いたおかみさんは、責めるどころか、笑顔まで浮かべて怪我をさせた誠二の方を気遣ってくれたので、その優しさに対する感動と申し訳なさでいっぱいになった。（6点）
問3 （誠二が）勇ちゃんの身代わりになったことを隠そうとして、とぼけている（と思ったから。）（4点）
問4 信一に怪我をさせたのは自分ではなかったことにほっとすると同時に、勘違いでおびえていたことがばからしく思えたから。
（4点）
問5 エ （4点）

四
問1 1 イ 2 オ 3 ウ 4 ア 5 エ （各3点）
問2 ア 3 イ いつも・たえず・つねに・ずっと
問3 ウ 本末・主客 エ 代弁 （各3点）
問4 「全盲」と～」ではない （4点）
問3 「見えない世界」を書くことを求める傾向。 （4点）
問5 私たち～とする （4点）
問6 A 障害者 B 健常者 C 可哀想 （各2点）
問7 ア （3点）
問8 A 見えない B 人間 （各2点）

五 各2点
① ○ ② お聞きになって（下さい） ③ 父（が）

解説

三
問1 傍線部①の直後で、誠二の置かれた状況が説明されています。友達の眼に怪我を負わせてしまった→その友達の父親が「村のにくまれものである源太」であった、ということですね。「鬼のような源太」「恐ろしい源太」という表現からも分かるように、謝っただけでは済まされず、ひどい目にあわされるだろう…と今、誠二は不安な気持ちでいるのです。
問2 信一に怪我をさせたことを、恐ろしい源太にどう謝ろうか、何をされるだろうか…と「恐怖し過ぎ」て「変な心持ち」にまでなっていた誠二。しかし、家から出てきたのは、「優しい」信一の母親（源太の妻）でした。ここで一気に誠二は恐怖心・緊張から解放されます。しかも、信一の母親は、誠二の謝罪を快く受け入れ、誠二を思いやった優しい言葉をかけてくれたのです。
問3 誠二は自分が信一の眼を傷つけてしまったのだと信じ込んでいます。ですから、信一の母親に対しても、心からの謝罪をしたのです。しかし、28行目で、信一が家に入る前に友達に伝えた真実は、「勇ちゃんが」「あやまって指をつっこんだ」というものでした。この真実を知る成ちゃんは、謝罪する誠二の姿を見て、誠二が勇ちゃんの身代わりを買って出たと思ったのです。

問4 成ちゃんから事の真相を聞かされた誠二は、怪我をさせたのが自分ではなくよかった…と安堵すると同時に、あれほどおびえ、必死に謝っていた自分を少しこっけいに感じているのでしょう。

問5 誠二が今回の「犠牲」によって得たものを考えましょう。信一の母親からの温かい言葉、そして、友達からの賞賛です。

四

問1 1、前の段落では、「エッセイスト」と呼ばれるようになった筆者の、その仕事に対する喜び・意気込みが書かれています。一方、5行目では「一つの悩みが生まれた」とあるので、反対の内容を表す時に用いる接続詞「しかし」が入ります。2、人生で話す話題は、見えないことに関する内容にかたよっていない、それゆえ、「エッセイもその比率に従ったテーマ配分になっていくのは自然だろう」というのが作者の考えです。3、電車のなかで座席を譲られても「見えないのでわからなくて善意を宙に浮かせてしまう」を「座れない」と言い換えています。4、岩波書店の「世界」に寄稿した時の例があげられています。

問2 ア、「赤裸々」は、「まる裸」が転じて「あるがまま」という意味を表します。イ、昔、一日は十二刻（二×六＝十二）だったので、一日のことを「二六時中」とも呼んだそうです。「四六時中」は、それを二十四時間式に言い直したものと言われています（四×六＝二四）。「一日中」をひらがな三字で言いかえます。ウ、「本末転倒」とは、物事の大切な部分（本）と、ささいな部分（末）を取り違えることで、物事の方向性を誤った時などに使われます。作者は、同胞の気持ちを代弁するだけのために書くことが目的なのではなく、もっと大きな視点から人間としての感性というものを探求しようとしているのです。

問3 傍線部②の直後を読むと、「見えないあなたを育てた家族のこと」「見えない日常」を「もっと、見えないという視点から」書くように求められることが多くなった、ということがわかります。

問4 作者を取り巻く世界は「見えない」ことをいつもいつも意識したものではない、ということがおさえられたでしょうか？ これは21行目の女性や日本人が常に自分たちの事を「女性だ」「日本人だ」と意識していない例と同じことです。つまり人間として生きているのであって、「全盲」ということは自分の一部でしかないのです。傍線部の「私の世界」、「見えないこと」を22行目の「私という人間」、「『全盲』という状態」にそれぞれ対応させます。

問5 障害を前面に出すべきだと言う人の行動は、必要以上に障害を意識させるものなので、かえって社会のバリアをつくってしまいます。同じように可哀想な障害者像を求める読者も、障害に目を向けがちなので、バリアを形成してしまうのです。このバリアとは29〜30行目に説明があるように、「私たち（障害を持つ人々）を必要以上に『障害者枠』に閉じこめようとするバリア」のことです。

問6 障害者とは人生すべてを障害者として生きている可哀想な存在だ、という偏った先入観に対して、筆者は、「障害ばかりで彩られていない普通の姿」を示そうとしているのです。

問7 筆者は、障害者vs健常者という対比的な世界観を否定しています。それは、障害者も健常者も平等であると考えているからです。

問8 問3で確認したように「見えない立場で書くことしか許されていないのだろうか…」という葛藤が筆者にはありました。それが、「賢治の本で『全盲のエッセイスト』から『音を聴くエッセイスト』への脱皮が始まり、今度は落語を通して、『見えない』私から『人間』の私へと、踏み出すことができた」（58〜59行目）のです。「障害者枠」も四字ですが、執筆を依頼する人が筆者に面と向かって、「障害者枠というお立場」だと言うことはないでしょう。

名前

啓明館が紡ぐ

小学国語 読解の完成

【5年・6年向け】

中学入試必携
決定版!!
受験国語のアンソロジー

1. ノート不要の書き込み解答式
2. 入試対応の題材＆記述対策
3. 納得のいくていねいな解説

最新テーマに完全対応

INDEX

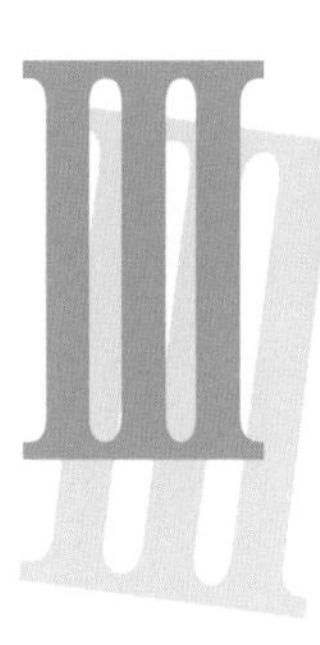

●おことわり●

本テキストでは、題材にした文章のオリジナリティに配慮し、原文の表記を尊重しました。そのため、学校で習うかなづかいや漢字、送りがなと表記が異なる場合があります。（例・気持⇔気持ち）著しいものには＊をつけました。

仕上がりをチェック
実力判定テストつき

本書の特長

1 受験頻出テーマの徹底攻略。

2 ノート不要の書き込み解答式。

3 実力を測定できるテスト問題を収録。

4 様々なタイプの記述問題を網羅。
無理なく記述力がアップ。

5 わかりやすくていねいな解説。

小学国語

読解の完成

I

1 戦争と人間

学習のねらい ▼戦争の中にも日常があり、日常の中にも戦争がしのび込んでいることを知る。

次の文章を読んで、あとの問いに答えなさい。字数制限がある問いでは、句読点・記号なども字数にふくみます。※印をつけたことばについては、本文の後に〈注〉があります。

甘藷の葉に露が光る朝、ぼくたちは川下の製材所へ薪を取りに行くことになった。製材所は寮から四キロほど川下にあった。その方角に歩くのは、わずかでも東京に近づくことだったから、ぼくたちの足はおのずと軽くなった。

（中略）

荒縄で背負い、よろよろと踏み出すと、うしろから引張る者がいた。ぼくの薪は重いので、思わず、よろける。

身体が大きいわけではないが、寮の中でもっとも睨みをきかせている佐伯が、生のサツマイモをかじりながら言った。

①「教師のやつ、できたら、二束背負ってこいと言ってたぜ。まず、副級長さん、手本を示してくれや」

佐伯は毛糸屋の子供で、東京にいた時は、小ずるい感じがするだけの陰気な少年だった。半ダースほどの子分をしたがえるようになった理由は見当がつかない。

彼はぼくの首根っ子を*押さえて、その場にひざまずかせ、強引に、もう一束くくりつけた。反抗はできない。そして、*立ち上ることもできなかった。仕方なく、呼吸を

問1 ＝線ア〜オの漢字の読みをカタカナで書きなさい。

ア	イ	ウ	エ	オ

問2 ——線①「教師のやつ、できたら、二束背負ってこいと言ってたぜ。まず、副級長さん、手本を示してくれや」とありますが、「先生」のことを「教師のやつ」と呼んでいるのに、「ぼく」のことは「副級長さん」と「さん」付けで呼んでいます。このことからわかることとしてふさわしくないものを次から選び、記号で答えなさい（答えは一つとはかぎりません）。

ア 佐伯は教師よりも「ぼく」のことを尊敬している。

イ 佐伯は教師に対して親しみをいだいているが、「ぼく」のことは近寄りがたいと感じている。

ウ 佐伯は自分よりも勉強のできる「ぼく」に対しては一目置いている。

エ 佐伯は副級長としての権威を失った「ぼく」を皮肉っている。

見はからって、いっきに持ち上げ、荷をかたわらの木工具に乗せた。そうやって、担げる高さにしてから、ようやく歩き出した。荒縄が肩に食い込み、ぎりぎり痛んだ。

佐伯は子分たちとともに、ぼくの横を大股で歩いていた。弱さを見せたくないぼくは、道ばたの石垣にもたれたり、縄と肩の間にハンカチをはさんだりして、なんとか歩行をつづけた。

「苦しいかい、副級長?」

佐伯がからかう。

「もう副級長じゃない。降格された」

ぼくが言うと、

「わかってるよ、班長さん。見かけによらず、力があるじゃねえか。この次は、三束は②カタいだろう」

佐伯は嗤った。

ふと気づくと、ぼくは先頭を歩いているのだった。周囲は、佐伯とその子分ばかりで、やや離れて、江草も従っていた。江草は例の※闇営業のカフェの子供で、ずっと③〈非国民〉というアダ名だったのだが。

ばからしいことに、彼らの中に二束背負っている者は、一人としていなかった。こんなものを担いでいては、ちょっとやそっとでは逃げるわけにいかないことを計算していたにちがいない。

「おれたち貧乏人はいいけどよ」

後ろ向きになった佐伯が子分たちに話しかけた。

「こういう時、お金持ちの子供はつらいよな」

「勉強家や秀才も、つらいだろうよ」

江草がねちねちと絡む。

「こちとら、勉強が流行らない御時世でよかったよ。今は、身体がだいいちよ。……何がなんでも身体を作れ。〈何がなんでもカボチャを作れ〉ってよ」

問3 ――線②「カタい」とありますが、ここでの意味と同じ意味で使っている文を次から選び、記号で答えなさい。

ア　あの子はカタいから、一人暮らしでも大丈夫だろう。
イ　このスルメはかみ切れないほどカタい。
ウ　ぼくらはカタい友情で結ばれている。
エ　この調子なら優勝はカタい。

問4 ――線③「非国民」の意味を次から選び記号で答えなさい。

ア　人間とは思えないひどい行為をおこなう人。
イ　日本以外の国籍を持った人間。外国人。
ウ　国の方針に対して協力的でない人。
エ　体が弱く、兵隊になれない人。

〈何がなんでもカボチャを作れ〉は当時の標語である。

「秀才さんは日本が負けるといいと思ってるだろうなあ」

江草が執拗につづけた。

「そうすりゃ、おれたちぁ皆殺しでよ。お金持ちは、さっさと逃げて、山の中で勉強できるからな」

「ばか言うなよ。負けりゃ、皆殺しに決まっているじゃないか。サイパン島だって、アメリカ兵は、赤ん坊を一人一人、剣で芋刺しにしたんだぞ」

ぼくは言いかえした。

「戦争に負けたら――なんて言い方は、よして欲しいよな」

江草は口をとがらせた。ぼくは沈黙すると、足をはやめた。佐伯たちも速度をはやめ、ぼくを包囲する体勢を崩さなかった。

④「日本はこれだけ敵に囲まれてて、うまくぶち破れるかな」

佐伯は、くっくっ、と笑い、

「破れると思うか？　ええ、班長さん」

「よせよ、もう。そんなこと、誰にもわかりゃしないじゃないか」

追いついてきた茂木が口をはさんだ。

「へえ、班長のご親友がそんなこと言っていいのかい。未来の江田島（海軍兵学校のこと）候補がよお」

「ぼく、江田島なんか行かないよ！」

「行かないって？　行けねえんじゃないか。……でもよ、身体が弱くてもよ、お国のためにつくそうって気がねえのかい！」

佐伯が怒鳴ると、子分たちもいっせいに、

「非国民！」

と叫んだ。江草までも、小声で「非国民……」と言った。

茂木は蒼ざめ、うなだれた。涙をこらえているようだった。

問5　――線④「『日本はこれだけ敵に囲まれてて、うまくぶち破れるかな』佐伯は、くっくっ、と笑い、『破れると思うか？　ええ、班長さん』」とありますが、ここで佐伯は日本の戦況について語りながら、他のメッセージを「ぼく」に伝えようとしています。佐伯が意図していたのはどのようなことだったのでしょうか。考えて書きなさい。

背後で警笛がきこえた。

首をまわしても薪が邪魔をして見えず、身体を一回転させると、飯能からの下りのバスだった。上り、下り、ともに、午前、午後一本ずつというすくなさだ。

石垣に身を押しつけて、通り抜けるのを待った。木炭バスの窓から、数人の母親が首をのぞかせていた。

砂煙がはなはだしい。ようやく目をあけると、砂まじりの唾を吐きながら佐伯が毒づいた。

「うちの親父も、たまにゃ、面ぁ見せたらどうだろ」

「そういえば、いま、バスの中に、田端の親父さんがいたみたいだった」

江草が鋭い目つきで言った。

「え？　おいもの親父か？」

「たしか、いましたよ」

「ふーん。じゃ、また、奴からしぼるか」

佐伯の考えが、ぼくにはわかった。彼らは立ちどまると、ひそひそ話を始めた。

ぼくが歩き出すと、佐伯が追いついてきた。

「班長、話がある。取引きだ」

「なんだい？」

「お互い、トクする話だ」

ぼくは答えない。

「副級長って肩書を、ちょっと貸して欲しいんだ。……まあ、きけよ。おいもの親父は、どうせ、なにもわかりゃしない。あの親父をひっかけて、菓子でもぱくろうって寸法だ。そっちは、おれの言うことに頷いていてくれればいい」

（ふざけるな！）と怒鳴りたい衝動を抑えて、ぼくは相手の言葉を理解できないふりをしていた。

「どうなんだ、おい？」

書き直し用

問6　A　にあてはまる三字のことばを本文中から書きぬいて答えなさい。

「わかったよ……」

[A]の痛みに耐えながら、ぼくは言う。

「いっしょにくるんだぞ。それもいいだろう？」

ぼくはしぶしぶ頷いた。それが精一杯の抵抗だった。

佐伯はにんまり笑って、

「こいつは江草の思いつきなんだ。あいつ、悪知恵だけは人一倍だぜ」

寮に帰って一休みすると、佐伯は「東京の話をききたいから」という口実で、おいもの父を反り橋の下に連れ出した。おいも、佐伯の子分たち、ぼくが従った。

おいもの父親は、もともと下※っている目尻をいっそう下げて、

「倅がお世話になっております」

と、ていねいに挨拶した。※国民服はよれよれで、※ゲートルの端がずれている。

「みなさん、おうちの方にあいたいでしょうなあ」

⑤彼の目には光るものがあった。

「早く許可がおりたわたしは、恵まれております……」

幸せを確かめるように、かたわらにうずくまってスルメをしゃぶっている息子の頭を撫でた。

話好きらしい彼は、子安観音※がB29除けのお札を授けてくれること、町内の不良たちが強制疎開のあとに残った瓦を手刀で割っていること、紙の舟に赤飯をのせ、〈サムハラ〉と書いた紙をのせて隅田川に流すと、自分の家に爆弾が落ちない、といった噂を話してくれた。ラッキョウを食べるのも、爆弾除けになるそうだ。

――が、ぼくは、彼がなにげなくくれた古新聞のほうが、ありがたかった。それは東京空襲の間近いことを強調し、中篇漫画映画「フクチャンの潜水艦」の封切が遠くないことを伝えていた。しかし、学童のいなくなった東京で、こうした映画を誰が観るのだろうか？

小突かれて、われにかえると、おいもの父親が目を細めて、ぼくを見つめていた。

問7 ――線⑤「彼の目には光るものがあった」とありますが、これはどういうことを表していますか。「彼」がだれを表すのか、「彼」がどのような気持ちでいるのか、という二点にふれて説明しなさい。

書き直し用

「本当でしょうか。倅が一日級長にえらばれたっていうのは！」

「ほんとだよな」

佐伯にうながされて、ぼくは⑥あいまいに頷いた。一日級長なんてものが、この世にあるものか。

「まさか……うちのが、マラソンで一位になるなんて……」

「は、は、親父さんが信用しねえんだからな」

父親は、不器用な手つきでグリコの包み紙をはがしている息子を見た。継ぎだらけのセーターの袖が洟で光っている。

⑦「でも、これは、ぼくたちだけでえらんだことですからね」と、江草が慎重につけ加えた。「先生は知りませんよ。ぼくたちだけの秘密です」

早口に言って、彼はおいもの父親と指切りをした。

「みんなで、万歳三唱でもするか」

佐伯は石垣を離れて、

「田端太郎くん、ばんざーい、ばんざーい、ばんざーい！」

一同はこれに和し、おいもまでが、グリコを握り締めたまま、両手を挙げた。

「いつも良くしていただいて、息子はしあわせ者です」

父親はとろけそうな顔つきで、

「それじゃひとつ、わたしが特配（特別の配給）をいたしますかな。副級長さん、ちょっと、離れにきてもらえませんか」

「副級長は、立場上、特配に立ち会っちゃ、まずいんですよ」

江草がささやいた。

「じゃ、佐伯くんでもいい」

こうして、佐伯たちは金平糖やブドウ糖の〈特配〉を受けたようだった。

〈　B　〉というのは、ぼくのところには何もまわってこなかったからだ。

この辺で、話しておいた方がいいと思う。自尊心というやつだ。⑧自尊心は一つの欠

問8 ――線⑥「あいまいに頷いた」とありますが、なぜ「ぼく」はこのような行動をとったのですか。その理由として最もふさわしいものを次から選び、記号で答えなさい。

ア　佐伯たちの計略に加担することに積極的になれないから。

イ　「おいも」が一日級長に選ばれたことに対して半信半疑だったから。

ウ　「おいも」が一日級長になったことは仲間内の秘密なので、大人に言うのはまずいと思ったから。

エ　映画のことを考えていたので、突然話しかけられても、何を聞かれているのかよくわからなかったから。

問9 ――線⑦『でも、これは、ぼくたちだけでえらんだことですからね』と、江草が慎重につけ加えた」とありますが、なぜこのようなことをしたのですか。その理由として最もふさわしいものを次から選び、記号で答えなさい。

ア　一日級長を先生に相談もせず決めたことを先生に知られたくなかったから。

イ　自分たちだけの秘密を他人に打ち明けたことをなかば後悔しているから。

点だという皮肉な見方もあるようだが、とにかく、ぼくはその欠点を持って*生れてきたか、そんな風に育てられてきた。

というよりも、将来、店の主人になるからと、甘やかされてきたのが本当だろう。家を継ぐ男の子が生れると、商人の家としては大騒ぎである。

ア乳母という存在が、さらに、ぼくを甘やかしたらしい。年に一度か二度の里帰り（実家に一時的に帰ること）の時に、強引に、ぼくを故郷に連れ帰り、それはそれで、母は困ったらしい。もちろん、ぼくの知らない成り行きである。ただ、ぼくのすぐ前に馬小屋があり、馬に蝿がたかっていた光景を覚えている。

ごく幼い時に、ぼくが馬小屋に面したイ縁側にすわっているなんて、ほかには考えられないから、その時のことだろう。

ぼくにとって、〈小学校に*上る〉というのはウ画期的なことだった。できれば、いつまでも、自分の家の二階の片隅——子供向きの本棚があり、その先に陽光が一杯の廊下があって、藤椅子で本が読めるようになっていた——で、しずかに*過していたかった。

あとのことは、*手短かに語ろう。〈小学一年生のエ初々しい服装〉をしたぼくは、初対面ではあるが感じの良い子供と手をつないだ。そういう恰好で校内を案内されるのだが、突然、別な子供が現れて、「おい、こっちへ来いよ」と、〈感じの良い子供〉の手をつかんで、前の方へ行ってしまった。

せっかく、友達になれたのに、という心細さで、ぼくは泣き出しそうになった。だが、自尊心のせいだろうか、ぼくは我慢した。そして、〈泣き出してもおかしくないきっかけ〉を待った。

やがて、理科室に入った。人骨の模型を組み立てた白いものがぶらぶらしている。⑨〈これだ!〉と思った。ぼくは火がついたように泣き出した。

誰かがぼくを家に連れ帰り、ぼくは〈理科室のガイコツを見て泣いた子〉として、オ叔父や叔母の笑いの種になった。しかし、不自然なことではない、とぼくは満足した。

ウ　「おいも」に対して特別な配慮をしていることがてれくさかったから。

エ　教師にこの話が伝わると、自分たちのうそがばれてしまうから。

問10　B にあてはまる五字のことばを本文中から書きぬいて答えなさい。

問11　——線⑧「自尊心は一つの欠点だという皮肉な見方もある」とありますが、なぜ「皮肉な見方」といえるのですか。次の書き出しに続けて書きなさい。

自尊心というのは、

心細さ、悲しさで泣いたと思われるよりは、ずっと、ましだった。
ぼくの小学校生活は嘘で始まった……。

（小林信彦『東京少年』新潮社）

〈注〉※ 闇営業…正式な許可を得ずに営業すること
※ 国民服…一九四〇年（昭和十五年）国民の着用すべきものとして制定された服
※ ゲートル…ズボンの裾を押さえて、足首から膝まで覆うもの
※ B29…アメリカの爆撃機

165

問12 ――線⑨「（これだ！）と思った」とありますが、この時の「ぼく」の考えを次のようにまとめました。【 あ 】～【 う 】にあてはまる語句を本文中から探し、書きぬいて答えなさい。なお、【 あ 】は三字で、【 い 】は五字で書きぬきなさい。また、【 う 】は十六字ちょうどの部分を探し、初めの五字を答えなさい。

【 あ 】にあった【 い 】が【 う 】としてふさわしい。

あ	い	う

2 家族とは

学習のねらい ▼現代社会における父権・母権のゆくえを学び、自分の「位置」を知る。

次の文章を読んで、あとの問いに答えなさい。字数制限がある問いでは、句読点・記号なども字数にふくみます。

〈Ⅰ〉 文頭の①～⑨は段落番号です。

① ぼくは、食べるものには、それほどこだわらない。いわゆるグルメとか食通とは縁遠い、[1]な食生活をしている。でも、A家族がそろった食事ということになると、特別な思いがある。その日一日、学校や職場で自分の仕事をしていた家族のメンバーが、夕食の席に集う。食卓は、家族の交差点のようなものだ。夕食は栄養を摂取するだけの場所ではない。会話によってお互いの情報を交換し、家族の他のメンバーがどんな一日をすごしたか、どんなことを喜びとし、どんな不満をもっているかといったことを、家族全員が知る場所なのだ。

② 人間というものは、本来はエゴイストなのだろうが、子供と生活していると、子供の喜びが自分の喜びと感じられる。自分は飢えても、子供だけにはうまいものを食わしてやりたいという気がする。幸い日本は平和で豊かで、子供が飢えるようなことはない。①子供たちの食欲を見ていると、ぼくの胸の中に静かな充実感が広がっていく。

③ そんな時にふと、子供のころの食卓を思い起こす。ぼくの実家では、子供が先にごはんを食べて、そのあとから、ゆっくりと父の夕食が始まる。父は毎日、晩酌として、お銚子を四本ほど飲んでいた。一日の疲れを癒すために、静かに飲みた

問1 ‖線A「家族がそろった食事」・B「父の食卓」について、次の問いに答えなさい。

i Aのような食事の場を何と言い表していますか。本文〈Ⅰ〉からぬき出しなさい。

ii AにあってBにないものは何ですか。本文〈Ⅰ〉から一語でぬき出しなさい。

i	
ii	

問2 ——線①「子供たちの食欲を見ていると、ぼくの胸の中に静かな充実感が広がっていく」理由として最もふさわしいものを次の中から選び、記号で答えなさい。

ア 子供たちを立派に養っているという親としての体面が保たれるから。

イ 筆者自身の子供のころとちがって飢えのない時代の豊かさを実感するから。

ウ 家族そろって食卓をかこむという長年の夢がやっとかなったから。

エ 子供たちが喜んで食事をしている姿を見ると親である自分も満たされるから。

[ ]

いという思いがあったのだろう。確かに父は、母と話をするわけでもなく、黙々と飲んでいた。

④ B父の食卓には、父だけの料理が並んでいた。近くの魚屋さんからサシミをとったり、一人だけ鍋をつついたり、時間をかけて、いろんなものを食べていた。酒のサカナだから、子供が食べるものとは別の料理が用意されるのは当然かもしれないが、料理の品数は多くても、何となく、寂しげな食卓だったと、いまのぼくには感じられる。

⑤ 父だけが豪華なものを食べていたと不満を述べているのではない。ぼくが生まれ育った関西では、父親だけが特別のお膳で食べるというのは、当たり前のことだった。商家などでは、住み込みの従業員がいたりするので、②そういう生活スタイルで、店主の威厳を保持したのだろう。一方、一般庶民の家庭でも、まだ世の中が貧しかったから、肉体労働をするお父さんだけ、栄養価の高いものを食べるというアシュウカンがあったように思う。

⑥ 最近、父親というものに、昔のような威厳がなくなったのは、食卓に差別がなくなったせいかもしれない。父親が幼い子供といっしょに、ハンバーグや、カレーを食べる。確かにここからは、威厳みたいなものは生じないかもしれない。でもぼくは、父親に威厳なんてものは必要ないと思っている。

⑦ ぼくは子供たちが幼いころから、家族と同じものを食べていた。ぼくの場合、ハンバーグやカレーが、わりあい好きだったということもある。若くて元気だったころは、夕食の食卓でビールを飲んだりしていたが、子供が中学生になってからは、飲まなくなった。父親だけ特別扱いする、というのがいやだったからだ。ただしこれもぼくの場合、生活が昼夜逆転しているので、夕食の席は、仕事の前だということとも関係している。

⑧ 一日、厳しい労働をしたあとで、酒を飲む。これはやっぱり、必要な生活しゅうかんだろう。ぼくも仕事を終えた明け方、寝酒を飲む。一人で飲む酒は、おいしい

問3 ――線②「そういう生活スタイル」とはどのようなものですか。文中のことばを用いてまとめなさい。

問4 ――線③「明け方の一人きりの時間」とは、筆者にとってどのような時間だといえますか。三十字以内でまとめなさい。

問5 次の一文は、もともと本文〈Ⅰ〉のある形式段落の最後にあったものです。この文が入る形式段落の番号を答えなさい。

同じ人間なのだから、対等につきあえばいい。

とか、楽しい、ということはない。その日の作業が終わった安らぎに包まれ、静かに自分を癒す。そのためには、アルコールが必要なのだ。

⑨一人で酒を飲んでいる父がいったい何を考えていたのか、いまとなっては知るすべはないけれど、年をへて、人生というものに疲れを覚える年齢にさしかかると、何となく、当時の父の気持ちがわかるようになった。ぼくの父は、若いころから会社を経営していて、それだけ［2］やプレッシャーが大きく、一人で酒を飲みたいという思いが強かったのだろう。いまでもぼくは、夕食は家族との会話を楽しんでいるけれど、③明け方の一人きりの時間も、大切にしたいと思っている。

〈Ⅱ〉

④昔の日本の住宅には、茶の間というものがあった。四畳半かせいぜい六畳くらいの部屋の中央に、円いチャブ台があり、その周囲に家族全員が集合する。

住宅事情がわるいと、茶の間しかない、という場合もありうる。畳を敷いた日本の茶の間のすごいところは、チャブ台をかたづけて布団を敷けば、そのまま寝室になってしまうとこだ。だから極端に言えば、住居というものはワンルームで充分なのだ。

（中略）

家族といっしょにいた方が楽しい。これが当たり前の感情だ。孤独を求めるのは、［2］がたまってよほど疲れているか、家族関係がうまくいっていないせいだろう。

仕事がうまくいっていない父親が、家族に八つ当たりする。こういうのは論外として、困るのは、しつけとは命令と暴力による強制だと思い込んでいる父親や、父親には⑤●●が必要だという、江戸時代みたいな価値観にすがりついている父親だ。

封建社会が崩壊しているのに、父親だけ⑤●●をもってどうするんだろう。会社で出世できない父親が、子供相手にイバっている、というのは、何とも哀しい。こういう父親がいては、子供は個室に逃げ込んでしまう。

困った母親というものも存在する。子供は自分の体内から生まれた。だから子供のことを、自分の体の一部、自分の所有物のように思っている。こういう母親は、子供

問6 ［1］～［3］にあてはまることばを次の中からそれぞれ選び、記号で答えなさい。

ア プライド　イ ユーモア　ウ マナー
エ シンプル　オ ストレス　カ ダメージ

1	
2	
3	

問7 ——線④について次の問いに答えなさい。

i 現在の日本の住宅で「茶の間」の役割を果たす場所を本文〈Ⅱ〉からぬき出しなさい。

ii このように家族全員が集まる場で、どのようなものを身につけることができますか。本文〈Ⅱ〉から九字でぬき出しなさい。

iii 家族でふれあう経験が不足すると、どのような人間になってしまうと筆者は述べていますか。本文〈Ⅱ〉から二十字以内で探し、最初の五字をぬき出しなさい。

に向かって一方的に命令を出す。反抗は許さない。これでは子供の自主性が育たない。

もちろん、幼児に対しては、教えなければならないことがある。車が走っている道路のわきで幼児がふざけて歩いていたら、厳しく注意しないといけない。電車の中でさわぐ子供も同様だ。自分の命を守ることと、他人に迷惑をかけないこと。これは人間として生きる上での基本だから、どんなことがあっても、教え込まなければならない。（中略）

しかし子供も小学生になれば、人格をもった人間だから、人間として対等につきあってやった方がいい。家庭というのは、社会のミニチュアだ。ここで子供は、他者との付き合い方を少しずつ学んでいく。

人間には感情の起伏がある。ムカつくこともあれば、キレそうになることもある。それをがまんして、楽しく付き合っていくコツを、家族との会話の中から会得していく。こういう人間相手の微妙なやりとりの積み重ねがないと、他人への思いやりのない、自己中心的な人間になってしまう。子供が個室で[ウ]キカイ相手のゲームばかりしているというのは、異様な事態だ。

子供用の寝室があってもいいが、子供を個室に閉じこめないように、楽しいムードの茶の間を演出したい。［ 3 ］のあるいきいきとした会話がほしい。営業マンのお父さんは、得意先を相手にしているのと同じくらい気をつかって、子供に接してほしい。お母さんはまず、子供は⑥●●なのだと自覚することが大切だ。

リビングルームは、家族全員の社交の場であり、一種のパブリックスペースだ。ここは社会と個人との接点であり、家族のメンバーが対等につきあって、楽しみ、時には論争などもして、人間関係を深めていく場所だ。

最近、キレやすい子供がふえたと感じられるのは、こういう集いの場が失われたせいではないだろうか。

（三田誠広『ぼくのリビングルーム』ケイエスエス）

問8 ――線⑤●●にあてはまる二字熟語を本文〈Ⅰ〉から、――線⑥●●にあてはまる二字熟語を本文〈Ⅱ〉から抜き出しなさい。

⑤		⑥	

問9 〈Ⅰ〉〈Ⅱ〉の文章の内容と合うものをすべて選び、記号で答えなさい。

ア 〈Ⅰ〉も〈Ⅱ〉も家族で過ごすことの大切さ、とりわけ食事を一緒にとることの大切さを強調している。

イ 他人との好ましい付き合い方は家族と会話を重ねる中で習得されるものなのだ。

ウ 〈Ⅰ〉〈Ⅱ〉ともに、家庭における父親の存在の重要性を強調している。

エ 〈Ⅰ〉〈Ⅱ〉も家族が同じ空間で集うことの大切さについて述べている。

オ 昔の父親は近寄りがたい存在だったが、現在は友人関係のような父子ばかりだ。

問10 ----線ア～ウを漢字で書きなさい。

ア		イ		ウ	

3 まとめ・演習1

学習のねらい ▼**総合演習**

次の文章を読んで、あとの問いに答えなさい。字数制限がある問いでは、句読点・記号なども字数にふくみます。

昔、キリコさんという名のお手伝いさんがいた。母は常時、二、三人のお手伝いさんを雇っていたが、若い人が多かったので、たいていは結婚のために数年で辞めていった。すると母は教会の信徒会に頼んで、また新しい人を紹介してもらうのだった。

キリコさんもそんなふうにして我が家へやって来た。確か、婦人部の支部長の、遠い親戚にあたる娘さんで、以前は家具工場で事務員をしていたらしい。ただ、家にいた期間が、私が十一から十二歳になる間の一年足らずと殊更に短く、［A］唐突に——恒例のさよならパーティーもなく——辞めてしまったために、そのあたりの事情はもうほとんど忘れてしまった。（中略）

十一歳の夏休み、仕事で一ヵ月ヨーロッパを回っていた父親から、おミヤゲ[ア]に万年筆をもらった。銀色で細身の、スイス製の万年筆だった[a]。

キャップを取ると、磨き込まれた流線型のペン先が現われ、それは見ているだけでも胸が高鳴るほどに美しく、持ち手の裏側にはその曲線によく似合う筆記体で、私のイニシャルＹＨが彫ってあった。

おもちゃ以外のおみやげをもらうのは生まれて初めてだったし、まわりで万年筆を使っている子など[c]①一人もいなかったから、自分が一足飛びに大人になったよう[b]な気がした。この万年筆さえ手にしていれば、何か特別な力を発揮できると信じた。

問1 ——線ア～オのカタカナを漢字に直しなさい。送りがなが必要な場合はひらがなで書きなさい。

ア	イ	ウ	エ	オ

問2 ［A］～［D］にあてはまる接続詞を次のア～オの中から選び、記号で答えなさい。

ア たとえば　イ なぜなら　ウ しかも
エ だから　オ そして

A	B	C	D

問3 （ 1 ）～（ 5 ）にあてはまることばを次のア～オの中からそれぞれ選び、記号で答えなさい。また、ア～オの品詞名を漢字で答えなさい。

ア やがて　イ たとえ　ウ まるで
エ とにかく　オ どうせ

1	2	3	4	5	品詞名

私はいつどんな時も、書きたくて書きたくてたまらなくなった。国語の漢字練習帳がいるからと母に嘘をつき、お金をもらって大学ノートを買った。学校から帰るとランドセルを置き、真っすぐ机の前に向かってとにかく万年筆のキャップを外した。

大人たちはすぐに、娘が何やら[イ]ムチュウになって書いていると気づいたが、必要以上に干渉はしなかった。（ 1 ）机の前で書き物をしているのだから、それは勉学、［ B ］漢字の書き取りのようなものに違いないと思い込んだらしい。

スリッパをはいて階段を登ってはいけないとか、お風呂に入った後は冷たいものを飲んではいけないとか、あの頃課せられていた多くの禁止事項の中に《書き物》が加えられなかった代わりに、大人たちは誰も書かれた内容については[ウ]キョウミを示さなかった。（ 2 ）自分たちの知っている漢字ばかりなんだから、という訳だ。

私はまず手始めに、自分の好きな本の一節を書き写してみた。『ファーブル昆虫記』のフンコロガシの章。『太陽の戦士』の出だしのところ。『アンデルセン童話集』から『ヒナギク』と『赤いくつ』。アン・シャーリーが[エ]ロウドクする詩。『恐竜図鑑』のプテラノドンの項。『世界のお菓子』、トライフルとマカロンの作り方。……

想像したよりずっとわくわくする作業だった。（ 3 ）自分が考えた言葉ではないにしても、それらが私の指先を擦り抜けて目の前に現われた途端、いとおしい気持＊に満たされた。

言葉たちはみんな私の味方だ。あやふやなもの、じれったいもの、臆病なもの、何でもすべて形に変えてくれる。

［ C ］ふと気がついて手を休めると、ノート一面びっしり文字で埋めつくされている。ついさっきまでただの白い紙だったページに、意味が与えられている。しかもそれを[オ]サズケタのは自分自身なのだ。

②私は（ i ）感と（ ii ）感の両方に浸りながらページを撫で付けた。（ 4 ）世界の隠された法則を、手に入れたかのような気分だった。

《書き物》に対する態度が、他の大人と唯一違っていたのがキリコさんだった。干

問4 ══線a〜dとことばの種類・用法が同じものをそれぞれ次の中から選び、記号で答えなさい。

a スイス製の万年筆
ア 走るのが早い　イ 気温の高い日
ウ 暑い夏の日　エ それでいいのか

b 大人になったような気がした
ア りんごのような赤い頬
イ そのような話は聞いていない
ウ 雨はもう止んだような明るさだ
エ 君のような正直な人は少ない

c 万年筆さえ手にしていれば
ア 顔をあわせてもあいさつさえしない
イ 水さえのどを通らない
ウ それを見つけさえすればよい
エ 暗いうえに、あかりさえついていない

d 干渉しない
ア さりげない　イ 正しくない
ウ ひまがない　エ そんなことはできない

a	b	c	d

（d）渉しない点については同じだが、彼女は明らかにこの作業を、勉学とは違う種類のものとして認めていた。敬意さえ払っていたと言ってもいい。

子供部屋やダイニングテーブルで作業に熱中している私を見つけると、一瞬キリコさんは立ち止まり、姿勢をただし、邪魔しないように注意を払いながら通り過ぎた。あるいはおやつを運んでくる時は、不用意にノートの中身に目をやって盗み見していると誤解されないよう、気を使っているのが分かった。自分の手元に視線を落とし、一切声は掛けず、ノートからできるだけ遠いところにジュースを置いた。コップに付いた水滴で、ページが濡れてはいけないと思ったからだろう。

（５）私は他人の文章を書き写すだけでは満足できなくなり、作文とも日記ともお話ともつかないものを書き付けるようになった。クラスメイト全員の人物評と先生の悪口、一週間の食事メニュー、百万円あったら買いたい品物のリスト、テレビ漫画の予想ストーリー、自分の生い立ち・みなしご編、無人島への架空の旅行記。とにかく、ありとあらゆるものだった。

今日は何にも書くことがないという日は、一日もなかった。キャップさえ外せば、万年筆はいつでも忠実に働いた。

［D］初めてインクが切れた時は、うろたえた。

「どうしよう、万年筆が壊れちゃった」

私は叫び声を上げた。

「もう壊しちゃったの？　せっかくのパパのおみやげなのに。新しいのは買いませんからね。壊したあなたが悪いんです」

新しいのは買いませんからね――これが母の口癖であり、得意の台詞だった。私は自分の不注意を呪い、絶望して泣いた。

「大丈夫。インクが切れただけなんだから、補充すれば元通りよ」

救ってくれたのは、やはりキリコさんだった。

「スイスのインクなのよ。パパがまたスイスへ行くまで待たなきゃならないの？」

問5　――線①「何か特別な力」とはどのような力ですか。最もふさわしいものを次のア～エの中から選び、記号で答えなさい。

ア　禁止事項など気にせず大人のようにふるまえる力
イ　親がいなくても自分だけの力で生きていける力
ウ　すべてのものに言葉というかたちをあたえる力
エ　書きたいことが万年筆からあたえられる力

問6　――線②の〔 i 〕・〔 ii 〕にあてはまることばの組み合わせとして最もふさわしいものを次のア～エの中から選び、記号で答えなさい。

ア　i 憧憬　ii 優越
イ　i 達成　ii 徒労
ウ　i 徒労　ii 敗北
エ　i 疲労　ii 優越

「いいえ。街の文房具屋さんへ行けば、必ず売っています」

必ずという言葉を強調するように、キリコさんは大きくうなずいた。

キリコさんは正しかった。私は万年筆を壊してなどいなかった。約束どおり彼女は新しいインクを買ってきて、補充してくれた。ケースの裏に書いてある説明書は外国語だったから、二人とも読めなかったけれど、彼女は慎重に方向を見定め、崇高な儀式の仕上げをするように、万年筆の奥にインクを押し込めた。

「ほらね」

それがよみがえったのを確かめると、キリコさんは得意そうに唇をなめた。一層唇が光って見えた。（中略）

私たちがもっと重要な秘密を共有するようになったのは、学芸会の前の日に起きた、ちょっとした事件がきっかけだった。私はメヌエットのソロを、リコーダーで吹くことになっていた。百人の五年生の中から、たった一人選ばれたのだ。

幕が上がり、拍手がおさまると、私は舞台の中央に歩み出てお辞儀をする。スポットライトが当たり、伴奏の子がピアノの鍵盤に指をのせ、みんながリコーダーを見つめる。講堂が静まり返って観客たちの期待が頂点に達したのを確かめてから、私は指を最初の音ソに合わせる。リハーサルではそうなる予定だった。

家へ帰って、最後にもう一度だけ練習しておこうと思い、ランドセルを開けたらリコーダーがなかった。学校へ引き返し、教室から廊下、運動場まで歩き回り、通学路を三往復したが無駄だった。

やがて日が沈み、あたりは真っ暗になった。リコーダーは何の予告もなく、私の前から消え去り、闇に溶けていったのだ。

途方に暮れた時、どうしていつも母親に頼らなくてはいけないのだろう。一体彼女が何の役に立つというのだろう。

自分が泣いているのは、リコーダーが見つからないからでも、ソロを降ろされるのが嫌だからでもないと、よく分かっていた。［　③　］ことが、辛いだけなのだ。

問7 ［　③　］にあてはまる語句として最もふさわしいものを次のア～エの中から選び、記号で答えなさい。

ア　彼女に頼らなければならない
イ　彼女にとって何の役にも立たない
ウ　母親にひどく怒られる
エ　彼女がリコーダーをかくした

問8 ［　④　］にあてはまるセリフを文中から探し、ぬき出しなさい。

問9 ——線⑤について。キリコさんがどこへ行ったのかは、後日談で明らかにされています。次の後日談の空らんの中にふさわしい内容を十五字程度で考えて入れなさい。

後で知ったことだが、彼女は［　　］に頼んで、リコーダーを作ってもらったらしい。正しい音階が出るまで、十本以上やり直しが必要だった。本当は食卓の脚になるはずの木だった。

読みかけの聖書を閉じ、ほつれた綴じ糸をいじりながら彼女は言った。

「［　④　］」

キリコさんが声を掛けてくれたのは、私がセーターも靴下も脱ぎ捨てて、庭の花壇の縁に座り込んでいる時だった。

「一体、どうしちゃったの？」

「この間読んだ本のヒロインは、夜の風に当たって肺炎を起こしたわ」

「滅多なことで、肺炎になんかなれるもんじゃないわ。それより、笛を手に入れるのが先よ」

「もう駄目。私のリコーダーはどこにもないの」

「ゆっくり、深呼吸して考えてみましょう」

キリコさんは花壇の中からセーターを拾い上げ、枯葉を払い除けて私に着せた。

「ないんだったら、作ればいいのよ」

「作る？　どうやって？」

「木をくり貫いて、穴を開けて、吹き口のところをこんなふうに削って……」

キリコさんは手真似で木を削る格好をして見せた。まるで昔から、何本ものリコーダーを作ってきた人のような手つきだった。

「無理よ、そんなの。無理に決まってる」

「とにかく、まかせておいて。明日の朝、学校へ行くまでに間に合えばいいんでしょ？さあ、肺炎にならないうちに、早く靴下をはいて、ゆっくり眠りなさい」

私はうなずいて、言われたとおりにした。明日無事にメヌエットの演奏ができると、希望を持ったからではない。彼女を疑いたくなかったからだ。

「じゃあね」

そう言って手を振りながら、⑤<u>キリコさんはどこかへ走って行った。</u>

キリコさんは約束を破らなかった。次の朝、息を弾ませて食堂へ駆け込んできた。

問10　――線⑥の、キリコさんが持ってきたリコーダーはどんな音色でしたか。文中から二十字以内で探し、最初と最後の五字をぬき出しなさい。

最初					
最後					

問11　［　⑦　］にあてはまる四字熟語として最もふさわしいものを次のア～オの中から選び、記号で答えなさい。

ア　創意工夫　　イ　千篇一律　　ウ　一世一代

エ　正真正銘　　オ　適材適所

［　　］

問12　次の文を文中に補うとすれば、どこが適当ですか。補うべき場所の直前の七字をぬき出しなさい。

ブルーブラックのインクで縁取られた、言葉という形に。

［　　　　　　　］

⑥右手にしっかりとリコーダーを握(にぎ)り締(し)めて。

削りたての木の香(かお)りがまだ残っていた。口は少し太めで、穴はザラザラし、吹くとどこからか木屑(きくず)の粉が飛び散ったが、それは間違いなくリコーダーだった。どこから眺(なが)めても、［　⑦　］の本物だった。

本番で私の吹くメヌエットは、講堂の冷たい空気を震(ふる)わせ、観客たちの頬(ほお)を包み、窓ガラスをすり抜けて空の高いところへ吸い込まれていった。天によって選ばれ、特別にあつらえられた音だった。

（小川洋子『偶然(ぐうぜん)の祝福』角川文庫）

問13　「私」にとってキリコさんとはどのような存在でしたか。「私」の置かれた家庭環境(かんきょう)にもふれながら説明しなさい。

4 比較文化と日本

次の文章を読んで、あとの問いに答えなさい。字数制限がある問いでは、句読点・記号なども字数にふくみます。※印をつけたことばについては、本文の後に〈注〉があります。

学習のねらい ▼異文化へのアプローチ方法、その受容の仕方を学ぶ。

高速道路を走っていて、※ヴェネツィア・ナンバーの車を見たら注意せよとは、イタリアでの常識とされている。ヴェネツィアは、小さな島を舗装して、それらをタイコ橋でつないで作られた海に＊浮ぶ都市だから、当然のことながら、市内には車は入れない。自動車の[A]も見られないということでは、世界でただひとつの町であろう。ヴェネツィア人は、日曜祭日にだけ車を使う。というわけで、彼らの運転技術は、イタリア最低とされているのだ。

面白いことに、①これと同じことが、今から五百年前のルネサンス時代でもいわれていた。もちろん、自動車についてではなく、当時の自動車だった馬についてである。ヴェネツィア人が、よたよたと馬に乗って行く[B]は、まるでマンガで、他地方の人々の笑いものであったらしく、今日にいたるまで、多くの※風刺画が残されている。

では、自動車の普及度の一番高い②※トリノや※ミラノの人々が、最も運転が上手いかというと、それがそうともいえない。トリノには※フィアットの工場があるし、ミラノには※アルファ・ロメオがあって、自動車というものには慣れ親しんでいるはずなのにである。彼らは、イタリアの他の地方の人々に比べて働き者であるためか、規則を、これまた比較的にしても、尊重する＊気持があるらしく、交通規則はちゃんと守るのであ

問1 [A]・[B]にあてはまる漢字を次のア～クの中から選んで記号で答え、[C]・[E]にあてはまる漢字を書きなさい。また、[D]にあてはまる四字熟語を次のケ～セの中から選び、記号で答えなさい。

ア 図　イ 絵　ウ 形　エ 音
オ 表　カ 影　キ 光　ク 面
ケ 真剣勝負　コ 言語道断　サ 切磋琢磨
シ 自業自得　ス 南船北馬　セ 自由自在

A	B	C	D	E

問2 [1]～[5]にあてはまることばを次から選び、それぞれ記号で答えなさい。

ア どうも　イ ひどく　ウ まして
エ えてして　オ たちまち　カ ついに

1	2	3	4	5

問3 ――線①とありますが、ルネサンス時代にはどう言われていたのですか。二十字以内で答えなさい。

る。ところが、交通規則をきちんと守る人間は、［ 1 ］、他の人間も守ると思い込みがちだ。だから、ちょっとわき見をしていたりして規則を守らない人や車があったりすると、完全にお手あげになる。もろに、ぶつかってしまうのである。

これとまったく反対に出来ているのが、※ローマの人々である。ローマは、古い古い都市だから、当然、③道という道は、自動車に都合良くは作られていない。しかも、ちょっとでも地下を掘り、駐車場でも作ろうかとすると、［ 2 ］遺跡にぶつかり、文化財保護委員会あたりから待ったがかかるので、旧市街内では、自動車は路上駐車するしかない。

それならばこれら狭い道を、ゆっくりと規則正しく走るかといえば、そんなことは、④ローマっ子の気分に反するのである。彼らは、自動車というものは速く走らせるものと思っているから、速度標識や信号には、やむをえぬ時だけ従い、折あらば、追い抜き割り込みをしようと、いっときも油断していない。ローマ市内を運転できるようになれば、もうどこに出してもやっていけるといわれるほどで、なにやら、生き［ C ］の眼を抜くとか、［ D ］とかいう言葉が思い出されてくる。

こんな調子だから、さぞかし交通事故が多いだろうと、普通ならば思うところだが、それが不思議と少ない。時々、町中でひしゃいだ車を見かけることはあるが、怪我人といってもたいしたことはなく、死者などは皆無といってもいいはずだ。なにしろ、ローマっ子は、自分たちが規則を守らないのだから、他人が規則を守ってくれるだろうとは、期待できないのである。というわけで、常に油断怠りなく、臨機応変の処置がとれるのかもしれない。イタリアで最も運転の上手いのは、ローマ・ナンバーの車である。車間距離を、追突と紙ひとえに置くにいたっては、まさに芸術的でさえある。

ローマでは、歩行者もまた、車に負けないほどのしたたか者である。横断歩道も信号も、無視する機会を狙ってでもいるかのようだ。だからかもしれないが、信号が青であっても、安心して左右も見ずに渡るということはない。だいたいからして、車とか信号とか、機械で出来ているものを信用しないし、［ 3 ］車にいたっては、生

問4 ――線②「トリノやミラノの人々が、最も運転が上手いかというと、それがそうともいえない」とありますが、トリノやミラノの人々の運転がうまくない理由として最もふさわしいものを次から選び、記号で答えなさい。

ア　トリノやミラノの人々は自動車を作るだけで、運転することは少ないから。

イ　トリノやミラノの人々はみんなが交通規則を守っているのだから、自分一人ぐらいは守らなくていいと考えているから。

ウ　トリノやミラノの人々は働き者なので、車を運転するときもつい急いでしまうから。

エ　トリノやミラノの人々は交通規則をみなが守ると思いこんでいるため、規則が守られない場面には全く対応できないから。

［　　］

問5 ――線③「道という道は、自動車に都合良くは作られていない」とありますが、それはなぜですか。理由として最もふさわしいものを次から選び、記号で答えなさい。

ア　ローマの町ができたころにはまだ自動車はなかったから。

イ　ローマの人は考え方が古いので、自動車のことを考えずに町作りをしたから。

ウ　ローマには遺跡が多く、駐車場すら作ることができないから。

身の人間が運転しているのだから、それこそ頭から信用するわけにはいかないとでも思っているらしい。おかげで、これまた事故というものが、［ 4 ］少ないのである。

私も、数年のローマ生活によって、［ 5 ］ローマっ子的になっていたらしい。ドイツから来た日本人に、こういわれた。

「あなたみたいに道を横切っていると、ドイツでは轢かれちゃいますよ」

彼の言葉は、ドイツへ行ってみて実感できた。ドイツ人は、イタリア人とは正反対に、［ ⑤ ］ことの好きな国民だ。だから、信号が赤になっていると、横断歩道には人影もなく、交叉点の右にも左にも車がいないという時でも、車はきちんと停車している。イタリアに慣れている私などは、それを見て感動したぐらいである。

ところが、ここまではいいのだが、信号が青に変る*や［ ⑥ ］や、広い道路いっぱいに停車していた車が、まるで自動車レースの出発の時みたいに、いっせいに走り出す。遅れた歩行者が、横断歩道の途中で立往生していても、そんなことはかまやしない。歩行者の方が悪いのである。また、交叉点の左右に車が見えても、速度を加［ E ］するでもない。規則は規則、守らない方が悪いのだと信じきっているかのようだ。

この様子を見ながら、私は考えこんでしまった。信号機が故障していた場合は、いったいどうなるのだろう。前に停車している車が信号が変ったからといって、直ちに走り出してくれるという保証もないではないか。それに、右から来た車に乗っている人が、注意を怠って信号を見るのを忘れたり、気分でも悪くて、ブレーキを踏むのが少しでも遅れたような時は、大事故が起きる可能性だってあるはずだ。

ローマに代表される、イタリア的気質も困りものではある。だが、一方、⑦柔軟性に⑧※欠けるドイツ的生き方も、そうそう安心できたものではない。とすれば、これらラテン気質とゲルマン気質を合わせ、二で割ったくらいが、ちょうどいいんではないかと思いだした。すなわち、規則正しく器用な日本式が最も無難な行き方ではないかと。

（塩野七生『イタリアからの手紙』新潮文庫）

エ　ローマへの自動車の乗り入れを制限して、古い遺跡を保護しようと考えたから。

□

問6　――線④「ローマっ子の気分」が表れている部分を文中から二ヶ所探し、最初と最後の二字ずつを書きぬきなさい。

□□～□□・□□～□□

問7　［ ⑤ ］にあてはまる語句を「○○を○○」という形で答えなさい。

□□を□□

問8　［ ⑥ ］にあてはまることばをひらがな二字で答えなさい。

□□

問9　――線⑦「柔軟性に欠ける」とありますが、これと反対の意味の表現を五字以内で本文中から書きぬきなさい。

□□□□□

〈注〉
※ ヴェネツィア…イタリア北部の都市
※ 風刺…遠回しに社会や個人の欠点や罪悪などを指摘(してき)すること
※ トリノ…イタリア北部の都市
※ ミラノ…イタリア北部の都市
※ フィアット…イタリアの自動車メーカー
※ アルファ・ロメオ…イタリアのスポーツカーメーカー
※ ローマ…イタリアの首都
※ ラテン気質とゲルマン気質…ここでは、ローマに代表されるイタリア人の気質と、ドイツ人の気質を指す

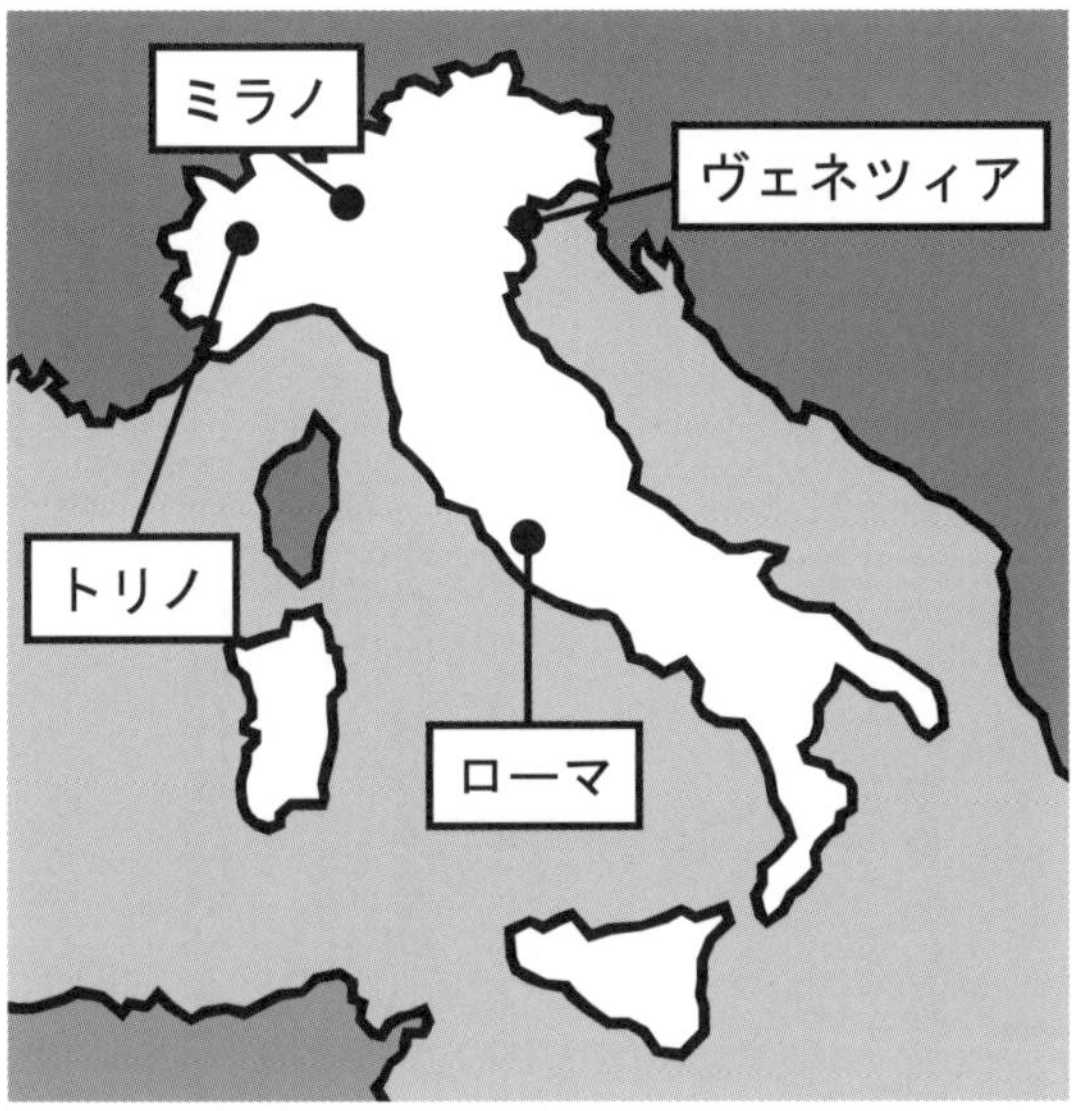

問10 ——線⑧「ラテン気質とゲルマン気質」とありますが、ローマっ子とドイツ人は自動車を運転する際にどのような違いがありますか。「規則」という言葉を必ず使って、それぞれ説明しなさい。

ローマっ子	ドイツ人

問11 次の文は55行目までの本文中にあったものです。もともとあった場所の直後の五字を書きぬいて答えなさい。

このためもあって、元来狭い道が、ますます狭くなるのである。

5 貧乏を学びとる

次の文章を読んで、あとの問いに答えなさい。字数制限がある問いでは、句読点・記号なども字数にふくみます。※印をつけたことばについては、本文の後に〈注〉があります。

学習のねらい ▼貧しい時代の生活を知り、「飽食」時代を再考する。

体育館での入学式がすむと一度、※寮へもどり、父ちゃんといっしょに街へ買い物に出た。早瀬は部屋にいなかった。科がちがうため学校では顔をあわせることがなく、これからは登下校も別々になるようだった。そのことが少しさびしかった。

青井さんに教えられた※鶴丸というデパアトへ入り、金物売り場を見る。①父ちゃんが三種類くらいある七輪の中から値段の高いものを選んで持ってくる。ぼくは安いのでいいからと、それをもどした。家を出るとき母ちゃんに、借金だらけで、こんども農協からやっと頼んで借りてきたんだから、父ちゃんによけいなゼニを使わせるんでないぞ、と言われたのだった。宿に泊まって学用品を買うと、あとは父ちゃんが村へ帰る汽車賃がやっとらしかった。

鍋も茶碗もぼくが選んだ。いちばん安いのにした。鍋は飯をたくのと味噌汁用のを買った。

——ほかに足りんもんないか。

父ちゃんの声がかすれていた。②ぼくは思いきって洗面器と石けんだけを買った。洗濯用のタライは洗面器で間に合わせるつもりだった。ほかにもご飯や味噌汁をすくうシャモジとか、コップやタワシも欲しかったがだまっていた。なくてもなんとかなる

問1　場面の展開をよく考えて、本文を三つの段落に分け、二段落目と三段落目の最初の五文字を書きなさい。

二段落目					
三段落目					

問2　——線①「父ちゃんが……持ってくる」について、

Ⅰ　6～9行目のような生活状態にもかかわらず、父が「値段の高いものを選んで持ってくる」のはなぜですか。次の中から正しいものを選び、記号で答えなさい。

ア　毎日使う道具は値段の高い方が、質が良くて長持ちして、結局は得だから。

イ　安いものを買うといかにも貧しそうに見え、デパートの人に対して恥ずかしいから。

ウ　息子のために少しでも良いものを買ってやって、貧しさを忘れさせたいから。

エ　ほかの寮生たちに比べて、息子にみじめな思いを味わわせたくないから。

オ　たとえ貧しくても、ほかの寮生たちと同じものにしないとみっともないから。

Ⅱ　「ぼく」の家の生活状態が父の外見からも感じ取れる一続きの二文を探し、最初と最後の五文字を書きなさい。

気がした。もうこれでいい、とぼくは言った。

米を売っている店へ行き、米一斗と麦三斗買ってもらう。醤油も一升買った。

——あといいか。帰ったらすぐ味噌とかイモを送ってよこすから。

父ちゃんがよれよれの上着の内ポケットへ手を入れながら言った。乗馬ズボンの裾のボタンが二つほど取れている。ぼくは荷物を持つと、うん、もういい、と言った。

ぼくらが寮へもどって間もなく早瀬とおばさんも買い物から帰ってきた。ぼくの買ってきた品物の倍くらいの荷物を持っていた。

——汽車、何時。

ぼくは畳の角へ腰かけて煙草を吸っている父ちゃんに小声で聞いた。③わざと眉の間に太い縦じわをつくり、ふり返って、机に向かって本を読んでいる青井さんを見る。しかし父ちゃんは気づかないのか煙草の煙を吹き出しつづけた。ぼくはなぜか、ここで煙草を吸うのをやめてよ、と言えなかった。

——五時ごろだっけかな。

父ちゃんが腕時計を見ながら言った。ぼくも父ちゃんのそばへ行って時計をのぞいた。三時半だった。目覚まし時計もいるな、と思う。しかしだまっていた。早瀬のおばさんが、わたしはもうひと晩、あの宿に泊まってきますので、と父ちゃんに言った。父ちゃんが紙袋から茶碗やスプウンなどを出している早瀬を見ながら、そうですか、と言う。［A］声だった。青井さんが父ちゃんを見て、お父さんもこの部屋へ泊まってってもいいんですよ、せまいけど二人で寝れるでしょう、と言った。机に向かっている芝木さんがぼくに小さくうなずく。

——ありがと、そんでも早く帰って畑起こしせんならんもんでしから。

父ちゃんが小さく笑って言った。ぼくは徳用マッチのふたをあけ、つばを飲み込んだ。父ちゃん早く帰ればいいのに、と思う。田舎者の父ちゃんをみんなに見られるのが恥ずかしくてたまらなかった。しかしぼくと二人っきりなら、もうひと晩いてほしい気もした。父ちゃんが腰を上げ、わし、そろそろ行ってみっから、と言った。④ぼく

最初	最後

問3 ——線②「ぼくは……買った」について、「思いきって」という表現からは、どういうことが読み取れますか。説明しなさい。

問4 ——線③「わざと眉の間……青井さんを見る」とありますが、a「つくり」、b「ふり返って」、c「読んでいる」、d「見る」は、それぞれ誰の動作ですか。次の中から記号で選び、答えなさい。

ア　父ちゃん　　イ　ぼく　　ウ　青井さん

a	b	c	d

を見ていたが、部屋にいるみんなに向かっての言い方だった。

ぼくはからになった紙袋を丸めて机の下へ押し込むと父ちゃんのそばへ行き、送ってく、と言った。つぶやき声になった。父ちゃんは、そうか、と言ったあとみんなに向かって大声であいさつした。青井さんには何回も、よろしく頼みますね、とくり返した。

外へ出ると、樽前山が街の家並みの上へかぶさるように立っていた。両わきへ長く延びている⑤裾野が街をかかえているみたいだった。父ちゃんが先を歩き、ぼくは二歩ほどはなれてついて行った。

――みんないい人みたいでないか。

父ちゃんが顔を樽前山から製紙工場の煙突へ移して言った。ぼくは山を見たまま、うん、とこたえた。噴煙は見えなかった。山の向こう側へでもたなびいているのかもしれない。相変わらず父ちゃんは歩くたびに膝をバネみたいに曲げ、革靴の底をペタンペタン鳴らした。はじめに靴のかかとを地面につけ、それからいきなり靴底を打ちつけるために出る音だ。

ぼくは父ちゃんとの距離をはかるようにして歩いた。もう少し離れたかったが、そうするのも父ちゃんに申しわけない気がした。

通りの両わきは畑で、道路にも人の姿はない。寮から百メエトルほどの左手に野球場があり、入り口近くに食料品店が見えた。父ちゃんがそのほうへ顔を向け、おかずはここで買えばいいな、と言う。ぼくは低い声で、うん、とこたえた。あまり父ちゃんに話しかけてほしくない気持ちだった。

あとは駅までだまったままだった。駅前の食堂へ入って玉子ドンブリを食べるあいだも、ほとんどしゃべらなかった。話すことがなかった。食べ終わったあと父ちゃんはしわだらけの札を何枚か出して折りたたみ、ぼくによこした。

――いまこんだけしか置いていけんけど、近いうちにまた何とかして送っから。

父ちゃんは壁の献立て表を見て言った。［B］眼をしていた。ぼくは大きくう

問5 ［A］にあてはまることばを選び、記号で答えなさい。

ア 沈んだ　イ 落ち着いた　ウ はずんだ
エ 明るい　オ あわてた

［　］

問6 ――線④について、なぜみんなに向かって言ったのですか。次の中から選び、記号で答えなさい。

ア 部屋にいるみんなに、息子のことをよろしく頼んでおきたかったから。
イ まだまだ立ち去りがたく、みんなともっと話をしていたかったから。
ウ 心のこりがし、部屋にいるみんなにもう少し引き止めてもらいたかったから。
エ みんなに向かって言えば、「ぼく」との別れのさびしさがまぎれると思ったから。
オ 他人の前で「ぼく」に別れを言うのが照れくさくてたまらなかったから。

［　］

問7 ――線⑤「裾野が街をかかえている」と同じ表現を使っている文を次の中から選び、記号で答えなさい。

ア 石のように黙っている。　イ 葉が風にそよぐ。
ウ 枯れ葉がかさかさと鳴る。　エ 彼は私の太陽だ。
オ 太陽がほほえむ。

［　］

なずいておカネを受け取り、汽車賃あるの？　と聞いた。まわりに客はいなかった。父ちゃんが、だいじょうぶだ、と言ってテエブルの上にある伝票をのぞき込んだ。ぼくは父ちゃんからもらったおカネを丸めるようにして手のひらの中に握(にぎ)り、その手をしばらくテエブルの上へ置いたままにした。⑥ポケットへしまうのがつらかった。

食堂を出たところで、父ちゃんが思いついたように腕時計をはずしてぼくに差し出してきた。

――ないと不便だべ。

父ちゃんが時計を見て言った。

――いらん、父ちゃん困るべさ。

ぼくも時計へ視線をやって首を横にふった。革バンドの穴が破れている。しかし父ちゃんは、いいから持ってろ、と言って時計をぼくの手へ押しつけてきた。

駅の改札がはじまり、父ちゃんが人の列の後ろへ並ぶ。ぼくもわきについていっしょに歩く。父ちゃんとぼくの背丈は、もうほとんど同じだった。眼が何度も腕時計をした左の手首へ行く。そこの皮膚(ひふ)が熱っぽかった。腕時計を持つのは初めてだった。

父ちゃんに向かって何か言うことがある気がするのに、言葉がわからなかった。それで改札をしている駅員の顔ばかり見つめる。父ちゃんの顔もそのほうへ向いていた。あと五、六人で父ちゃんの番がくるところでぼくは、母ちゃんに元気でやるからって、とだけ言った。かすれ声になった。父ちゃんがぼくを見、からだ気いつけてな、と言った。言っている途中(とちゅう)から父ちゃんの唇(くちびる)が細かくふるえてゆがんだ。父ちゃんはすぐに顔をかくすようにして前を向いてしまった。耳たぶが赤かった。

ぼくはそこで立ちどまった。改札口を通ってホオムへ出た父ちゃんが人波にもまれながら一度、ぼくをふり返った。口が小さくあいたのが見えたが声は聞こえなかった。眼が［　C　］いた。ぼくは下唇をきつくかんで父ちゃんを見ていた。父ちゃん、と呼ぼうとしたが喉(のど)がつまったみたいに声が出なかった。⑦一瞬(いっしゅん)、走って行っていっしょに汽車にのりたいと思う。

問8　［　B　］にあてはまることばを次の中から選び、記号で答えなさい。

ア　恥ずかしそうな　　イ　うれしそうな

ウ　怒(おこ)ったような　　エ　疲れたような

オ　あきれたような

問9　――線⑥「ポケットへしまうのがつらかった」とありますが、なぜですか。説明しなさい。

問10　［　C　］にあてはまることばを書きなさい。

問11　――線⑦と同じような父への気持ちがふくまれている一文を探し、最初の五字を書きなさい。

父ちゃんの姿はすぐ人混みに押されて消えてしまった。

（小檜山博『地の音』集英社）

〈注〉※ 寮…学生の共同宿舎

※ 七輪…炭を用いて炊事をするための土製の道具

問12 父と「ぼく」は互いにどのような思いを抱いていますか。父の「ぼく」への思い、「ぼく」の父への思いを、それぞれまとめなさい。

父の「ぼく」への思い	「ぼく」の父への思い

6 まとめ・演習2

次の文章は、戦争直後の、食料のとぼしかった時代を背景にした小説です。読んで、あとの問いに答えなさい。字数制限がある問いでは、句読点・記号なども字数にふくみます。※印をつけたことばについては、本文の後に〈注〉があります。

学習のねらい ▼総合演習

——友人になれる。そんな無邪気な直感が、ぼくを陽気にした。ぼくはボールをポケットに押しこみ、拾った弁当箱を片手に、まっすぐに山口のほうに歩み寄ろうとした。

そのとき、弱よわしく視線を＊落とした山口の目が、ぼくの弁当にふれると、急にそれを滑りぬけて流れた。はっと、はじめてぼくはあることに気づいた。そうだ、彼はいつも昼食をたべてないのだ。——昼休みのはじまるころになると、彼はいつでもスーッと部屋を出て行ってしまう。なんの気なしにその姿勢をおぼえていながら、その理由にいままで気づかなかったぼくは、なんてバカだ。……だが、はたしていま、彼に弁当を半分すすめたものだろうか？

じつをいえば、①そのときぼくを※躊躇させたものは、ほかならぬ自分自身の昼食が半分に減ること、そんな自分の空腹の想像などではなかった。そんなことは、まったくぼくの頭にはなかった。——それは、恥ずかしいことだが、「善いこと」をするときの、あの照れくささであり、奇妙な後ろめたさだった。

つづいて、ぼくに弁当をつくるために昼食を抜いている、母への罪悪感がはじまる予感がきた。気の弱いぼくのことだ、一度②それをしたら、おそらく習慣にせざるをえ

問1 A ・ B にあてはまる言葉を次の中からそれぞれ選び、記号で答えなさい。

A　ア　説教めいた　イ　うわべだけの　ウ　押し売りじみた　エ　友達思いの

B　ア　孤独に　イ　ほがらかに　ウ　これみよがしに　エ　こそこそと

A	
B	

問2 ——線①「そのときぼくを躊躇させたもの」を文中から過不足なく探し、最初と最後の五字ずつを書きぬきなさい。

最初					
最後					

問3 ——線②「それ」が指す内容を十五字以内で書きなさい。

なくなってしまうだろう。すると、帰りの汽車の中での、あの痛みに似たせつない空腹感、やがて空ききってそれが痛みかどうかさえわからなくなり、ただ、どこにも力の入れようのないいらだたしさがからだ全体にただよいだし、遠くのものがかすみ、近いものがゆれて見えはじめる、あのその次の状態が、なまなましくぼくによみがえった。……だが、結局ぼくが弁当を分けることを中止しようと思ったのは、神経質でプライドのつよい山口が、そのぼくの［ A ］親切に、素直にこたえてくれっこないという判断であり、おそれだった。ぼくは、自分の弱さをそのまま投げかえされ、嘲笑されるのは、もうたくさんだと考えたのだ。

ぼくは思った。ぼくは、一人で［ B ］弁当を食おう。それはぼくの権利のフランク※な主張であり、彼のプライドへのフランクな尊敬である。あたりまえのことをするのに、あたりまえの態度でしよう。人間どうしのつきあいでは、③けっして触れてはいけない場所に触れるのは、いくらそれが好意・善意・親切からであっても、あきらかに非礼なのだ。

しかし、ぼくの足はもう、金網から手を放した彼のすぐ横にまで、自分を運んできてしまっていた。

「あすこ、日当りがいいな。……行こう」

独り言のようにいうと、ぼくは晴れた冬の日がしずかにきらきらとたまっている、屋上の片隅にあるいた。返事はなかったが、山口はなにを考えてか、おとなしくぼくにつづいてきた。へんに反抗して、④見すかされたくないのだろうか？

ぼくは、彼の不思議な素直さに、そう思った。

その片隅に腰を下ろしても、ぼくは黙っていた。同様に座りながら、山口も無言だった。黙ったまま、ぼくが弁当の風呂敷包みを解き終*ったとき、異様なほどの大きさでぼくの腹が、ク、ルル、ル、と鳴った。⑤はりつめた気がふいにゆるみ、ぼくは大声をあげて笑った。……それがいけなかった。弁当箱のふたをめくり、いつものとおり細いイカの丸煮が二つと、※粟の片手にぎりほどの塊が六つ、⑥コソコソと片寄っている中

問4 ――線③「けっして触れてはいけない場所に触れる」とは、この場面ではどうすることを指しますか。次の中から最もふさわしいものを選び、記号で答えなさい。

ア　相手への優越感を示すこと
イ　相手のほこりを傷つけること
ウ　相手に無理に恩を売ること
エ　相手の心の中にふみこむこと

［　　］

問5 ――線④について、「ぼく」は山口について何を「見すかされたくないのだろうか」と推測していますか。次の中から最もふさわしいものを選び、記号で答えなさい。

ア　「ぼく」の弁当を見るのがたえられないほど空腹であること
イ　「ぼく」に見下されているという不快感を抱いているということ
ウ　「ぼく」から弁当を少し分けてもらうのをあてにしていること
エ　「ぼく」が弁当を分けてやると言い出すのを警戒していること

［　　］

問6 ――線⑤「はりつめた気」について、「ぼく」はそれまでなぜ気がはりつめていたのですか。次の中から最もふさわしいものを選び、記号で答えなさい。

ア　空腹であろう山口の目の前で自然に一人で弁当を食

身を見たとき、ぼくの舌は、ごく自然にぼくを裏切ってしまっていた。

「よかったら、たべろよ。半分」

山口は奇妙な微笑をこわばらせて、首を横に振った。それは、意志的な拒否というより、まだ首の座らない赤ん坊が見せるような、あの意味もなにもないたよりない反射的な重心の移動のように、ぼくの目には映った。

「たべなよ。いいんだ」

山口は振幅をこころもち大きくして、もう一回首を振った。こわばった微笑が消え、なにか、うつけたような※茫漠とした表情になって、目を遠くの空へ放した。……※激高が、ぼくをおそった。せっかくの⑦先刻の思慮分別や後悔の予感も忘れはてて、恥をかかされたみたいに、ぼくの頭とほおに血がのぼった。

ぼくは、くりかえし低く、強くいった。

「ぼくは素直な気持ちでいってるんだ。おせっかいなことくらい、わかってる。でも、腹がへってるんだったら、だめだ、食べなきゃ、食べなきゃ……、食べたらいいだろう？食べたかったら」

絶句して、やっとぼくは興奮から身を離すべきだと気づいた。ぼくはにぎり飯の一つを取り、ほお張って横を向いた。

［C］、と思った。……そのとき、山口の手が、ごく素直な態度で、弁当に伸びた。

「——ありがとう」

と、⑧彼はぼくの目を見ずにいった。そして、握り飯をまっすぐ口にほうりこんだ。まるで、⑨ありえないことが起こったように、ぼくは目の隅で山口が食べるのを見ていた。一口で口に入れて、彼は、わざとゆっくり噛んでいるようであった。

ある照れくささから、相手の目を見たくない気持ちはぼくにもあった。無言のまま、ぼくらは正確に交互に弁当箱に手をのばした。当然の権利のように、彼はぼくがイカの丸煮をつまむと、ちゃんと残った一つをつまんだ。……だんだん、ぼくはかれが傷つけられてはいないこと、あるいはそう振舞ってくれていることに、ある安堵と信頼

べようと、平静をよそおっていたから。

イ　山口に見えないように自分一人で弁当を食べるにはどうすればいいか、考えていたから。

ウ　プライドの高い山口に、弁当を半分食べるようにすすめるタイミングをはかっていたから。

エ　母が昼食を抜いて作った弁当を山口に分けてやるわけにはいかないと固く決心していたから。

問7　——線⑥「コソコソと」について、この言葉は何がどうなっている様子を表していますか。説明しなさい。

問8　——線⑦「先刻の思慮分別」の内容が書かれた形式段落を文中から探し、最初の五字を書きぬきなさい。

問9　［C］にあてはまる言葉として最もふさわしいものを次の中から選び、記号で答えなさい。

ア　頼むから食べてくれ

イ　もうどうにでもなれ

を抱きはじめた。それは、最後に残った山口の分の一つに、彼のやせた青白い手が躊躇なくのびたのを見とどけたとき、ほとんど、⑩感謝にまで成長した。――ぼくは、彼がひねくれた態度を固執せずに、気持ちよくぼくにこたえてくれたことがむしょうにうれしかった。

⑪ぼくと山口とは、それからは毎日屋上を密会の場所と定めて、いつもぼくの弁当を半分こするようになった。

（山川方夫『煙突』集英社）

〈注〉
※躊躇…ためらうこと
※フランクな…率直で気取ったところがないさま
※粟…戦時中などに、米の代用として食された穀物の一種
※茫漠…とりとめがなく、はっきりしない様子
※激高…ひどく怒ること

ウ　こいつとは絶交だ
エ　しまった、言い過ぎたかな

□

問10　――線⑧「彼はぼくの目を見ずにいった」について、山口が「ぼく」の目を見なかったのはどのような気持ちからですか。文中から一語で探し、書きぬきなさい。

□

問11　――線⑨のようなようすを言いかえた四字熟語を解答らんにあてはまるように答えなさい。

□信□□

問12　――線⑩はどのようなことに対する感謝ですか。三十五字以内で文中から探し、最初と最後の四字ずつを書きぬきなさい。

□□□□～□□□□

問13　――線⑪のような二人の関係を表す言葉として最もふさわしいものを次の中から選び、記号で答えなさい。

ア　水くさい　　イ　竹馬の友
ウ　同じ屋根の下　　エ　目に入れても痛くない
オ　気がおけない

□

7 科学技術の光と影

学習のねらい ▼環境を悪化させる「悪者」探しに終始せず、問題の本質にせまる。

次の文章を読んで、あとの問いに答えなさい。字数制限がある問いでは、句読点・記号なども字数にふくみます。

森は、もともと人類の遠い故郷です。恐竜が絶滅するのが約六千五百万年前のことですが、恐竜時代の最後のころに霊長類が森の中で誕生したそうです。ネズミぐらいの大きさの霊長類動物が、恐竜たちの足もとをちょろちょろしたり、森の木々に登ったりしていたのです。そのちっぽけな霊長類動物が、長い年月を経ていろいろに分化し、はるかのちには、ゴリラやチンパンジーやオランウータンや原始人類などになってゆきます。ぼくたちの遠い祖先は、森の中で暮らしつづけていたわけです。そして五百万年ほど前に、森を生活域にしていた霊長類のなかから、草原へ進出して直立二足歩行をする連中があらわれます。人類です。[A]、ぼくたちヒトの過去は、遡ればもちろん原生生物まで辿りつくのですが、もっと直接の祖先である原始霊長類が生まれたのが六千五百万年前で、ヒトになるのは五百万年ほど昔のことですから、そのあいだの約六千万年は森の生活者だったということです。

霊長類動物は、森に適応する生き方を身につけていきました。森の中でも地面を歩くことは少なく、主に木々の枝から枝へと動き、樹上生活をしていたのです。分化した霊長類はそれぞれが、森の種類によって生活域を分けたり、同じ森でも樹木の高いところに住む者や低いところに住む者と、それぞれの生きる場所を持っていたのですが、共通していたのは手足の指が枝をつかめる構造になっていたということです。現

問1 ――線ア～オのカタカナを漢字に直しなさい。

ア	ウ	オ	イ	エ

問2 [A]～[C]にあてはまることばを次のア～オの中からそれぞれ選び、記号で答えなさい。

ア たとえば　イ しかし　ウ なぜなら
エ つまり　オ また

A	B	C

代のサルたちがそうです。人間は森を離れてからは直立二足歩行をするようになり、足の指では枝をつかめなくなりましたが、しかし手の指はいまも枝をつかめます。霊長類イガイ（ア）の動物にはできないことです。ご自分の手を見てみてください。この手は、六千万年もの森の生活がつくりあげてきたものです。「じっと手を見る」というと石川啄木の言葉ですけれども、手を見て、握ったり開いたりしてみると、遠い昔の森の記憶が浮かんできそうな気がします。ぼくたち人類のふるさとは森なのです。いま、ぼくたちが森を歩くと、なにかなつかしいような感覚があるものです。それは、ヒトになってからの歴史よりもはるかに長い森の生活の記憶が、ぼくたちの奥底ふかくに刻み込まれているからなのかも知れません。

森を壊すことは、［あ］を壊すことです。地球上の森が衰退し消滅していったら、人類は故郷を失うのです。故郷を失った生物が、はたしてこの地球という星の上で暮らしていけるのでしょうか。

地球温暖化というゲンショウ（イ）があります。地球の長い歴史のなかには氷河期と呼ばれる寒冷期もあり、その逆に温暖期もありますので、いま心配される地球温暖化もそういうリズムの一つなのかも知れません。［B］、大気中の二酸化炭素CO_2が人間活動によって増加していることは事実のようです。温暖化の大きな原因が二酸化炭素の急速な増大にあると見られております。急速に増えはじめたのは約二百年前に始まった産業革命からのことですが、その増大速度が二十世紀後半になって加速されてきました。石炭や石油といった地球の内部にあったものを大量に取り出して燃やしはじめたために、大気中へ二酸化炭素を放出しているからです。

温暖化にしても寒冷化にしても数千年数万年という長い時をかけてゆっくりと進行するのなら、地球上の生物もそれに応じて何とか生き方を調整していけるでしょうが、それがわずか数十年で起こったときには、環境変化に適応できず死滅してゆく生物がたくさん出てくることでしょう。温暖化がさらに加速されたら、ブラジルの環境サミットでも問題になったように、気候帯の移動までが起こりかねません。高緯度の寒

問3 ［あ］にあてはまることばを文中から十字程度でぬき出しなさい。

問4 ——線①について。「よい影響」「悪い影響」とありますが、どのようなことが起きるのですか。それぞれ説明しなさい。

よい影響	悪い影響

冷地域が温暖地域になり、中緯度の温暖地域が亜熱帯または熱帯地域になるわけです。もしそうなればいまの寒冷地域で農作物がよくとれるようになってウケッコウなことだと思われるかも知れませんが、しかし、問題はその変化の速度です。

[C]札幌の平均気温が、現在の東京の平均気温になり、東京の平均気温が那覇の平均気温になる、といったことが、気候帯の移動です。ほんの数十年のうちにそういうことが起こりますと、①種々さまざまな影響――よい影響も悪い影響も――が出てきますが、いちばんの問題は植生だろうと思います。植物たちは生き残れるだろうか、草木の大半が枯死してしまわないだろうか、ということです。

人間は住みやすいところへ移って行くことができます。東京は暑すぎるから北海道のどこかへ引越すということは可能です。山の動物たちも海の動物たちも、自分たちの暮らしに合った気候帯へ移ってゆくでしょう。けれども、草木は歩けない。森は歩けません。もちろん気候変動に対して植物が何もしないで座して死を待つわけではなく、せいいっぱいの生きる努力はするはずです。でも、②それには限度があります。急激な気候帯の移動に従って移動することはできません。

或るアメリカの学者の試算によりますと、森の移動速度はよくて年間数百メートルだそうです。森から外へ種子が飛んで、そこが適地なら芽生え育ってゆく。だめな場所ならエハツガさえできませんが、とにかくそんなかたちで森全体が移動することはできるのです。ただしその移動には時間がかかります。木が育つのに何十年かの年月が要るからです。ですから森が全体として移動する速度はわずかに年間数百メートルがせいぜいなのです。ところがいまの二酸化炭素量の増加速度は、気候帯を年間数キロとか数十キロも移動させています。地球上のどこでも一様の速度ではありません。気候は複雑な要因のからみ合いで生まれるげんしょうです。しかしとにかく温暖化がこれからも激しく進行するなら、森の移動速度はとても気候帯の移動速度に[い]。温暖地域の一つの森にとって暑すぎる気候になったから北へ移動しようとしてなんとか北へ動いてみても、移動した地域がすでにもっと暑いところになっていては、全く

問5 ――線②「それ」のさし示す内容を、文中の語句を用いてまとめなさい。

問6 [い]にあてはまる表現を十字以内で考えて答えなさい。

問7 ――線③のように雪のないふるさとの町を歩いた筆者は、どのような気持ちになりましたか。比喩を用いて表現している部分を文中から十字以内でぬき出しなさい。

の徒労というものです。森はどんどん元気をなくしていきます。同じように、北の寒いところに適応して生きていた森も、そこが温暖地域に変化したのではやはり生きてゆくことがむつかしくなります。南の森も北の森も気候帯移動に追いつくことはできず生命力が衰えてしまいます。

温暖化の問題はセンモンカにとってもなかなかむつかしく、せんもんかのあいだでも見方がさまざまですが、ぼく自身の実感として、やはり急激に気温が上がっているという実感を持っています。

ぼくは雪国育ちです。北陸の田舎町に育って、冬は雪のなかで暮らしてきました。③ところがいまは、ふるさとの町で雪を見ることはほとんどありません。何年かに一、二度、積もるぐらいで、冬でも降ってくるのはたいてい雨です。北陸の雪はもともと零度前後で降る湿った重い雪でした。それがいくらか気温が上がれば、雪にはならないで雨になって降るのでしょう。つい先日も、真冬の北陸へ出かけたとき、長岡から金沢まで列車の窓から見る町にも田畑にも雪が全くないのにびっくりしました。遠くの山々が白くなっているだけでした。金沢の町を歩いても、裏通りの残雪さえなく、聞いてみると雪はたまに降るけれども積もるほどではないということでした。

故郷の町を歩いてみても、雪のかけらもありません。ぼくは浦島太郎のような気分でした。あの雪に埋もれていたぼくの町は、いったいどこへ行ってしまったのだろうか、と、不思議な気持ちでした。と共に、もしこれが地球温暖化のきざしだったらと、こわい気持ちでもありました。

いま地球温暖化が進行しているのなら、何かしなくてはならないと思います。科学者の知恵が必要だと思います。しかし、答は簡単ではないでしょう。できることは、二酸化炭素の放出をいくらかでも抑える、そのための努力をぼくたちひとりひとりもやってみるというくらいのことでしょうか。電気を使いすぎないとか、余分な物を使わないといった、ほんのささいなことですけれども。

温暖化による気候帯移動の速度が加速されたら、草木が枯れだし、地上は荒涼と

問8 ——線④「そういう世界」とは、どのような世界ですか。八十字以内でまとめなさい。

問9 本文の内容に合うものを次のア～オの中から二つ選び、記号で答えなさい。

ア　人間も、森に適応する生活をしてこそ、生き物としての本来のあるべき姿だといえる。

イ　産業が飛躍的に発展し、二酸化炭素の放出が著しく増加したのは二十世紀後半である。

ウ　私たち人間は、現代の快適な生活を犠牲にしてでも、自然環境を保護しなければいけない。

エ　急激な地球温暖化は深刻な状態なので、一人一人ができる努力をした方がよい。

した世界になりかねません。緑あふれる日本列島が禿山(はげやま)列島になりかねません。そこには、鳥も獣(けもの)も虫も魚も生きられないでしょう。人間だけはドーム都市のエアコン空間で快適に生きつづけるかも知れませんが、④そういう世界に生きるのはごめんです。

（高田宏『生命のよろこび―ドリトル先生に学ぶ』新潮社）

オ　森の中で手足を使って生活していた人類の祖先のような暮らしに戻(もど)ることが急務であるといえる。

問10　━━線にあるような努力をあなたがするとしたら、何をしますか。具体的な例を挙げて二つ答えなさい。

次の文章と詩を読んで、あとの問いに答えなさい。字数制限がある問いでは、句読点・記号なども字数にふくみます。※印をつけたことばについては、本文の後に〈注〉があります。

学習のねらい　▼たゆたう情念を味わい、レトリックの妙に目を開く。

　夏の日盛り（ひざかり）、大輪の※芙蓉（ふよう）の花を眺（なが）めていたとき、長いめしべと、そのめしべの生え（はえ）際（ぎわ）をとりまいている短いおしべの群れとの著しい〔a〕タイショウに気付き、奇妙（きみょう）な取り合わせだなあと思ったことがあります。

　芙蓉の花は五弁（ごべん）の花びらが合わさって鉢型（はちがた）をなしています。よく見かける色は紅と白ですが、私の庭にある白い芙蓉は花の鉢の底に当たる部分が鮮紅色（せんこうしょく）です。［　A　］、めしべというのがひどく長くて、鉢型の底から伸び（の）ためしべは花びらの端（はし）よりもっと長く外へ突き（つ）出ています。ところが、おしべは、これとは〔a〕タイショウ的に短くて、めしべの生え際に、頼り（たよ）なげに、チョボチョボとあるのです。

　言うまでもなく、花は※生殖〔b〕キカンですから、めしべがおしべの花粉を受精しやすいようにできているほうが〔c〕●●的なはずです。受精が楽に行われるためには、めしべとおしべの背丈（せたけ）が揃（そろ）っているほうがいいわけです。［　B　］、芙蓉の花では、前述のように背丈がちがい、まったく不〔c〕●●です。

　そう思いながら、めしべとおしべを仲立ちするのが蜂（はち）や蝶（ちょう）や虻（あぶ）だということに思い当たり、虫の役割に気付きました。そういえば、※虫媒花（ちゅうばいか）、風媒花（ふうばいか）、水媒花（すいばいか）という言葉を学校で習ったな、と思いました。

問1　［　A　］〜［　C　］に入ることばとしてふさわしいものをそれぞれ選び、記号で答えなさい。

ア　ところで　　イ　ところが
ウ　それとも　　エ　つまり
オ　そして

A	B	C

問2　══線a「タイショウ」・b「キカン」と同じ漢字を用いるものを次の中から選び、記号で答えなさい。

a　ア　コンクールでタイショウをとる。
　　イ　タイショウ的な性格の兄弟。
　　ウ　選考のタイショウとなる。
　　エ　左右タイショウの図形。

b　ア　キカン支炎（えん）をわずらう。
　　イ　国際的なキカンで働く。
　　ウ　キカンの雑誌を定期購読（こうどく）する。
　　エ　目や耳は外界の情報を受け入れるキカンだ。

a	b

そのとき私は、花が受精する際に、花以外のものの力を借りるという仕組みに、①新鮮な驚きをおぼえたのです。［C］、楽な受精法を避けて、虫とか風とかに頼る面倒な受精法を選んでいるわけで、言ってみれば、受精という大切な行為の過程に、虫とか風とか水など、花の思い通りにはならない「他者」を※介入させるわけです。

ちょっと不思議です。これは何かあるな、と思って少し調べてみました。なぜ、②めしべとおしべの間に距離を置き、なぜ、③虫や風に受精の仲立ちを求めるのかがわかりました。

めしべがおしべの花粉を受ける「受精」には自花受粉と他花受粉があります（同花受粉、異花受粉という言い方もあります）。自花受粉はめしべが同じ花の中のおしべの花粉を受けること、他花受粉は、めしべが、別の花（同じ株の隣花、もしくは異なる株の花）の花粉を受けることです。そうして、花が「自花受粉」をできるだけ避け、他花受粉を求めるということがわかったのです。

自花受粉は人間の場合の近親結婚に似ていて種属の繁殖によくないのだそうです。もちろん、自花受粉によって繁殖するものもありますが、植物は全体として、他花受粉の方向をとっています。芙蓉の花の長いめしべ、そのめしべに距離を置いているおしべ、その仕組みの理由は、この他花受粉の※志向の形だったのです。そういうことになりますと、受精を※媒介する虫や風というものの重要性は相当なものですが、それにしても、どうして、植物がこんな厄介な生殖法をとるのでしょう。

私の想像ですが、生命というものは、［ア］に同意し、自己の思い通りに振舞っている末には、ついに※衰滅してしまうような性質のものなのではないでしょうか。その安易な自己完結を破る力として、ことさら、他者を介入させるのが、生命の世界の維持原理なのではないかと思われます。

もしも、このような生命観が見当違いでないとすれば、生命体はすべてその内部に、それ自身だけでは完結できない「※欠如」を抱いており、その欠如を「［イ］」によって埋めるよう、［ウ］を運命づけている、ということができそうです。

問3 ═線c〜eの●にふさわしい漢字一字ずつを入れなさい。二か所のc・dにはそれぞれ同じ漢字が入ります。なお、eの●にはそれぞれ漢数字を答えなさい。

c			d		e		が	

問4 ──線①「新鮮な驚きをおぼえた」とありますが、どんなことに対して「驚きをおぼえた」のですか。「こと。」につづく形で文中から四十五字以上五十字以内でさがし、最初と最後の五字ずつを書きぬきなさい。

最初	最後

他者なしでは完結することのできない生命、そして、おたがいがおたがいにとって必要な［エ］である関係、これは、もしかしたら生命の世界の基本構造なのではないか――これが私の帰結※だったのです。

いうまでもなくこの構造は人間をふくんでいます。つまり私も、或るとき、或る人にとっての虻や蜂や風であり、或る人の幸・不幸の結実を知らずに助けたり、また私の見知らぬ誰かが、私の結実を助けてくれる虻や蜂や風なのです。

この「他者同士」の関係は、おたがいがおたがいのための虻や風であることを意識しない関係です。ここがいいのです。他者にたいして、一々、礼を言わなくてもいい。●（d）に着せたり、また、●（d）に着せられたりということがありません。

④世界をこのように作った配慮は、実に巧妙※で粋なものだと私はつくづく思います。ひとつの生命が、自分だけで完結できるなどと●が●（e）にも自惚れないよう、すべてのものに欠如を与え、欠如の充足を他者に委ねた自然の仕組みのすばらしさを思わないわけにはいきません。私は今日、どこかの誰かが実るための虻だったかなと想像することは、楽しいことだと思うのですが、どうでしょうか。

芙蓉の花の、めしべとおしべの背丈の違いを訝しく思ったことが、自花受粉を避けようとする花の性質と、受粉に他者を介入させる生命のありかたへの理解につながり、私に、「他者」の意味を予想もしなかったほどの鮮やかさで示してくれました。

発端は花についての私の無知と好奇心です。無知が好奇心を道案内にして、少しずつ、或ることに目を開いていった――それが、単なる花を、単なる花ではないものにしてくれた。それまでほとんど無意味でしかなかった花の仕組みが、有意味なものに変わったわけです。この経験は、何度かの試作をへて次のような作品になりました。

生命は
　生命は
自分自身だけでは完結できないように

問5 ――線②「めしべとおしべの間に距離を置き」、――線③「虫や風に受精の仲立ちを求める」のはなぜですか。その理由を33行目より前の本文から探し、簡潔にまとめて書きなさい。

問6 文中の［ア］～［エ］には、「他者」または「自己」が入ります。どちらを入れたらよいか、「他者」を1、「自己」を2として番号で答えなさい。

ア	イ	ウ	エ

つくられているらしい
花も
めしべとおしべが揃っているだけでは
不充分で
虫や風が訪れて
めしべとおしべを仲立ちする
生命は
その中に欠如を抱き
それを他者から満たしてもらうのだ

世界は多分
他者の総和
しかし
互(たが)いに
欠如を満たすなどとは
知りもせず
知らされもせず
ばらまかれている者同士
無関心でいられる間柄(あいだがら)
ときに
A うとましく思うことさえも許されている間柄
そのように
世界が《　B　》構成されているのは
なぜ？

問7 ――線④「世界をこのように作った配慮は、実に巧妙で粋なものだと私はつくづく思います」とありますが、この部分について説明した次の文章の□にふさわしいことばをそれぞれ指定された字数で、1・2は詩の中から、3は詩以外の文章から書きぬきなさい。

詩の中でも言っているように、世界は「他者の総和」である。「他者」は、自己完結できない存在であり、たがいに［1］（二字）を満たし合う存在といえるが、そのことを知りもせず知らされもせず、おたがい、［2］（三字）に生活している。このような［3］（六字）のすぐれているさまを、筆者は「巧妙で粋なものだ」と考えている。

1	2	3

花が咲(さ)いている
すぐ近くまで
虻の姿をした他者が
光をまとって飛んできている

C私も　あるとき
誰かのための虻だったろう

あなたも　あるとき
私のための風だったかもしれない

（吉野弘『詩の楽しみ』岩波ジュニア新書）

〈注〉
※芙蓉…ハイビスカスと同じアオイ科の植物
※生殖…生物が子孫をつくり出すこと
※虫媒花…昆虫(こんちゅう)の手伝いにより受精をおこなう花
※介入…間に入ること
※志向…目指すこと
※媒介…間に入って、とりもつこと
※衰滅…衰(おとろ)えて滅(ほろ)びること
※欠如…必要なものが欠けていること
※帰結…最終的に出した結論
※粋…さっぱりしていて、かっこうがよいこと

問8　詩「生命は」について、次の各問いに答えなさい。

A　――線Aで用いられている技法の名を答えなさい。

B　《　B　》に入れるのに最もふさわしいことばを次の中から選び、記号で答えなさい。

ア　こまやかに　　イ　あざやかに
ウ　ゆるやかに　　エ　さわやかに

C　――線C「私も　あるとき～かもしれない」の説明にあたる一文を文章中からさがし、最初と最後の五字ずつを書きぬきなさい。

最初					
最後					

8 韻文（詩・短歌・俳句）②

次の文章と短歌を読んで、あとの問いに答えなさい。字数制限がある問いでは、句読点・記号なども字数にふくみます。

学習のねらい ▼たゆたう情念を味わい、レトリックの妙に目を開く。

ぴったりと気持ちが合っている時の　あなたの二歩と私の三歩

歩幅の違う二人。けれど、気持ちの合っている時というのは、不思議と何歩めかごとに足が揃うように思う。その嬉しさが心の揺れである。

が、作ってみて、上の句はそっくり無駄のような気もしてきた。下の句だけで、ぴったりと気持ちも足も合っていることが、わかるのではないだろうか。ならばこの散歩の情景を、上の句を使ってもっと詳しく表現すべきだろう。そのほうが、より生き生きとしたものになるのではないかと思う。

そこで、まず季節を入れることにした。イメージとしては、爽やかな初夏である。場所は、公園。ゆったりとした気持ちを表す工夫もしたい。楽曲の速度を示す語で「ゆるやかに」を意味する「アンダンテ」という言葉を使おう。実は私は、この言葉が大好きなのだ。

はつなつの公園をゆくあんだんて　あなたの二歩と私の三歩

このように、ほとんど決まりかなと思っていたものでも、上の句をそっくりとって

問1 [A]・[B]に漢字を入れて、四字熟語を作るとすると、それぞれにどのような漢字を入れればよいですか。次の中から選び、記号で書きなさい。

ア 否　イ 縦　ウ 正　エ 無　オ 横　カ 有

A [　　]　B [　　]

問2 ——線①の具体的な内容に当たるところを、文中から三十字以内でぬき出しなさい。

問3 ——線②の品詞名を答え、20行目の短歌から同じ品詞のことばを文中から一つぬき出しなさい。

問4 [C]にあてはまる三字のことばを、文中からぬき出して書きなさい。

しまうという大改造が可能な場合がある。逆に、上の句の説明に過ぎない下の句を、ばっさり、ということもある。

そしてその結果、思いがけず手に入った十何文字かを、さあどうしようと考える。楽しい作業だ。説明をなくしたぶん、残った下の句（あるいは上の句）が、ひきしまって見えることも多い。

では、下の句をばっさり、の例をひとつ。

親は子を育ててきたと言うけれど　それぞれ勝手に育つ子どもは

親は「育てる」という言い方をするけれど、子どもというのは、育てるものではなく、やはり育つものなのだ、と思う。親が関わるとしたら、その育つ過程において、［A］形［B］形の影響を与えるということだろう。

百パーセント親の思っているとおりに育つ子どもなんて、かえって不気味である。それぞれ勝手であるところが、人間としておもしろい。

が、そのことを、あまりにもストレートに言ってしまって、今ひとつおもしろみに欠ける下の句である。「親は子を育ててきたと言うけれど」もうこれだけで、充分あとの展開は予想される。「……と言うけれど、そうじゃあないって言うんだな」と誰だって予想するだろう。そしてその通りの下の句では、あまりにもつまらない。

かといって、予想を裏切るために、①主旨を変えるというのも②変な話である。しばらく推敲は棚上げ状態だった。

夏、ふるさとに帰省したおりのこと。実家の庭では、母が家庭菜園を作っている。きゅうり、ナス、トマト……。母は自分の育てた野菜を食卓にあげては自慢する。たしかに、どの野菜もスーパーのものとは全然違って、ほんとうにおいしかった。毎朝トマトをもぐのが、私の日課となった。つぎつぎと熟れてゆくトマトを見ていると、自然の力ってすごいなあと思う。台風で倒れてしまったミニトマトまでが、ばったり横になった

問5　――線③に「二重に申し訳ない」とあるが、どのようなことが「申し訳ない」のですか。「……こと」に続くように二つ書きなさい。

（　　　　　　　　）こと

（　　　　　　　　）こと

問6　――線④の理由を次の中から選び、記号で答えなさい。

ア　一見、子育てとは関係のないトマトを置くことによって、子どものたくましさを自然の力になぞらえて表現できたから。

イ　野菜という意外なもので一首を終えることによって、親の育て方で子どもの将来も決まるという内容に変わってしまったから。

ウ　予想外のトマトを持ってくることによって、子を思う親のありがたみを表現することができたから。

エ　唐突に野菜を出すことによって子育ての楽しさを表現することができ、歌に変化をつけることができたから。

［　　］

ままで、なお実をつけているのである。
そしてその家庭菜園のなかで、私は長いあいだ探していた［　C　］を、やっと見つけることができた。

親は子を育ててきたと言うけれど　勝手に赤い畑のトマト

母には、③二重に申し訳ない内容となってしまったが、④ポンっと飛躍して、楽しい歌になったように思う。

（俵万智『短歌をよむ』岩波書店）

A　しきしまのやまとごころを人とわば　朝日ににおう山ざくら花　　本居宣長

B　親馬の道をいそげばきりにぬれて　子馬もはしるいなきながら　　橋田東声

C　ふるさとのなまりなつかし　停車場の人ごみの中にそをききにゆく　　石川啄木

D　くろ髪の千すじの髪のみだれ髪かつおもひみだれおもひみだるる　　与謝野晶子

E　くろ髪の千の乱れのみだれ髪そのように□に乱れるこころ　　俵万智

問7　上のA～Cの短歌に使われている表現技法を後から選び、記号で答えなさい。ただし、A～Cに用いられている表現技法は必ずしも一つとは限りません。

ア　字余り　イ　字足らず　ウ　体言止め　エ　枕詞
オ　切れ字　カ　擬人法　キ　倒置法　ク　縁語
ケ　掛け詞　コ　季重なり

A	B	C

問8　上の短歌E・Gは俵万智さんが詠んだものですが、Eの歌はDを、GはFをもとにわかりやすく詠んだものです。それらを読んで、後の問いに答えなさい。

(1)　D・Fは与謝野晶子の短歌です。この短歌の収められている歌集名をひらがなで答えなさい。

(2)　Eの□の中に入れるのに最もふさわしい語を次の中から選び、記号で答えなさい。

ア　風　イ　恋　ウ　春　エ　時　オ　急

F　師の君の目を病みませる庵（いお）の庭へうつしまゐ（い）らす白菊（しらぎく）の花

与謝野晶子

G　まなこ病める師のため庭に移し植える白菊の花見えますように

俵万智

(3)　FとGにはどのような気持ちがこめられていますか。次の中から一つ選び、記号で答えなさい。

ア　この白菊の花をよく見て、病気でしずみがちな心をなぐさめてください。

イ　病気には、この白菊がよく効く（菊とかけている）のですよ。

ウ　先生は、うわさに聞く（菊とかけている）病気なのですか。

エ　先生の病気が早く治ってほしいと、私も思っているのですよ。

(4)　Gの――線は、だれに「見えますように」と思っていますか。自分のことばで言いかえて答えなさい。

(5)　次のア～エの文は短歌について述べたものです。誤っているものをすべて選び、記号で答えなさい。

ア　短歌は江戸時代の中ごろに完成し、現在にうけつがれている世界で最も短い詩である。

イ　短歌はふつう三十一音だが、三十二音になったり、三十音になったりすることもある。

ウ　短歌には「季語（季題）」がよみこまれる約束がある。

エ　短歌の初めの三句を上の句といい、後の二句を下の句という。

8 韻文（詩・短歌・俳句）③

次の文章を読んで、あとの問いに答えなさい。字数制限がある問いでは、句読点・記号なども字数にふくみます。

学習のねらい ▼たゆたう情念を味わい、レトリックの妙に目を開く。

俳句のたのしさの第一といえば、たぶん、発見のよろこびにあるように思われます。俳句は「作る」といい「ひねる」ともいいます。「作る」にしても「ひねる」にしても、その前に、作られるもの、ひねられることがなくてはなりません。そのものとことのものごとが、まずあって、それを見いだすのが第一歩でしょう。いいかえれば句の内容を発見するということです。（中略）

俳句に例をとりましょう。

A　ぜんまいののの字ばかりの寂光土（じゃっこうど）　　川端茅舎（かわばたぼうしゃ）

ぜんまいのかたちは「の」という字に似ています。「の」の字があつまって、仏のしずかな世界を作っているという句意で、作者の［①］がそのまま読者に伝わります。

【あ】、人間の体験というのは眼による発見ばかりではありません。考えることによる発見もあるのです。

B　青蛙（あおがえる）おのれもペンキ塗（ぬ）りたてか　　芥川龍之介（あくたがわりゅうのすけ）

これは青ガエルが緑のペンキの塗りたてのように、ピカピカ濡（ぬ）れて光っていることの発見です。しかし、それはあくまでも発想のキッカケです。まず作者が公園で「ペンキ塗りたて」と書いた緑色のベンチを見つける。やがて眼を移して、ベンチの木陰（こかげ）

問1 ［①］に入ることばを文中からさがし、ぬき出しなさい。

問2 ［②］にふさわしいことばを次の中から選び、記号で答えなさい。

ア 奇妙（きみょう）　イ 素朴（そぼく）　ウ 巧妙（こうみょう）　エ 幼稚（ようち）

問3 俳句Aの「寂光土」ということばの意味を文中から十字以内で探し、ぬき出しなさい。

問4 俳句Bの「か」について説明した次の文の［　］に入ることばをそれぞれ後の中から選びなさい。

「塗りたてか」の「か」は単なる［①］ではなく、なんとまァ……という「や」「よ」と同じような［②］がこもっている。

ア 反語　イ 感動　ウ 強調　エ 疑問　オ 呼びかけ

①

②

にカエルを見いだす。そしてそのカエルにしみじみ呼びかけ、カエルのこたえを待つかのように、つまりカエルを擬人化した興味さえ加えているのです。

この句には青ガエルを「ペンキ塗りたて」と見立てたところに、作者の考えがはいっているようです。そして、この考えの【②】さが魅力なのでしょう。

このように発見は、眼の前にあるものが、眼の前にない別のものであるとか、別のものと似ていることを発見したよろこびなのです。（中略）

つぎには、しごく平凡なことのなかに俳句上の発見のある作品について考えてみましょう。

C　菜の花や月は東に日は西に

日が西にかたむくころ、いちめんの菜の花畑の空に、まだ光を放たない月形が見えるという句意です。

「月は東に日は西に」とは、満月に近い夕方によく見られる現象で、「【③】」というのと同様に、当然のことを述べたものですが、目を太陽と月という大きい宇宙にそそいでいるため、句のスケールがぐんとひろがり、その結果、黄色い花を咲かせた菜の花畑が、ほとんど無限につづくような、壮大な感じを与えてくれます。（中略）

同じ作者の、

D　牡丹散ってうちかさなりぬ二三片

この情景はだれも見たことがありましょう。この句のすぐれている点は、「うちかさなりぬ」という表現が、ボタンの花びらのボッタリ重い厚みを感じさせるところにあります。このような表現は、いくらボタンの花を眺めても、それだけでは生まれるものではなく、④句を作る人間の感受性と表現力がなくては出てきません。

【い】ボタンの花の下に数片の花弁が落ちていたわけですが、それを「二三片」といいあらわしたところが巧みなのです。巧みだといったのは、数片のものを「二三片」ということによって、読者の眼前に具体的な映像を与えているからです。しかもそれは完全な具体性ではありません。――二片または三片と【⑤】を残していますか

問5　俳句C・Dについて、次の各問いに答えなさい。

i　俳句C・Dの作者を次の中から選びなさい。
　ア　松尾芭蕉　イ　与謝蕪村　ウ　小林一茶

ii　俳句Cの「や」は何と呼ばれるものですか。

iii　俳句Dで用いられている表現上の工夫を次の中からすべて選びなさい。
　ア　擬人法　イ　体言止め　ウ　比喩
　エ　字余り　オ　字足らず

iv　俳句C・Dの季語と季節をそれぞれ答えなさい。ただし、季語・季節の順に答えること。

i	
ii	
iii	
iv	C	
	D	

問6　【③】に入ることばを次の中から選びなさい。
　ア　猿も木から落ちる
　イ　犬も歩けば棒にあたる
　ウ　立つ鳥あとをにごさず
　エ　犬が西向きゃ尾は東
　オ　二兎を追う者は一兎をも得ず

問7　――線④「句を作る人間の感受性」を別の表現で示していることばを文中から五字以内でぬき出しなさい。

ら……。これは「数片」というのに等しいのですが、「数片」といわずに、確かな数の値を与えて表現し、しかも二片あるいは三片として、断定していないのです。そこで、われわれの注意は花びらの数から外らされ、もういちど焦点が「⑥」へ戻ってゆく、そこのところが巧みといえましょう。（中略）

このように俳句は、異常なことの発見のおどろきから、平凡な、日常に見たり、聞いたりしていても気がつかず、何も感じなかったもののなかから、詩人の眼で眺めることによって、なるほどこうもいえるものか、こうも表現できるものかといった別の発見が生まれるのです。【　う　】、そこまで深く進まなくてはなりません。

その別の発見とは、もはや発見というよりは、「創造」といったことばに近いものでしょう。その創造とは、平凡ななかにも美とか、真とか、さらに聖とかを見いだし、あらわす働きなので、いよいよ俳句は奥深くなり、むずかしくなり、それだけまたおもしろさを増してゆきます。

つまり、俳句を作る気持ちをもち、俳句の約束ごとを学び、俳句のよさがわかってくると、それまで見すごしていた毎日の生活のなかに、じつは、かぎりなくゆたかなものがかくされていたことがわかります。

ほんとうのところをいえば、⑦それは現実にあるものではなく、それを眺める人間の眼の力や頭脳の能力によって作り出されるもの、といってもよいでしょう。【　え　】「発見」というよりも、「創造」といったほうがよいというわけです。

このように発見のよろこびは、最後に「創造のよろこび」にいたるものです。あるいは「創造」によって、人が見えないものを発見してゆくといってもよいでしょう。

（鷹羽狩行『俳句のたのしさ』講談社）

問8 ⑤ にふさわしいことばを次の中から選び、記号で答えなさい。

ア　曖昧さ　　イ　いい加減さ
ウ　厳格さ　　エ　的確さ

問9 ⑥ にあてはまる表現を俳句Dの中からぬき出しなさい。

問10 ——線⑦「それ」の指す内容を、文中の語句を使って三十字以内でまとめなさい。

問11 【あ】～【え】にあてはまる接続詞を次の中からそれぞれ選び、記号で答えなさい。

ア　ですから　　イ　なぜなら　　ウ　しかし
エ　つまり　　オ　それでは　　カ　また

あ　い　う　え

学習のねらい ▼総合演習

次の文章を読んで、あとの問いに答えなさい。※印をつけたことばについては、本文の後に〈注〉があります。

一九世紀半ばに、サイエンティストという言葉ができた。科学の持つ力が社会に認識され始めた時代とも言える。

以後二〇世紀にかけて、国家が金を出して、大学を建設し、研究費を支出し、大きなプロジェクトを組織する動きが顕著になっていった。科学を国家の重要な機関と位置づけ、科学者を国家に取り込むようになったのだ。「科学の制度化」である。それまでの「科学のための科学」、［ 1 ］①個人の楽しみや哲学的興味で研究が進められていたのが、国家や社会の発展に寄与する「社会のための科学」へと変貌し始めたのである。科学研究によって発見された原理や法則を、技術を通じて人工物として生活や生産に役立てるシステムが系統的に行われるようになったのだ。科学者を国家目標に動員する体制が整ったので、「科学の体制化」と言ってよいかもしれない。

その第一は、科学者を戦争に組織的に動員し、さまざまな兵器開発に当たらせたことである。「科学の軍事化」が進んだのだ。第一次世界大戦は「科学者の総力戦」とも呼ばれた。当時発明された（一九〇三年）ばかりの飛行機が瞬く間に戦闘機となって戦場に＊現われた（一九一六年）のも、戦車や潜水艦が急速に能力を拡大して戦闘に参加するようになったのも、科学者の寄与があったればこそであった。②フリッツ・ハーバーなどの化学者が戦争に全面協力した結果である。国家は戦争のために科学者を動

問1 ――線①を次のように言いかえた場合、●・○に入る漢字を考え、その漢字を組み合わせてできる二字熟語を答えなさい。

科学が●的なものから○的なものへと変わり始めた

問2 ――線②「フリッツ・ハーバー」という化学者が「戦争に全面協力した」のはなぜですか。その理由を次のように簡潔に示した場合、［ ］に入る一語（記号は不要）を文中から書きぬきなさい。

彼は強い［ ］を持っていたから。

問3 ＝＝線A～Eについて、次の各問いに答えなさい。

1 A「唯々諾々として」の意味を次のように説明した場合、［ ］の○に入るひらがな一字ずつを答え、ことばを完成させなさい。

少しも［さ○○○ず］に、言いなりになって

2 Bを「［ ］があるとみなしていた」と言いかえた場合、［ ］に入ることばを五字以内で考えて入れなさい。

3 C「タイショウ」を漢字で書きなさい。

4 D・Eの●に入る漢字一字を答えなさい。

員することを当然とするようになったのだ。

第二次世界大戦では、アメリカは(イギリスと協力して)国家の総力をあげて原爆開発を行った(マンハッタン計画)のだが、その間に動員された科学者・技術者は六〇〇〇人を超えていた。日本においても、多くの科学者が戦時研究を行った。なぜ、A唯々諾々として戦争に協力したのだろうか。

おもしろいデータがある。戦後間もなく、日本学術会議で「どの時代に最も研究の自由があったか」のアンケートをとったところ、「戦時中」という回答が多かったそうである。戦時研究であるという名目で研究費が多く出されたことを「研究の自由」とB等置していたのだ。

しかし、科学者はロボットではない。単純に金に惹かれて戦争協力を行ったとみなすだけでは単純過ぎる。③科学者の心中にもさまざまな葛藤があったからだ。それを考察しておくことも無駄ではないだろう。

［2］、マンハッタン計画で原爆開発に協力した科学者は、それがいかなる厄災を招くか想像しなかったのかという疑問を持つ。科学的「真理」を求めたい科学者としての欲求(なにしろ世界で初めて原子核のエネルギーを解放するのである)と、人を大量に殺すための兵器を開発することへの「倫理」の葛藤があったはずなのだ。そのことは、一九四五年七月一六日のトリニティ実験に成功した直後、ケン・ベインブリッジが「これで［④］」と述べたことでもわかる。心の内ではやってはならぬことに手を染めているという後ろめたさを持ちつつ、科学の魅力に惹かれて原爆開発に走ってしまったのだ。⑤「☆理」という大義に夢中になってしまい「★理」は後回しになるが、ふと我に返ったとき★理意識に悩まされるのである。

［3］、第一次世界大戦のとき、国家と国民のためにつくしたいという「愛国心」と科学が本来的に持つ「国際性」や「普遍性」との葛藤があった。「愛国心」を優先させたのがフリッツ・ハーバーで、「平和なときの科学は普遍的だが、いったん戦争になれば科学者は祖国に奉仕すべきである」という心情の持ち主であった。一方、同

1	2	3	4
さ			D
			E
ず			

問4 ［1］〜［4］に入ることばとしてふさわしいものを選び、それぞれ記号で答えなさい。なお、記号は一度しか使えません。

ア そして　イ つまり　ウ あるいは　エ たとえば

1	2	3	4

問5 ――線③について。本文中には「科学者の心中に」あった「葛藤」が二つ紹介されています。それはそれぞれどのような葛藤ですか。文中の語句を使って、くわしく説明しなさい。

〈一つ目〉

時代のフレデリック・ソディは、戦争に科学が悪用されることを忌避して、毒ガス関連の研究に携わることを拒否した。科学の「国際性」を遵守すべきと考えたのだ。この場合は、二人のCタイショウ的な人物として科学者の葛藤が表われている。

科学者は、科学的に興味がある問題を提示されれば、D否●もなくその研究に従事したいという誘惑に駆られてしまう。しかし、それがもたらすものについて具体的に想像すれば、果たしてそのような選択が正しいかどうかの疑問を持ってしまう。このような矛盾を抱えながら、科学者は戦争研究に従事してきたのだ。私が科学者の良心や倫理を強調したいのは、科学の⑥●●化を押し止めるための力は、結局個人の倫理規範しかないと考えるためである。（中略）

⑦科学者が果たすべき社会的責任について、最初に明確に述べたのはドイツ出身の科学者ジェームス・フランクであろう。ナチスのユダヤ人差別に抗議してアメリカに渡り、第二次世界大戦においてマンハッタン計画に参加した。彼は参加受託の際、「原爆が出来る見込みがついたとき、その使用について自分の意見を政府高官に進言できること」という条件をつけたそうである。

原爆の完成を目前にした一九四五年六月、フランクは六名のメンバーとともに「原子エネルギーの政治的および社会的諸問題委員会」を組織し、議論の結果をスチムソン長官に提出した。これが通称「フランク報告」である。この報告では、日本に対する原爆の投下に反対するとともに核の国際管理についても提言を行っている。戦後世界に引き起こされかねない核戦争の可能性まで見通したE●見性は高く評価できる。

この報告で注目されることは、「かつては社会的発見によって科学者は直接的な責任を負う必要がないと主張できたが、人類に大きな危険を及ぼす核エネルギーの開発に成功した今となっては同じ態度をとることができない」と言明したことである。

［4］、「ある科学的な発見や発明が人類の利害にとって重大な関わりがあるとみなされたとき、それにいち早く気づいた科学者には、それを何らかの形で人々に知らせ、適切な方策を採るよう勧告する責任が生じる」と続けている。科学者が負うべき

〈二つ目〉

問6 ［④］に入るものとして最もふさわしいものを次の中から選び、記号で答えなさい。

ア　我々は使命を果たせたね
イ　科学は大きく一歩、前進したね
ウ　戦争を終わらせることができるよ
エ　我々全員は悪党だよ

問7 ——線⑤の☆・★にあてはまる漢字一字を文中からそれぞれ探し、答えなさい。二か所の★には同じ漢字が入ります。

☆　★

問8 ——線⑥「●●化」の●●に入る二字の漢字を文中から探し、答えなさい。

問9 ——線⑦「科学者が果たすべき社会的責任」とはどのようなものですか。最もふさわしいものを次の中から選

社会的責任の中身を明確に提示したのだ。

この見解は、その後の科学者の社会的責任を議論する土台となり、科学者の平和運動へとつながっていった。たとえば、朝永振一郎（物理学者・一九六五年ノーベル物理学賞受賞）は一九五九年の対談で、「いろいろな危険性を一番よく具体的に知っている科学者は、一般の人たちや政治家にそれをよく知らせる義務がある」と述べている。彼は社会的責任論を越えて「義務」とまで言っているのだ。科学の二面性を一番良く知っているのは、それを開発しようとする科学者自身である、それを人々に伝えることは、科学者がなすべき当然の当為※である（むしろ、義務として課せられている）と主張したのだ。じっくりと考えてみる価値があるのではないだろうか。

（池内了『科学者心得帳』みすず書房）

〈注〉※　忌避…きらって避けること
※　当為…あるべきこと

び、記号で答えなさい。

ア　国家が研究費を出してくれるプロジェクトに科学者は積極的に参加し、その国家目標の遂行を第一に考える責任がある。

イ　科学の成果が人類に害を及ぼす心配がある場合、科学者は人々に知らせ適切な方策を採るように勧告する責任がある。

ウ　人類の利害にとって重大な関わりがある核エネルギーの開発などに科学者は直接的な責任がある。

エ　人類に利害をもたらすように、科学者は国家や社会の発展に寄与する研究に従事する責任がある。

問10　本文の内容に合うものを一つ選び、記号で答えなさい。

ア　戦時下では、科学者の多くは莫大な研究費に惹かれて兵器開発に当たったのだろうと筆者は考えている。

イ　外国では戦時下に兵器開発に当たる科学者は多かったが、日本で戦争に動員された科学者は少なかった。

ウ　科学者の社会的責任がどのようなものかについてはっきりと意見を述べたのは、朝永氏が最初である。

エ　科学的な開発・研究をおしすすめる姿勢だけでなく、倫理面などの人間性も科学者の資質として大切である。

分野別ワンポイント講座 その1 敬語

近年敬語の使い方を問う問題が入試で増えています。大人になると「常識」として要求される場面も多くなりますから、敬語は正しく使いこなせるようにしておきたいものです。

敬語を使いこなすポイント

①尊敬（そんけい）語・謙譲（けんじょう）語をしっかり覚える

普通の言い方	尊敬語	謙譲語	丁寧（ていねい）語
行く・来る	いらっしゃる	まいる	～ます ※動詞の連用形に続く
いる		おる	
言う・話す	おっしゃる	申す	
着る	めす	――	
する・行う	なさる	いたす	
聞く・訪問する	――	うかがう	
食べる・飲む	めしあがる	いただく	
もらう	――		
見る	ごらんになる	拝見する	
やる	――	さしあげる	
ある	――	――	ございます
特別な言い方がない場合	お（ご）～になる お（ご）～なさる	お（ご）～する お（ご）～いたす	～ます

②だれの動作か、だれのものか、よく考える

尊敬語と謙譲語をまちがって用いたり、自分や身内を指すのに尊敬語を用いたりしないように気をつけましょう。

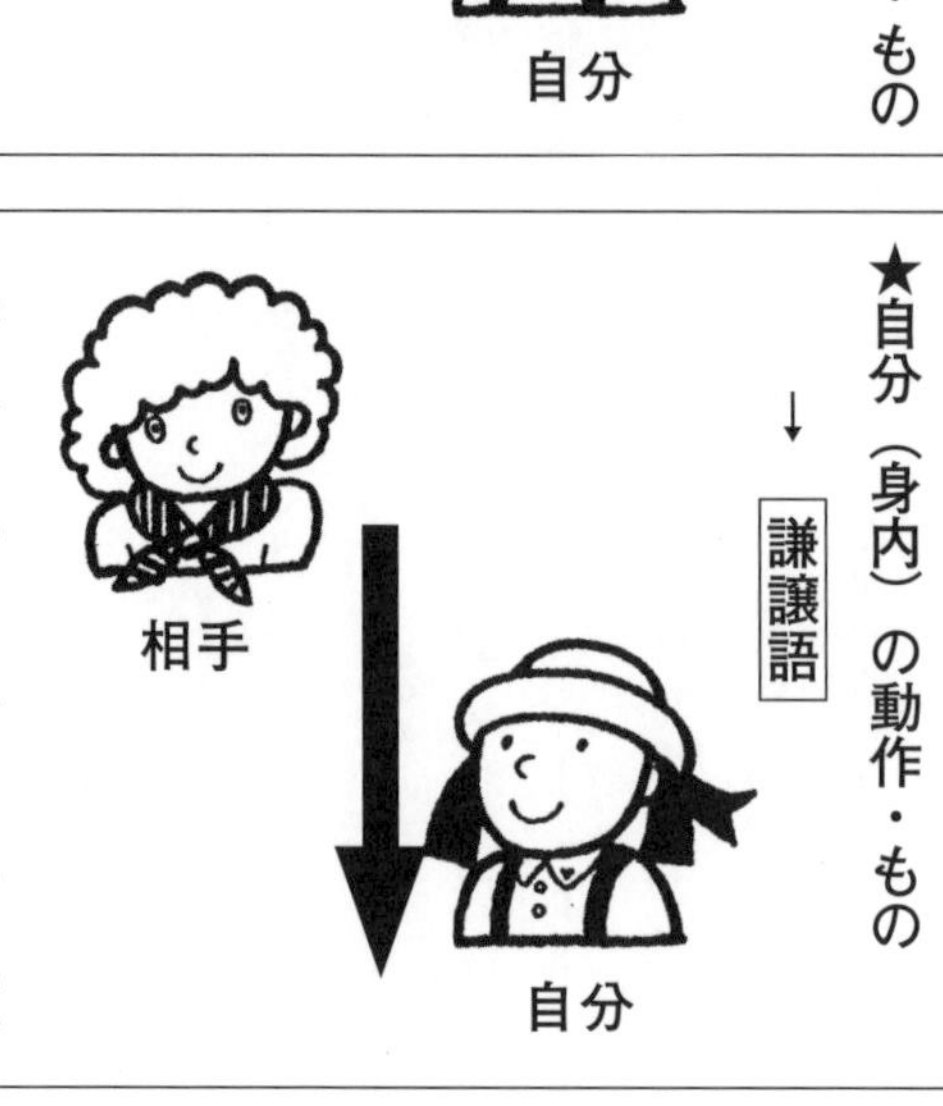

練習問題 （解答は別冊「解答解説」7ページです）

次の**1**～**4**の敬語のあやまっている部分に線を引きなさい。

1 あちらで係の者にうかがってください。

2 お父さんは今留守にしております。

3 先生、お荷物は私がお持ちになります。

4 温かいうちにいただいてください。

＊敬語の分類等の基本的な知識については、『啓明舎が紡ぐ　小学国語　ことばの学習』で解説しています。

＊敬語の分類について、本書では「尊敬語」「謙譲語」「丁寧語」の三分類に基づいて記述しています。

小学国語
読解の完成
Ⅱ

1 おさらい・演習4

学習のねらい ▼**総合演習**

次の文章を読んで、あとの問いに答えなさい。字数制限がある問いでは、句読点・記号なども字数にふくみます。※印をつけたことばについては、本文の後に〈注〉があります。

小学校を卒業した耕作は、優秀だったが貧しいため旧制旭川中学校進学をあきらめ、地元の高等小学校に通っている。父は事故で死に、母は美容師になるための修業のため遠く函館に住んでおり、耕作は姉、兄、妹とともに十勝岳の沢沿いの開拓村で貧しい農家の祖父母に養われている。

　校内は森閑としている。全校生徒は、一時間だけで帰った。二時間目があったのは、研究授業のあった耕作たちの級だけだった。どこかの一室で、研究授業の批評会がはじまっているのだろうが、耕作たちの部屋までは＊聞えない。

　罰当番の井上権太を手伝って、耕作は手早く箒を使っている。近くで、さっきから郭公がしきりに啼いている。床を掃きながら、耕作は内心［　A　］していた。いつ先生が現れるかわからない。手伝っているのを見つけられたら、何と言って叱られるだろう。先生は権太に一人でやれと言ったのだ。耕作も、井上権太も共に叱られるにちがいない。

　先程、級長の若浜が、

「先生に言ってやるぞ。叱られるぞ、お前も」

問1　——線X・Y・Zの意味として最も ふさわしいものを次の中からそれぞれ選び、記号で答えなさい。

X「大みえ」

ア　他人の目を気にして上べを飾ること
イ　他人から自分がよりわかるよう努力すること
ウ　他人のために心を鬼にすること
エ　他人を思いやり自分がけんそんすること
オ　他人を突き放して自分をよく見せること

Y「指をさされまい」

ア　指で方向を指し示されまい
イ　自分の行動を批判されまい
ウ　痛いところを示されまい
エ　望まないのにほめられまい
オ　自分の行動をじゃまされまい

Z「ひけ目」

ア　ずるいことをしたという思いをもつこと
イ　負けたくない思いをすること
ウ　にくらしい思いをすること
エ　ひやひやしてあせる思いをすること
オ　かたみがせまい思いをすること

X		Y		Z	

と言った。その時は、

「叱られてもいい」

と、X大みえを切った。が、やっぱり叱られるのはいやだ。

机を並べ＊終って、権太がバケツを持ち、水を替えに行こうとした。

「権ちゃん、今日は机拭きやめておこうや。二時間しかなかったから、そんなに汚れていないよ」

権太は黙って、耕作の顔を見た。

「［　①　］」

「耕ちゃん、わかってもわからんくても、することだけはするべ」

にこっと笑って、権太はバケツの水を取り替えに行った。

（わかってもわからんくても、することだけはするべ？）

権太の言った言葉を、耕作は胸の中でくり返した。②ひどく恥ずかしい気がした。

権太が帰ってきた。二人は雑巾を固く絞って、机の上を拭きはじめた。次に耕作は、先生の教卓と、弁当棚を拭いた。権太は窓の桟を拭いている。③いつもなら、先生の教卓をまっ先に拭くのだ。それが今日は後まわしになった。何となく後まわしにしたい＊気持が、耕作の中にあった。

最後に黒板を拭き、掃除は終った。再び権太が水を捨てに行き、二人は急いで学校を出た。校庭を横切る時、職員室に一番近い教室に、先生達がたくさんいるのが見えた。耕作は走り出した。走って校門を出ると、追いついた権太が、

「耕ちゃん、どうして走った？」

「［　B　］歩いていて、先生に見つかったら、手伝ったことがわかるだろう？」

「うん」

二人は急ぎ足で歩いて行く。

「わかったら叱られるからな」

権太は黙っていた。もう鯉のぼりの上がっていない棹の先に、矢車だけがカラカラ

問2　［A］〜［C］にあてはまる言葉を次の中からそれぞれ選び、記号で答えなさい。

ア　ちらちら　　イ　がみがみ　　ウ　ずけずけ

エ　うろうろ　　オ　びくびく　　カ　わくわく

キ　のろのろ　　ク　すらすら

A	
B	
C	

問3　［①］にあてはまることばを十五字程度で考えて答えなさい。

問4　――線②「ひどく恥ずかしい気がした」理由として最もふさわしいものを次の中から選び、記号で答えなさい。

ア　耕作はいつも先生に叱られる権太をかばっているのに、自分の気持ちをわかってもらえず否定されたから。

イ　耕作は権太を手伝ったので、自分にもっと感謝してほしい気持ちを、権太に計算ずくだと見なされたから。

ウ　耕作は先生に見つからないよう早く掃除を終えたかったのに、権太はいつも以上に丁寧にやろうとしていたから。

エ　耕作は掃除をいい加減にして早く帰ろうとしたの

と回っている。

「若浜の奴、先生に言いつけるかな」

二人の下駄の音が、仲よくひびく。歩調が合っている。

「耕ちゃん、お前そんなに叱られるのいやか」

「そりゃあいやださ。権ちゃんは平気か、毎日叱られて」

「平気っていうことはないけどさ。だけどねえ、家の父ちゃんは、叱られるからするとか、叱られないからしないというのは、ダメだって、いつも言うからね」

「……ふうん。だって、誰でもみんな、叱られるからしたり、しなかったりするんじゃないか」
④耕作には、権太の言うことが、よくわからない。*生れた時から、二人は隣り同士だ。隣りと言っても※七、八丁は離れている。そのせいか、権太といつも遊んできた。権太は平凡だが気持のあたたかい子だ。今年の正月も、一緒に市街に遊びに出て、耕作が三十五銭落とした時、権太が言ってくれた。
「耕ちゃん、諦めれ。俺たち五銭ずつ貸してやっから」

そのおかげで、耕作は買いたいノートや、かまぼこを買えた。あの時の金は、祖父にもらってみんなに返した。が、そのありがたかったことは、今も忘れてはいない。

権太はそんな親切な少年だった。が、いつも一緒に魚釣りをしたり、ぶどう取りに行ったりして遊ぶだけで、特に何かについて深く話し合うといったことが、今までなかった。

権太が言った。

「あんなぁ耕ちゃん。父ちゃんが言ってるよ。叱られても、叱られなくても、やらなきゃあならんことはやるもんだって」
⑤「叱られても、叱られなくても……うん、そうか、わかった」
今度は権太の言葉が、耕作の胸にすぽっとはまりこんだ。

（そうか。先生に叱られても、自分で正しいと思ったことは、したほうがいいんだな）


に、その考えを権太にうまく伝えられなかったから。
オ　耕作は先生にばれないと考え、掃除を簡単に終わらせ帰ろうとしたが、その行為を権太にただされたから。

問5　——線③のような行動には耕作の先生への反発が表れていますが、この先生はどういう性格の先生でしょうか。想像して答えなさい。

問6　——線④には「耕作には、権太の言うことが、よくわからない」とありますが、——線⑤では「今度は権太の言葉が、耕作の胸にすぽっとはまりこんだ」となっています。そうなったきっかけのことばを文中から十七字でぬき出しなさい。

権太の言葉を納得した途端、⑥耕作はがんと頰を殴られた思いがした。

耕作は小さい時から、いつも人にほめられて来た。家の者にも、近所の者にも、学校の先生にもほめられて来た。

「耕作は利口もんだ」

「耕ちゃんを見れ、行儀がいいこと」

「耕作は偉くなるぞ」

いつもそう言われつづけて来た。字も絵もほめられた。雑記帳の使い方も、朗読も、ほめられた。いつの間にか、耕作の心の中には、よりほめられたい思いが渦巻くようになった。ほめられたいと思うことは、また叱られまいとすることであり、誰にもY指をさされまいとすることでもあった。叱られるということは、いつもほめられている耕作には、耐えがたい恥ずかしさであった。それが今、権太に言われて、はじめて自分のどこかがまちがっていることに気がついたのだ。

「したら権ちゃん、先生に叱られても、割合平気なんだね」

「平気じゃないけどさ。泣いたことだってあるけどさ。だけど、先生に叱られるからと言って、母ちゃんの手伝いをしないで、学校に走って来たりはしないよ」

「偉いなあ」

耕作は内心恥ずかしかった。権太は先生にいくら叱られても、毎日遅れてくる。母親の※肥立ちの悪いのはわかっているが、何とか遅れない工夫はないのかと、耕作は内心思うこともあった。叱る先生が無理だとは思いながらも、そう思うことがあった。だが、権太は、学校に遅れるよりも、病気の母親をいたわらないほうが、悪いことだとはっきり確信しているのだ。

二人はいつしか市街を出て、両側に田んぼの緑のすがすがと見える道を行く。青い忘れな草が、畦にこぼれるように咲いている。十勝岳のひと所に雲はかかっているが、いい天気だ。

（そう言えば、うちのじっちゃんも、正しいことをすんのに、人がどう思おうがかま

問7 ——線⑥「耕作はがんと頰を殴られた思いがした」のはなぜですか。その理由を説明しなさい。

問8 耕作の「祖父」と「叔父さん」の考え方の違いを説明しなさい。

わねえ、と言うもんな）

祖父は正しい人間だ。その言葉の重さが、耕作にも少しわかったような気がする。

（だけど、叔父さんは、部落の者に恥ずかしいとか、人に何と言われっか、わかんねえぞって言うけどな）

人には［　C　］と言う叔父が、ふたこと目にはそう言うのだ。この間も、

「耕作、お前に学校※に行かれたら、恥ずかしくて、部落の人に顔を合わされねかったぞ」

と言っていた。

「そうだなあ、権ちゃん。権ちゃんの言うとおりだなあ」

耕作は素直に言った。級長の若浜は、

「先生に言ってやるぞ、叱られるぞ」

と言った。多分Z若浜のことだから、先生に言いつけることだろう。若浜は、途中入学の耕作にいつもひけ目を感じている。耕作のほうが、級長の自分より成績がいいからだ。

（叱られても、いいことはするもんなんだ）

そう思うと、耕作はあらためて、

「叱られたっていい」

と、はっきり口に出して言った。ひどく清々しい心持だった。

「権ちゃん、走るか」

「うん」

もう、沢に入る曲がり角が見える。二人は駆け出した。ここにも郭公が啼いていた。

（三浦綾子『泥流地帯』新潮社）

〈注〉※　七、八丁…およそ七、八百メートル

※　肥立ち…病気がよくなり、もとの体に回復していくこと

※　学校…耕作が進学をあきらめた中学校

問9　本文の内容に合うものを次の中から選び、記号で答えなさい。

ア　耕作と権太はいつも一緒で、お互いを最高の友達として、様々な問題を深く話し合い、理解し合ってきた。その友情の美しさが自然の美しさと合っている。

イ　権太は良い心を持った少年だが、耕作はもっと親切である。その耕作の美しい心を郭公をはじめとした自然の美しさが強調している。

ウ　優等生の耕作だが、いつも叱られてばかりの権太から、人目を気にせずに自分の正しいと思うことをすることを学んだ。素直に成長する少年たちの姿を北海道の美しい自然が見守っている。

エ　耕作は成績が優秀で、気持ちの優しい非のうちどころのない少年で、いつも恵まれない権太に優しく手をさしのべている。権太は苦しくとも耕作の心に支えられ、けなげに生きている。

オ　耕作と権太は若浜や怒りっぽい先生に心を悩ませながら、互いにかばい合い、二人だけで困難に立ち向かっている。それは優しくも厳しい北海道の自然に向き合う人間そのものである。

［　　］

2 七千字をこえる長文

次の文章を読んで、あとの問いに答えなさい。字数制限がある問いでは、句読点・記号なども字数にふくみます。※印をつけたことばについては、本文の後に〈注〉があります。

学習のねらい ▼揺(ゆ)れ動く感情を追い、人間の関係性の変化をとらえる。

小学四年生の雅也(まさや)の父は、ガンで余命一か月と診断(しんだん)されています。雅也は病名は知らされていませんが、感づいてはいます。夏休みの最後の土曜日、父は入院していた病院から一晩だけ家にもどってくることになりました。父の提案で、夏休みの宿題の工作に、一緒(いっしょ)に船を作ることになっているのです。入院する前の父は仕事も忙(いそが)しく、雅也は父と二人で何かをするということをしたことがありませんでした。

土曜日のお昼前に、祖母が上京してきた。手みやげはナスとキュウリのぬか漬(づ)けと干しワカメ――祖母が手づくりする漬(つ)け物は父親の大好物で、天日でパリパリに干したワカメはふるさとの特産品だった。

ああそうか、と雅也はようやく気づいた。父親のふるさとは海辺の町だった。船をつくることにこだわったのも、だから、なのだろうか。

「お父ちゃんの具合、どげな?」

祖母は家に上がるなり雅也に訊(き)いた。

あまりよくない。熱はなんとか下がったものの、やはりホームセンターで買い物をするのは無理だった。夕方に父親が帰宅するまでに部品や材料を買っておくよう、母

問1 [★]には、船を数える単位があてはまります。ひらがな二字で答えなさい。

問2 ‖線ア～エの●●にふさわしいひらがな一字ずつをあてはめ、言葉を完成させなさい。

ア			ず	ん	で
イ	あ			い	
ウ			た	く	
エ			か	ん	で

親に電話で言われた。

雅也の説明を聞いた祖母は、「ほうか……」とため息をついて、「買い物、もう行ってきたん？」

と訊いてきた。

「いま、行こうと思ってた」

「ほな行っといで、おばあちゃんもお父ちゃんが帰ってくるまでに、せにゃいけんこと、ぎょうさんある」

祖母は普段着に着替えると、一息つく間もなく掃除を始めた。「こげなもん置いたら叱られるじゃろうか」と案じながら、神社でもらってきたというお札を居間のサイドボードに置いた。

気づいたことが、もう一つ。父親といちばん長く付き合ってきたのは祖母だった。一緒に住んでいたのは父親が東京の大学に入るまでの十八年間だったが、それでも母親より長い。雅也に比べるとずっと長い。思い出もたくさんあるはずだし、雅也が交通事故に遭うのを口うるさく心配する両親を見ていると、子どもが親よりも先に亡くなるのは、親が先になるよりずっと悲しいことなんだとも思う。

もしも父親が亡くなったら、きっと祖母は泣きじゃくるだろう。その姿は簡単に目に浮かぶ。母親の泣く姿も同じぐらいありありと想像できる。

A自分は、どんなふうに泣くのだろう。

わからない。泣く。それは絶対に。だが、泣いている姿が思い浮かばない。小さな子どものように声をあげて泣くのか、目元をこすりながらえずくように泣いているのか、すすり泣きなのか、歯を食いしばって嗚咽をこらえているのか……ぜんぶ正解のようにも思うし、ぜんぶ間違っているようにも思う。それともぜんぶ、マンガやドラマのそういう場面を真似しているだけなんだろうか、という気もしているのだ、いまは。

「おばあちゃん……」

問3 ――線①「知らん知らん知らん知らん！　知らん言うたら知らん！」とありますが、なぜ祖母は「知らん」という言葉をくり返しているのですか。次の中から最もふさわしいものを選び、記号で答えなさい。

ア　息子がもうじき死ぬことを、むじゃきな孫に改めてつきつけられていかりを覚えたから。

イ　父親がガンだなどと気づいたら、幼い孫は悲しむのではないかと気づかったから。

ウ　息子のために急いで家をきれいにしているので、孫の相手などをしているひまはないから。

エ　息子がガンで余命もあとわずかであることを、わかってはいても認めたくなかったから。

オ　母親である自分だけが、息子がガンであることを知らなかったことにショックを受けているから。

□

廊下に膝をついて拭き掃除をする祖母の背中に、というより大きなお尻に、声をかけた。

「おばあちゃん、お父さんって……ガンなの？」

祖母は雑巾を動かしながら、「知らん」とそっけなく言った。

「ガンでしょ？」

「知らん」

「ほんとはガンで、もうすぐ死んじゃうんでしょ？　違うの？」

「知らん、知らん、知らん、知らん！」

「教えてよ！」

①「知らん知らん知らん知らん！　知らん言うたら知らん！　忙しい忙しい、あっち行っとって、邪魔、邪魔！」

祖母は肩を震わせて、廊下の同じ場所を拭きつづける。拭いたそばから涙がこぼれ落ちて、それをまた拭き取っていく。

「買い物してくる」

雅也が玄関に駆けだしても、まだ廊下を拭きつづけていた。

海へ行った。家族三人で海水浴に出かけた。一年生の夏休みに父親のふるさとに帰省したときのことだ。

地元のひとしか来ないような、小さな入り江の海水浴場だった。沖にヨットが浮かんでいた。もっと沖のほうを貨物船がゆっくりと行き交っていた。

雅也は浮き輪をつけて母親と一緒に波打ち際で遊んでいるだけだったが、泳ぎの得意な父親は一人で泳ぎだし、遊泳区域を区切るブイにつかまってこっちを振り向いた。母親も手を振って応え、ほら、お父さん、あんなに遠くまで行ってるよ、すごいね、と雅也に言った。

塩水が目に染みてチカチカしていた。父親の表情を見て取れるような距離でもな

問4　――線②「最初はちらりと一瞥するだけのつもりだったのに、まなざしが二人の後ろ姿に吸い寄せられてしまった」のはなぜですか。次の中から最もふさわしいものを選び、記号で答えなさい。

ア　父が死んだら、仲良く買い物をしたりすることは二度とできないのだと思うと、悲しくなったから。

イ　父と二人で仲良く過ごすことに対してあきらめてはいるものの、親密そうな親子の姿が気になったから。

ウ　父がもうじき死んでしまうことを考えると、いかにも幸せそうな親子がねたましかったから。

エ　父がガンでさえなければ自分だってあんなふうに一緒に仲良く買い物ができたのにと、残念だったから。

オ　近いうちに父親との別れを迎える雅也にとって、その親子はあまりに異質で不思議な存在だったから。

□

かった。だが、まぶしい陽射しを浴びて得意そうに笑う父親の顔を、いま、確かに思いだすことができる。べつのときの記憶とごっちゃになっているのだろうか。記憶ではなく、それは想像なのだろうか。

島の多い海だった。小ぶりの白い船が島と島の間を進んでいた。地元の人が利用する渡し船なんだと、浜に上がった父親が教えてくれた。ずっと沖のほうは島影が連なっていたが、それが途切れたところは、海と空が一つになって、ひときわまぶしく輝いていた。

陽が暮れかかって、そろそろ帰ろうか、と父親に声をかけられた頃、漁船が一［★］、沖に向かって進んでいるのが見えた。イカ釣り船だと父親が教えてくれた。夜に漁場に着いて、朝まで漁をするのだという。

帰るわよ、と母親にうながされても、雅也はバスタオルを肩に掛けたまま浜辺にア●●ずんで、ポンポンという軽いエンジンの音をたてながら遠ざかる漁船を見つめていた。なにが気に入ったのか、なにに魅せられたのか、よくわからない。遊び疲れて頭がぼうっとしていたのかもしれない。

ほら、なにしてんの、帰るわよ、と母親が言った。雅也は、うん、とうなずいて、それでもまだ漁船を見つめていた。ふと気がつくと、隣に父親が立っていた。父親は、帰ろう、とは言わなかった。ただ黙って立っていた。同じ漁船を見ていたのかどうかはわからない。じつは二言三言ぐらいは言葉を交わしていたような気もするが、記憶はあイ●●いだった。

漁船は島影の途切れたところを目指して進んでいく。空がまぶしい。海もまぶしい。やがて小さくなった漁船は黒い点のようになって、まぶしさの中に消えた。それを見届けるまで、父親は付き合って隣に立っていてくれたのだろうか。母親と二人で、先に車に向かっていたのだろうか。ふとわれに返って、走って二人を追いかけたような気もするし、そうではなくて、父親と並んで歩いて砂浜をひきあげたようにも思う。

車に乗り込んでからも、しばらくは窓の外に海が見えていた。夕陽がきれいだった。

問5 ——線③「か、ん、で、ん、ち——」について、この声は、雅也とは一緒にいなかったはずの父親の声だったと本文ではほのめかされています。雅也が感じている印象以外に、その声が父親のものだったと暗示している表現を文中から四十五字以内で探し、最初と最後の五字ずつを書きぬきなさい。

最初					
最後					

父親は車の運転席にいて、母親は助手席にいて、雅也は一人で後部座席に座っていた。町なかに入って建物が増え、海が見えなくなるまで、ずっと窓の外を見ていた。たしか、あの海水浴のことは夏休みの宿題の絵にも描いたはずだが、どんな絵柄にしたのかは思い出せない。

帰りぎわに漁船を見送ったことを、両親は——父親は、まだ覚えているだろうか。雅也はずっと忘れていた。自転車でホームセンターに向かう途中、ひさしぶりに思いだした。

思いだしたのだから、もう、これからは一生忘れないだろう、という気がした。

水中モーター、発泡スチロール、竹ひご、角棒、ラワン材の板、接着剤、色付きセロファン、画用紙、ロウソク、紙ヤスリ、カッターナイフ……思いつくものを、ぜんぶ買い物カゴに入れた。

あとはなんだっけ。なにがあればいいんだっけ。棚の前で考えをめぐらせていたら、背後をカートを押した親子連れが通りかかった。お父さんと下級生の男の子だった。

通り過ぎた二人を、雅也は横を向いて見送った。②最初はちらりと※一瞥するだけのつもりだったのに、まなざしが二人の後ろ姿に吸い寄せられてしまった。楽しそうにおしゃべりをしていた。男の子が笑いながらなにか言うと、お父さんも笑いながら応えた。カートには工作の材料や部品がどっさり入っていた。お父さんに手伝ってもらうのだろう。二人の様子は、毎日一緒に遊んでいる友だち同士みたいだった。男の子はお父さんの後ろに回って、ふざけて回し蹴りをした。お父さんは大げさに身をかわしながら、おかしそうに笑った。

二人が通路の角を曲がると、雅也はやっと棚に向き直った。

父親と遊びながら買い物をしたことは、一度もなかった。もしも父親の体調がよくて明日一緒にホームセンターまで来たとしても、あんなふうに買い物をすることはできないだろう。

問6　——線④「それは、いつでも思いだせることよりも、ずっとすごいことなんじゃないか？」にこめられた思いの説明として最も ふさわしいものを次の中から選び、記号で答えなさい。

ア　一緒に買い物はできなくても、心はずっと強く結ばれているのだと、ホームセンターで見かけた親子連れに対して勝ちほこっている。

イ　父の声を忘れてしまったことを残念に思っているが、わざわざ思い出さなくてもいいのだと思い直してあきらめている。

ウ　わざわざ思い出さなくても済む、忘れることのない思い出をこれから父とつくれるのだと思うと、楽しみで胸がはずんでいる。

エ　さっきまで一緒に買い物をする親子連れをねたましく思っていたが、父がわざわざ来てくれたので、感謝の思いに満たされている。

オ　父の声が自分の一部となり、これから先もずっとそばについていてくれるように感じ、父の存在の確かさを心強く思っている。

べつにいいけど、と肩をすとんと落として息をついた。買い忘れた材料や部品はなにもないんだ、と決めた。

レジに向かって歩きだした、そのときだった。

③か、ん、で、ん、ち――

声が聞こえた。かすかな、小さな声だった。うんと遠くから、いや、体の内側の奥深くから、いや、すぐ隣から……。どこから聞こえてきたのかはわからない。ただ、確かに、その声は「かんでんち」と言った。男のひとの声だった。おとなの声。初めて聞く声なのに、懐かしい声でもあった。

あ、そうだ、そうそう、モーターは乾電池を入れないと動かないんだ、と雅也は棚の単三乾電池のパックに手を伸ばした。不意に聞こえた声を※怪訝には思わなかった。それくらい、その声はすんなりと耳に届いたのだ。

乾電池をカゴに入れてから、「え？」とつぶやいた。すぐ隣に、ひとの気配がした。顔を上げて振り向いた。

誰もいない。目で見るホームセンターの風景には、誰の姿もなかった。

だが、心の中に広がる同じ風景には、父親がいた。おい、早くしろよ、早く買い物すませて、お昼ごはんにしよう、なんでもいいぞ、好きなものなんでも食べていいからな、と笑う父親がいた。

目をウ●●たくと、心の中の風景は消えた。息をそっと吸って、吐くと父親の言葉も消えた。さっき聞こえた「かんでんち」の声は父親のものだったのかどうか、確かめようにも、その声は水が砂に吸い込まれるように、耳の奥ですうっと消えてしまって、どんなにしても思いだすことができなかった。（中略）

夕方、父親が病院から家に帰ってきました。父はのどにもガンが転移していて、ものを飲み込んだりするのも困難な状態で、すっかりやせてしまっています。さっそく工作をすることになり、雅也はホームセンターで買ったものを取り出しました。

問7 ――線⑤について、「始業式の日に学校に持って行って、先生に点数をつけてもらえば、それで用済みになるはずのものだった」のに、父親が「乾電池を取り替えたら何年でも使えるようなの」・「雅也がおとなになるまで壊れないやつ」をつくろうと言ったのはなぜか、説明しなさい。

書き直し用

「たくさん買ってきたなあ」

「……うん」

「乾電池も忘れなかったんだな、えらいえらい、忘れちゃうんじゃないかって心配してたんだ、病院で」

雅也は●●かんで笑う。ホームセンターで聞いた声は、あれきり思いだすことができずにいた。だが、忘れてしまったわけではない。耳の奥の――心のどこかに染み込んだから、消えてしまったのだ。④それは、いつでも思いだせることよりも、ずっとすごいことなんじゃないか？

「よし、これだけそろってれば、だいじょうぶ、すぐにできるぞ」父親は、台所にいた母親を呼んだ。前もって話していたのだろう、母親はすぐに、洗って乾かしたカマボコ板を持って来た。「さすがにこれはホームセンターでは売ってなかっただろ」と父親は得意そうに言って、「ラワン材や発泡スチロールも軽くていいけど、カマボコ板を土台にしたら、じょうぶだから長持ちするんだ」とつづけた。⑤夏休みの宿題だ。始業式の日に学校に持って行って、先生に点数をつけてもらえば、それで用済みになるはずのものだった。

だが、父親は「乾電池を取り替えたら何年でも使えるようなのをつくろう」と言った。

「雅也がおとなになるまで壊れないやつ、つくろう」

「……うん」（中略）

雅也は工作が大の苦手で、定規を当ててまっすぐに線を引いたつもりでも曲がってしまうほど手先が不器用だった。去年とおととしは、見かねた母親が「もういい、お母さんがやるから、あんたはゴミを片づけなさい」と、途中からは、ぜんぶ一人でつくってくれた。

だが、今年は、母親は何も手出しをしない。船のことは雅也と父親にまかせきりで、祖母と二人で台所にこもって夕食の支度をしている。いいにおいがする。油の爆ぜる音もする。すでに父親の体は揚げ物を食べられる状態ではなかったが、だからこそ、

問8　――線⑥の五か所の□にあてはまる二文字を答えなさい。

問9　――線⑦「父親は、少し間をおいて、うん、うん、わかった、とうなずいてくれた」とありますが、ここでの父親の思いとして最もふさわしいものを次の中から選び、記号で答えなさい。

ア　苦労しながらも、船を作り終えることができた。もしかすると、来年も工作を手伝ってやれるかもしれない。

イ　父の死が近いのを感づいていて来年も工作を手伝ってと言う息子のいじらしさに、せめてうなずくことで応えてやりたい。

ウ　来年も一緒に工作ができたらどんなにいいかとは思うが、息子に嘘をつきたくはないので、どう答えたらいいだろう。

エ　まだ幼い息子が父親の死が近いと感づくことのないように、注意深く返事をしなければならない。

オ　本当は来年は一緒に工作をしてやることができないが、否定すると息子がふびんなので、嘘をつくのは仕方がない。

きれいに盛り付けて、トマトやパセリで彩りも添える。

工作はなかなかうまくいかない。雅也はとにかく不器用だし、手伝ってくれる父の指は枯れ枝みたいにかさついて、指先まで力が入らないのか、すぐに物を落としてしまう。

セロファンと角材でヨットの帆をつくった。赤いセロファンを透かして見る父親の顔は、頬がげっそりとそげて、目のまわりがくぼんでいた。接着剤で角材を貼り合わせるときは、二本の角材が何度もすれ違ってしまった。ガンは脳も冒しつつあった。視力障害が出ていたのだと、雅也はあとで知る。外泊の日は、病院を出る前に、強い痛み止めの薬と意識を保つための薬を両方服んでいた。ひどい吐き気がしていたはずだ。目まいと頭痛も波のように繰り返し襲っていたはずだ。あとで知った。大切なことはすべて、あとになって、すべてが終わってから知らされた。

それでも父親は笑う。雅也と目が合うと、うなずきながら笑ってくれる。

「工作ってけっこう難しいなあ」

「……うん」

「でも楽しいな、こうやって物をつくるのってな」

「……うん」

確かに楽しい。工作よりも、父親と二人でなにかをやるというのが楽しい。⑥楽しいから、［　］い。楽しい。［　］い。楽しい。［　］い。楽しい。［　］い。楽しい。楽しい。楽しい。楽しい。［　］くても、楽しい……。

「お父さん」

「なんだ？」

「⑦来年も、工作、手伝って」

父親は、少し間をおいて、うん、さらに間をおいて、うん、うん、わかった、とうなずいてくれた。

問10　［1］～［3］にあてはまる言葉の組み合わせとして最もふさわしいものを次の中から選び、記号で答えなさい。

ア　1　おどけて　2　やんわり　3　はしゃがずに

イ　1　やんわり　2　おどけて　3　はしゃがずに

ウ　1　はしゃがずに　2　やんわり　3　おどけて

エ　1　おどけて　2　はしゃがずに　3　やんわり

オ　1　はしゃがずに　2　おどけて　3　やんわり

カ　1　やんわり　2　はしゃがずに　3　おどけて

［　　］

船ができあがった。

母親が小さなタライを居間に持って来て、水を張ってくれた。

「じゃーん、進水式でーす」

［ 1 ］言った母親は、台所を振り向いて「おばあちゃんも、ほら、早く早く」と手招いた。漬け物を切っていた祖母は、薄く切ったキュウリを手に載せて台所から出てきた。

「タカシ、これ、味見してくれんか。どげんじゃろうか、昔ほど上手に漬かっとるじゃろうか」

おばあちゃん、それ、晩ごはんのときでいいでしょ、と母親は［ 2 ］さえぎろうとしたが、父親は「食うてみる」とふるさとの言葉で応えた。

キュウリは薄く切ってあるだけでなく、少しでも噛みやすいように、細かく包丁が入れられていた。父親はそれを祖母の手からつまんで、ゆっくりと口に運んだ。

「……どげな？」

不安そうな顔の祖母をいたわるように、父親は「美味えのう」と言った。「母ちゃんの漬け物は、やっぱりいちばん美味えのう」

祖母を父親が「母ちゃん」と呼ぶのを聞いたのは初めてだった。「なにを、おじょうずを言いよるんな」と照れくさそうに、すねたように、泣きだしそうに笑う、そんな祖母の顔を見たのも初めて。

しばらく口を動かしていた父親は、母親がそっと差し出したティッシュペーパーに呑み込めなかったキュウリの噛みかすを吐き出した。祖母はそれに気づかないふりをして「鍋を火にかけとるけん」と台所に戻って、ガラス戸を閉めきって、うずくまって泣く後ろ姿が、磨りガラス越しにぼんやり見えた。

「船……浮かべてみようか」

母親も、もう［ 3 ］言った。

問11　――線⑧「黙って、小さくうなずいた」、⑨「雅也もうなずいた」とありますが、この動作には二人のどのような思いがこめられていますか。次の中から最もふさわしいものを選び、記号で答えなさい。

ア　いい出来ばえだ

イ　ついに出来上がった

ウ　来るべき時が来た

エ　もう一息だ

オ　よくやったぞ

［　　］

完成した船は、小学四年生の宿題にふさわしい不格好な出来映えだった。船というより、カマボコ板と発泡スチロールでできたイカダに、セロファンの帆とモーターをつけただけだった。

だが、タライの水に浮かべてモーターのスイッチを入れると、船は半分沈みそうになりながらも、ゆっくりと前に進んだ。

「すごい、すごい、がんばれ、がんばれ」

母親が音をたてずに手を叩きながら応援する。

接着剤のついた指でべたべた触ったせいで、赤いセロファンの帆はあちこちに白い染みができていたが、それでも、船は進む。カマボコ板の船体を震わせながら、少しずつ前に進む。

父親はそれをじっと、食い入るように見つめていた。⑧タライの縁に舳先が当たってゴールした瞬間、「やったぁ！」と声をはずませる母親の横で、黙って、小さくうなずいた。

⑨雅也もうなずいた。船が完成した喜びとは違う、悲しみや寂しさとも似ているようで違う、生まれて初めて感じるなんともいえない思いで胸がいっぱいになった。

「船の名前、決めたの？」

母親に訊かれて、雅也は、うん、とうなずいた。もう決めていた。いつから頭に浮かんだのかはわからない。ただ、一度決めてしまうと、それ以外にはありえないという気になっていた。

「タカシ丸……に、する」

船を見つめて答えた。父親の顔は見なかった。母親からも目をそらしたかった。

「いいね、うん、それ、いいねえ、タカシ丸だって、いいね、いい名前だね」

母親はうれしそうに言って、父親の手をとった。「あなた、よかったね、タカシ丸……あなたの船、雅也、いい子だね、ほんとにいい子だね」と父親の手を両手で包ん

問12 波線AとBでは、雅也の気持ちはどのように変わっていますか。説明しなさい。

書き直し用

でさする。

★父親は黙っていた。雅也も黙ったまま、タカシ丸を水から出して、モーターのスイッチを切った。

小さな船だ。おんぼろの船だ。だが、両手で持ったタカシ丸の行く手には、あの夏の日に見た水平線のまぶしい光が確かにあった。

なにも考えず、なにも言わず、雅也は父親の膝に抱きついた。泣きだした。激しく泣いた。だめだ、まだお父さんは死んでないのに、死んでほしくないのに、こんなふうに泣いちゃだめだ、と自分を叱っても、涙は止まらない。

父親の手が、雅也の背中に載った。

涙があふれる。声が出る。お父さん、お父さん、お父さん、お父さん、と泣きながら叫ぶ。言葉はほかには浮かばない。お父さん、お父さん、と一心に呼びつづける。

B こうやって泣くんだ。

僕は、こうやって泣くんだ――。

やっとわかった。

父親の手はゆっくりとした拍子をとるように、雅也の背中を軽く叩く。

こんな音だった。あの夏の日に沖に向かっていた漁船も、こんな、ポンポンというエンジンの音を鳴り響かせていた。小さな漁船は波に乗り、舳先を上下に揺らしながら、海と空が溶け合って一つになったまぶしい光に向かって進んでいたのだった。

雅也は浜辺でそれを見送っていた。隣には誰もいなかった。遠ざかっていく漁船は、いつのまにか、赤いセロファンの帆を張っていた。

タカシ丸から父親が手を振った。元気でなあ、元気でなあ、と笑って手を振っていた。夕陽に照らされたセロファンの帆は、燃え上がるように、さらに赤くなる。波に乗るたび、タカシ丸は空に向かって舞い上がっていきそうにも見える。

水平線がひときわまぶしくなった。タカシ丸はそのまぶしい光の真ん中で、空を飛んでいるとも海を進んでいるともつかず、航海をつづけた。⑩やがて船体が光に包み込

問13　――線⑩「やがて船体が光に包み込まれて見えなくなってしまってからも、赤い帆はいつまでも小さな炎を灯しつづけていた」はどのようなことを暗示していると思いますか。次の中から最も適切なものを選び、記号で答えなさい。

ア　燃えながら消えてゆく船のように父の命も燃えつきてしまい、あとには悲しみだけが残されたということ。

イ　雅也は父が死ぬという悲しい現実を受け入れられずに、いつまでも楽しかった過去ばかりを思い出しているということ。

ウ　父の存在は雅也の心に溶けこみ、死後もずっと雅也によりそい続けたということ。

エ　父はタカシ丸に乗って遠くへ行ってしまい、雅也はいつまでもそれを見送っていたということ。

オ　タカシ丸はまぼろしのように消えてしまい、雅也はやがて父のことも忘れてしまったということ。

□

まれて見えなくなってしまってからも、赤い帆はいつまでも小さな炎を灯しつづけていた。

（重松清『僕たちのミシシッピ・リバー　季節風　夏』所収「タカシ丸」文藝春秋）

〈注〉※　一瞥…見ること
※　怪訝…ふしぎ

問14　★（227行目）より後の文章を読み、表現上の特徴とその効果についてまとめなさい。

書き直し用

3 説明文・まとめあげの技法①

次の文章を読んで、あとの問いに答えなさい。字数制限がある問いでは、句読点・記号なども字数にふくみます。※印をつけたことばについては、本文の後に〈注〉があります。

学習のねらい ▼段落構成、文章の構造を見抜き、論旨をまとめあげる。

いつごろ、だれがきめたのかわからないが、わが国に「日本三景」というのがある。日本のなかで最も美しいと思われる三つの景勝地をえらんだもので、周知のように宮城県の「［A］」、京都府の「天ノ橋立」、そして広島県の「［B］」である。おそらく中国の「※瀟湘八景」とか「西湖十景」などに倣って、室町朝か江戸時代にだれがいうともなく人の口にのぼるようになったものにちがいない。

それはともかく、この「三景」を思い浮かべてみると、そこに①共通した性格があることに気付く。第一に、いずれもが海辺の景色であるということだ。日本列島にはまるで背骨のように山脈が南から北まで走り、日本を日本海側と太平洋側のふたつに分けている。ほとんどが山といってもいいほどなのに、「三景」のなかにひとつも山の風景が入っていない。②これはまことに奇妙なことではないか。

第二に、その海岸の景色がみなアおだやかな内海に臨むこぢんまりとした浜で、すぐ目の前に小さな島、あるいは洲が見えるといった景観であることだ。逆巻く波が打ち寄せる雄大な海岸線はまったく見捨てられている。「三景」にかぎらない。日本人が名所や※歌枕として愛でる風景は、たとえば「須磨・明石」にしろ、高知県の「桂浜」にしろ、伊勢の「二見ヶ浦」にしろ、秋田県の「象潟」にしろ、岩手県の「浄土ヶ浜」

問1 ［A］・［B］に入る語として最もふさわしいものを次の中から選び、記号で答えなさい。

ア 後楽園　イ 松島　ウ 大島
エ 宮島　オ 錦帯橋

A
B

問2 ［C］～［F］に入る語として最もふさわしいものを次の中からそれぞれ選び、記号で答えなさい。

ア すると　イ しかし　ウ または
エ ところで　オ つまり　カ なぜなら

C
D
E
F

問3 ――線①「共通した性格」とありますが、その性格を六十字以内でまとめなさい。

にしろ、そのすべてが●エ○曲のながめである。海といっても男性的な荒海ではなく、女性的な優しい入江に日本人は心惹かれるのである。

③なぜなのであろうか。おそらく日本民族が体験した太古の記憶が無意識のうちにこのような景色をこのうえなく美しく、懐かしい想いに誘うにちがいない。日本人はその昔、南太平洋の島々、あるいは東南アジア、中国の江南地方、朝鮮半島などからさまざまなコースを経て日本列島にやってきた。原始的な小舟を操ってのその航海は、じつにおそろしい体験だったにちがいない。どれほど多くの犠牲者が出たことであろうか。大洋を漂流する彼らが、ただひたすら求めつづけたのは島影だった。そして波を避け島に上陸することのできる入江だったはずである。おそらく、そうした太古の記憶が懐かしいイメージとなってあの「日本三景」に結晶しているのではなかろうか。

荒海を乗りきってこの列島にたどりついた日本人、そして海に取り巻かれながら生活を重ねてきた日本民族、とうぜん日本人は海洋民族になってしかるべきである。ところが、私たちは海洋民族にはならなかった。[C]、日本人は二度とふたたびおそろしい海へ乗りだそうとはしなかったからである。むろん、海洋へのボウケンを試みた日本人がいないではなかった。[D]、それはきわめてわずかな例にすぎず、※ヴァイキングとして海をのし歩いた北欧人や、※大航海時代を現出させたスペイン、ポルトガル、イタリアなどの民や、七つの海を制覇したイギリス人、さらには海洋貿易に活躍したインド人や中国人などと比べれば日本人はまったく海を相手にしなかったといってもいい。そんなわけで山崎正和氏は日本人を海洋民族ならぬ④海岸民族だと評している。まさしくそのとおりだと想う。

では、なぜそうだったのか。日本という島があまりに住み心地よかったからではあるまいか。温暖で湿潤なキコウ、変化に富んだ山河、外敵侵入のおそれのない安全な島国、こんな快適な国土に住みついたのに、どうしていまさら海へ出て行くことがあろう。ここで仲よく暮らせばそれで充分ではないか。あのおそろしい航海体験を、

問4 ――線②「これ」とは何を指しますか。文中のことばを使い、まとめなさい。

問5 ――線③「なぜなのであろうか」とありますが、どういうことに対してこの疑問を感じているのですか。次の中から最もふさわしいものを選び、記号で答えなさい。

ア 日本人が女性的で優しい入江に心ひかれること
イ 日本三景は最も美しい景勝地を選んでいること
ウ 日本三景はすべてが海辺の景色であること
エ 日本三景の中に山の風景が入っていないこと

問6 ――線④「海岸民族」ということばは、日本人のどんなようすを表していますか。次の中から最もふさわしいものを選び、記号で答えなさい。

ア 再びおそろしい航海を試みようとしていたようす
イ 海洋へのぼうけんを試みていたようす
ウ 外敵の侵入をおそれていたようす
エ 海にとりまかれながら航海に出ようとしないようす

なんであらためて試みることがあろうか。海の彼方には、もっとすばらしい未知の土地があるかもしれない。しかし、欲を出せばきりのない話だ。この島で結構。ここで安んじて暮らすにしくはない。（中略）

とはいえ、この小さな島に住みついた人たちが何の争いもなく平穏に暮らせたというわけではけっしてない。この島国のなかで、日本人は幾多の戦乱を経験してきた。だが、いくら争ってみても、まわりが海なのであるから逃げ出すわけにはいかない。最終的には何らかの形で敵と妥協し、共存する道をさぐらねばならなかった。必要なことは「分に安んじる」ことであり、それによって「和」を保つことだった。「分に安んじる」とは、かならずしも「身分に安んじる」ことばかりではない。相手のいい分に安んじることでもあり、つねに一定の限度を守ることでもある。それが何よりも、「和」に必要なのだ。一定の限度を守るということは、それ以上を望まぬということである。おのれを抑制することである。

そんなわけで日本人は、自分をやたらに主張してはいけない、そして、ものごとをあからさまにすべきではない、と考えるようになった。自分を主張すれば、とうぜん相手の主張とぶつかることになるし、ものごとをはっきりさせれば、いやおうなく相手との食いちがいが出てくるからである。そうなれば争わざるをえなくなる。日本人は⑤それを何よりもおそれたのだ。

そう。日本人は本質的に争いを好まず、自然の運行のようにすべてがうまくいくのを期待し、確信しているきわめて楽観的な、そして同時に悲観的な民族なのである。楽観的であるとともに悲観的、というのは、その楽観が、じつは悲観のうえに成り立っているからである。［E］、この世の中はけっして自分の思っているようにはうまくはいかないものだ、という前提のもとに日本人の判断は構成されているのである。

かつて私は将棋の大山名人にきいたことがある。将棋の対局で、しばしば二時間におよぶほどの※「長考」がなされることがあるが、いったい、どういう局面でそのような「長考」をするんですか。

問7 ――線⑤「それ」が指している内容を文中のことばを使い、十五字以内で書きなさい。

問8 ――線⑥「こうした確信」とは、どういう考えを指していますか。文中から二十字以内でぬき出しなさい。

問9 大山名人の返事にはどのような考え方が表れていると思われますか。漢字四字で文中からぬき出しなさい。

問10 ――線⑦「実際以下に期待を抑制する」とありますが、何のためにそうするのですか。文中のことばを使い、二十字以内で書きなさい。

F 大山名人は［え］言下に、「あまりにもうまくいきすぎているときです」と答えた。私は［オ］意表を衝かれ、思わず、「え、それはまた、どういうわけです?」とたずねた。

　大山名人の返事はこうであった。

「だいたい、ものごとはそんなにうまくいくわけがないからですよ。それなのに妙にうまくいきすぎるというのは、どこかに落とし穴があるからです。それに欺かれないために、うんと考えこむんですね」

　私はえらく［カ］カンシンした。さすがに一芸に秀でた名人の言葉である。これは将棋にかぎらず人生全般についていえることではないか。と、そう思いつつ、私は⑥こうした確信こそ、まぎれもなく日本的な信条であることに気付いたのだった。

　どんな人間もつねに世界にある期待をもって対している。どれほど世界に期待するか、その期待の大きさで人びとの世界観は⑦ちがってくる。実際以上の期待を抱くか、実際に見合った期待を寄せるか、それとも実際以下に期待を抑制するか、それによって理想主義、現実主義、悲観主義が分かれるのである。だが、実際以上に期待すれば、とうぜんその期待は裏切られることが多い。逆に実際以下に期待をおさえれば、期待を裏切られる苦痛からはまぬがれることができよう。日本人は［キ］後者をえらぶのである。この意味で日本人はきわめて臆病であり、小心であるといってもよい。日本人は楽観的であるとともに悲観的であり、楽観が悲観の上に成り立っていると私がいったのはこのゆえである。期するところを少なくすれば、苦痛はそれだけ［ク］ケイゲンされる。すべてにいちおう満足していられる。これが日本人の基本的な精神の構えである。

　そして、これを見事にいい当てているのが、ほかならぬ「まあまあ」という日本語のあいまいな副詞なのだ。

（森本哲郎『日本語表と裏』新潮社）

〈注〉※ 瀟湘八景・西湖十景…中国の景勝の地
※ 歌枕…和歌によまれた名所・旧跡
※ ヴァイキング…九～一〇世紀に海賊行為や商業活動をしたノルマン人
※ 大航海時代…十五～十七世紀、ヨーロッパ人が新大陸を発見した時代
※ 長考…長い時間考えること

問11 ═線ア～クについて、カタカナは漢字に直し、漢字は読みをひらがなで書きなさい。

ア	イ	ウ	エ	オ	カ	キ	ク

問12 ═線あ～えについて次の各問いに答えなさい。

1 あ「●エ○曲」の●・○に漢字一字ずつを入れ、「見かけはちがうが内容はおなじこと」という意味の四字熟語を完成させなさい。

2 い「しかるべき」を漢字二字で言いかえなさい。

3 う・えのことばの意味としてふさわしいものをア～エの中からそれぞれ選び、記号で答えなさい。

う　ア 仕方ない　イ 匹敵する　ウ 最もよい　エ 禁止されている

え　ア 無言で　イ すぐに　ウ はっきりと　エ きびしく

1		エ		曲

2	

3	う		え	

3 説明文・まとめあげの技法②

学習のねらい ▼総合演習

次の文章を読んで、あとの問いに答えなさい。字数制限がある問いでは、句読点・記号なども字数にふくみます。

最近の新聞の投書欄にも載ったのだが、自分の家にある古着を、ボロを着ている飢餓地帯の人々にあげたい、という善意に満ちた人たちがよくいる。自分一人では送り先もわからないので、何とかして企業のようなところが音頭をとって古着を集め、途上国に送ってほしい、というのである。それは、好意に溢れた気持ちなのだが、あまりにも現実を知らない考え方なので、日本人がそのような夢を見ないで、どうしたら現実に立って働けるかを、もう少し一般の方たちに知らせる方法を取れないものかと思う。本当は社会の教科書にでもしっかり書いてほしいと思うくらいである。

A　国にもよるのだが、自国民を救うための古着の輸入に対しても、高額の関税をかけるような国は、決して一つや二つではない。

B　古着を送ることはさまざまな理由から、実に困難である。

C　飢餓のひどいエチオピアの奥地のキャンプで、或る日私は寒さに苦しんでいる孤児の少女に古着を選ぶ仕事を命じられたことがあった。日本からの古着は風呂桶よりも大きな木箱にいっぱいあったが、私はその中から、少女の背丈に

問1　文中のA～Eの形式段落は順序が乱れています。正しい順序に並べ直して記号で答えなさい。

□→□→□→□→□

問2　（　A　）～（　C　）にあてはまることばを次のア～オの中からそれぞれ選び、記号で答えなさい。

ア　すると　イ　しかも　ウ　しかし
エ　では　オ　まず

A	B	C

問3　ア～オの○○にあてはまるひらがなを書きなさい。

ア	イ	ウ	エ	オ

問4　――線①とありますが、筆者はなぜ日本人を「身勝手」だと感じたのですか。その理由を「～から」に続くように三十字以内で説明しなさい。

あったものを選び出してやるように言われた。

D　無事に着いても、その先が大変だ。どこかで盗みが行われる。こっそり一、二枚盗むようなのはまだかわいいが、その国の高官が組織的にごっそり闇ルートに流して大儲けをする場合だってないわけではない。そうなると、こうした善意の援助が、被災者にいかないだけでなく、その国の権力者を特権で儲けさせるだけになる。

E　まず、輸送費がかかる。仮に「十キロの衣服を寄附してくださる方は、三千円を輸送費としてつけてください」ということになっても出してくださる方は多いだろうか。日本の港までの輸送費、梱包の費用、積み込みと通関のための費用、船の輸送費、先方の国に着いてからの関税、時には保管のための倉庫料、現地までのトラックによる運搬費、などはどうしても必要な費用である。

①古着選びを始めてすぐ、私の胸を打ったのは、日本人の身勝手さであった。いい気なものだ、という他はない。箱の中には、普段着ではなく、きらきらしたパーティー・ドレスがかなり入っていたのである。しかし今、少女が必要としているのは、Tシャツであり、ジーパンであり、ヤッケであり、ウールのスカートであった。

日本人は、援助という名目で、自分のいらないものを出しているだけなのである。子供用のパーティーの服など、そう度々着ないうちにすぐ小さくなる。自分の不要になったものを、相手の生活も考えずに途上国に出す。それでその人は簡単に押入のゴミを始末でき、更に［※］、といういい気分のおまけまでつく。

もしあげるなら、自分が必要としているものを上げなさい、という教育は、親や学校がすべきなのだろう。それなのに「うちで使えるものを人に上げることはない、要らないならあげなさいよ」と多くの親が考える。そのような②貧しい発想が、この豊か

問5　［※］にあてはまることばを十字以内で考えて書きなさい。

問6　――線②の「貧しい発想」とはどのような発想ですか。「貧しい」ということばの意味がよくわかるように自分のことばで説明しなさい。

から。

な日本にはずかしげもなく蔓延したのである。

　私は少女に、比較的、普段着風のドレスを選んで渡しながら、ちょっと心に③躊躇いを感じた。キャンプの規則では、新しく服を上げたら、古いぼろぼろの虱だらけの服は回収して焼き捨てることになっていた。しかしその子の親が、もし死んでいるなら、このぼろぼろの服は、唯一の形見になる。

　私は古い服も彼女に返した。（　Ａ　）少女はひざまずいて、私のスカートに、と言いたいところだが、実はスラックスの裾に、接吻しようとした。日本人には、このような最大限の[ア]○○くだった感謝を受ける習慣がない。自分のものを上げたのでもない私は[イ]○○ろぎ、途方もなく恥ずかしく感じた。

　しかし私はその女の子に特徴のある服を上げたことの効果は期待していた。何しろ、どれも同じような煮しめたような垢色の衣服しか着ていない人たちである。その中へ、鮮やかな色の服を着た子が混じれば、いやでも彼女がいつどこで誰とどのように暮らしているかが、一目でわかる。

　（　Ｂ　）、そのパーティー・ドレスの少女は再び現れなかった。キャンプの外に[ウ]○○ろしている群衆の中にいないわけではない。ただ彼女はすぐその服を脱いで、また元のボロになってしまったから、私は彼女を見つけられなくなったのである。

「恐らくすぐ、売ってしまったんでしょうね」

　キャンプにいた経験者が私に教えてくれた。その言葉には、私に対する非難[エ]○○たものはなかったし、事実その人は、「売ってしまってもいいんですよ。それで彼女にはお金が入ったんだから」と私を慰めてもくれたが、それはやはりルール違反であり、④ほんとうに高地の寒さに震えている少女を救うことにはならなかった。

　難民が多くいるような国ほど、救援機関の関係者は、厚かましく義援金を遣い込む。官僚は救援の物資を自分が自由にして闇で売り、救援機関の職員と言えども、自分の権限で扱える物資を[オ]○○ろまかす。

　企業に音頭を取ってもらって、古着を集めて送ってほしい、などと簡単に言えるも

問7　——線③の「躊躇い」とはどのような躊躇いですか。説明しなさい。

問8　——線④は、どういうことを言っているのですか。「ほんとうに」ということばに注意して説明しなさい。

のではない。もし企業がそんなことをしようと思えば、当然特殊な技術を持った救援活動の専門家をそのために貼りつけておかねばならず、（　C　）危険手当や何かを含めると、日本国で働かせておくより高い給与を払わねばならないことになる。⑤古着を集めて届けるという仕事は、奥さんたちが集まってバザーの品物を仕切るのとは全く違うのである。

　奥地まで届けるには、時には軍隊の技術に頼るしかないような輸送方法がいり、物資が果して円滑に分配されたかどうかをチェックするなら、専従の警察顔負けの監視機関がいる。エチオピアでは、ろくろく自動車道路もないような僻地に食物を届けるには、爆撃の要領で、空から物資をエヤー・ドロップと称して落とす他はなかった。当時それを請け負っていたのは、北大西洋機構軍とワルシャワ条約機構軍の、共にプロの軍人たちであった。

　援助の品物を揃えることは、誰にでもできる。しかしそれをほんとうに必要としている人に届けるのは至難の技である。⑥私たちはそろそろ、子供のように純真な日本人であることを止めねばならない時に来ている。

（曾野綾子『昼寝するお化け』小学館）

問9　――線⑤とありますが、筆者はどのようなことを言おうとしていますか。次の中から選び、記号で答えなさい。

ア　援助とバザーとは困難さに格段の開きはあるが、どちらも思いやりの気持ちが必要だということ

イ　援助はバザーのように手軽に行える行為ではないので、専門家にまかせるのが望ましいということ

ウ　援助はバザーのような軽い気持ちで始めても無意味な行為に終わってしまうことが多いということ

エ　援助はバザーと異なり、相手のことを強く思いやる気持ちがなければ成功しないということ

□

問10　――線⑥のように筆者が考える理由として、最もふさわしいものを次の中から選び、記号で答えなさい。

ア　日本人が的外れな援助を行うことは、自己中心的な行為であると受け取られ、日本の評判が落ちるから。

イ　日本人の純真な心から出た援助がかえって飢餓地帯の人々の心に甘えを生じさせ、自立をさまたげるから。

ウ　日本人の援助は、その実行にともなう様々な困難に目を向けない自己満足に過ぎないものだから。

エ　日本人はまず自分の国の現実にもっと目を向けるべきであり、他国の援助のことを考えている余裕はないはずだから。

□

4 随筆にこもる情感・情緒①

学習のねらい ▼筆者の心情にふれ、的確に説明する。

次の文章を読んで、あとの問いに答えなさい。

①花、といえば、桜だろうか。

　中学に入学して初めての理科の授業に、桜の花を使った。

　理科教室の机の上に、いくつもの、桜の花が置いてあるのだった。人体標本やらえたいの知れないもののホルマリン漬けやら茶色の薬瓶やらふくろうの剥製やらが雑然とある理科教室の、古びた大きい六人掛けの机のまん中に、十も二十も桜の花があった。②ほの暗い理科教室で、桜が置いてあるところだけが明るんでいるようだった。

　二時間続きのその授業で、わたしたちは桜の花の観察を行った。花びらを一枚一枚そっとはずし、おしべとめしべを写生する。おしべの数を数える。めしべを縦切りにして断面図を描く。

「正確に、ていねいに、描きましょう」先生は、教室を回りながら言った。

　なにか、無残な感じがした。小学校の時に行った鮒の解剖もこわかったが、桜の花の解剖も、同じくらいこわかった。うすい花びらをはがすとき、③桜が「きゅ」というような声をあげるように思えた。校庭にも、桜は多く散っている。土の上に落ちた花びらは、どんなふうに踏んでも平気なのに、理科教室の机の上にある、花のかたちをもったままの桜は、触れてはならないもののように感じられた。

「きゅ」「きゅ」という［ A ］を聞きながら、八つ切りのケント紙に、2Hの固い鉛筆で、こわごわ桜の花の部分を描きうつした。

問1 ——線①「花、といえば、桜だろうか」が表現している内容を次の中から選び、記号で答えなさい。

ア　様々な種類の花の中で、一般的に最も美しいと思われているものは桜の花である。

イ　様々な種類の花の中で、自分が最も美しいと感じているものは桜の花であろう。

ウ　花にまつわる様々な思い出の中で、最も美しく輝いている花は、やはり桜の花のようだ。

エ　花にまつわる様々な思い出の中で、最も印象深いものは桜に関するエピソードである。

［　　］

問2 ——線②について当時の「私」が理科教室から感じとっていたイメージを漢字一字で表現しなさい。——線②の中で対照的に描かれている桜の花のイメージや理科教室に置かれていたものがどのようなものであったかに注意して答えなさい。

［　　］

問3 ——線③は一体どのような「声」ですか。

ア　この世や仲間の桜に最期の別れを告げる花の声

イ　人間の身勝手な残酷さを訴える、桜の花の嘆きの声

ウ　やっと咲いても、早晩散りゆく自らの運命を呪う声

エ　生きているものが最期に発する苦しみの声

［　　］

先生はよほど桜の花が好きだったのか、それとも季節ものだからなのか、さらに桜のことは続いた。家の近くの桜の木から二十個以上の桜の花を取ってきて、おしべの数を数えグラフに表すこと。そんな宿題が出たのだ。

日曜日の昼間、近所の養老院にある桜並木まで、わたしは一人歩いていった。咲き満ちて垂れている枝から、何個もの花をちぎり取った。理科教室の暗い机の上に置いてあったときほど、ちぎり取られた桜はこわくはなかった。何個も取っているうちに、だんだん［　B　］なってきた。取った花を、山のように積み上げた。地面にぺたりと座りこんで、春の《　あ　》とした日ざしの中で、ゆっくりとおしべを数えた。おしべの数は、花によって《　い　》である。持ってきたノートのきれはしに「12」「15」などと記入してゆく。《　う　》風が起こって、紙が飛ばされた。《　え　》追いかけて走る。

何回めかに紙が飛んだときに、うしろから声をかけられた。

「その花、どうするんですかね」

振り向くと、小柄なおばあさんが立っていた。真っ白な髪をおだんごにまとめ、着物の首にスカーフを巻いている。

「あの、理科の宿題で」《　お　》わたしは答えた。「ここの花をとってはいけませんよ」と、そう怒られるかと思ったのだ。

「持って帰るんですかい」おばあさんはしかし、怒る様子でもなく、静かに訊ねた。

「いえ」うつむいたまま、わたしは答えた。風が、少し強くなっていた。前髪が吹かれ、額がむき出しになって、こころぼそかった。

「それじゃ、その花、わたしにくださいな」おばあさんはさらに静かに言った。

うつむいたまま、わたしは頷いた。なんだかわからないが、こわかった。怒られているのではないのだが、こわかった。④理科教室で感じたこわさと同じこわさだった。おばあさんは優しげな様子なのに。おばあさんは腰に下げた布の袋の中から、ていねいにたたんだビニール袋を取り出した。小さな手で山に積み上げた桜の花をすくい、

問4　［　A　］にあてはまる三字のことばを、「■の■」（ただし、■は問題文中に登場する漢字）の形で書きなさい。

□の□

問5　［　B　］にあてはまることばを次の中から選び、記号で答えなさい。

ア　悲しく　　イ　無残に　　ウ　きれいに
エ　愉快に　　オ　さびしく

問6　《　あ　》～《　お　》にあてはまることばをそれぞれ選び、記号で答えなさい。

ア　ときどき　　イ　まちまち　　ウ　おそるおそる
エ　いちいち　　オ　うらうら

あ	い	う	え	お

問7　――線④の「理科教室で感じたこわさと同じこわさ」とは、どのようなこわさですか。説明しなさい。

袋に入れる。桜の山は見る間に減り、反対に袋はふくらんでいった。透明だった袋が、うすももいろに色づいていく。全部の桜を袋にしまうと、おばあさんは腰を上げ、袋の口をしっかりとしばった。

「ありがとうござんした」おばあさんの髪のおだんごが、風に吹かれて少し揺れた。

「あの、桜、どうするんですか」わたしは聞いた。⑤<u>こわかったが、どうしても聞きたかった</u>。

「持って帰ってね、水にうかべますよ」おばあさんは表情のないまま、答えた。

「水？」

「まだ生きてますからね、花のかたちをもったままの桜は」

風がびゅうと吹いて、花びらを散らせた。おばあさんのおだんごにもわたしの髪にも、たくさんの花びらが散りかかる。

おばあさんが、花でいっぱいになって表面のくもったビニール袋をていねいに開いて、水の満たされた器に桜をあけることを想像すると、⑥<u>足もとが崩れてゆくような感じがした</u>。と同時に、とてつもなく気持ちよかった。水にうかぶ、少し傷のついたいくつもの花を、うっとりと思い浮かべていた。

風が、いくらでも桜の花びらを散らせる。

桜は今年も、薄く濃く咲きめぐってくることだろう。

（川上弘美『あるようなないような』中公文庫）

問8 ——線⑤「こわかったが、どうしても聞きたかった」のはなぜですか。次の中から選び、記号で答えなさい。

ア　どうして自分がおばあさんに様々な質問をされなくてはならないか、納得がいかなかったから。

イ　自分がだいなしにしてしまった桜の花を生かす方法がまだあるのかどうかを知りたかったから。

ウ　本当は自分自身も桜の花に対して謝りたいと思っていたので、そのきっかけがほしかったから。

エ　おばあさんの怒るわけでもない無表情な顔つきに閉口し、その態度の理由を知りたかったから。

□

問9 ——線⑥の時の気持ちの説明として最もふさわしいものを次のア～エの中から選び、記号で答えなさい。

ア　自分のおこなった罪深い行為を深く反省し、今後は二度と花を摘むことなどしないぞ、と心にちかう。

イ　ちぎり取った桜もまだ命を持っていると知り、命についての考えをくつがえされるような心許なさを憶えている。

ウ　水に浮かぶ桜の花の美しい色彩を思い浮かべると、めくるめくような満足した気持ちにおそわれる。

エ　水に浮かぶ桜の花はいつか死にゆくものを暗示しており、やがては死にゆく自分自身の姿を思い描いている。

□

4 随筆にこもる情感・情緒②

学習のねらい ▼筆者の心情にふれ、的確に説明する。

次の文章を読んで、あとの問いに答えなさい。※印をつけたことばについては、本文の後に〈注〉があります。

1 「春の奈良へいって、馬酔木の花ざかりをみようとおもって、途中、木曽路をまわってきたら、①おもいがけず吹雪に遭いました。……」

2 僕は木曽の宿屋で貰った絵はがきにそんなことを書きながら、汽車の窓から猛烈に雪のふっている木曽の谷々へたえず目をやっていた。

3 春のなかばだというのに、これはまたひどい荒れようだ。その寒いったらない。おまけに、車内には僕たちの外には、一しょに木曽からのりこんだ、どこか※湯治にでも出かけるところらしい、商人風の夫婦づれと、もうひとり厚ぼったい※外套をきた男の客がいるっきり。――でも、上松を過ぎる頃から、急に雪のいきおいが衰えだし、どうかするとぱあっと薄日のようなものが車内にもさしこんでくるようになった。どうせ、こんなばかばかしい寒さはここいらだけと我慢していたが、みんな、その日ざしを慕うように、向こうがわの座席に変わった。妻もとうとう読みさしの本だけもってそちら側に移っていった。僕だけ、まだときどき思い出したように雪が紛々と散っている木曽の谷や川へたえず目をやりながら、こちらの窓ぎわに強情にがんばっていた。……

4 どうも、こんどの旅は最初から天候の具合が奇妙だ。悪いといってしまえばそれまでだが、いいとおもえば本当に具合よくいっている。第一、きのう東京を※立って

問1 ――線①「おもいがけず吹雪に遭いました」とありますが、「僕」は吹雪に遭ったことをどう感じていますか。最もふさわしいものを次の中から選び、記号で答えなさい。

ア 楽しみにしていた木曽の雪景色が見られたので喜んでいる。
イ せっかくの旅が雪のせいで台なしになり、ゆううつである。
ウ 雪によって味わい深くなった木曽路の旅情にひたっている。
エ 妻に見栄をはって、雪の見える窓ぎわでやせがまんをしている。

問2 ――線②「ゆうがた木曽に着くまでには」の後に省略されていると考えられることばを答えなさい。

きたときからして、かなり強い吹きぶりだった。だが、朝のうちにこれほど強く降ってしまえば、②ゆうがた木曽に着くまでにはとおもっていると、午すこしまえから急に小ぶりになって、まだ雪のある甲斐の山々がそんな雨の中から見えだしたときは、なんともいえずすがすがしかった。そうして信濃境にさしかかる頃には、おあつらえむきに雨もすっかり上がり、富士見あたりの一帯の枯原も、雨後のせいか、何か［あ］蘇ったような色さえ帯びて車窓を過ぎた。そのうちにこんどは、彼方に、木曽のまっしろな山々が［い］見え出してきた。……

5 いま、僕たちの乗った汽車の走っている、この木曽の谷の向こうには、すっかり春めいた、*明かるい空がひろがっているか、それとも、うっとうしいような雨空か、僕はときどきそれが気になりでもするように、窓に顔をくっつけるようにしながら、谷の上方を見あげてみたが、山々にさえぎられた狭い空じゅう、どこからともなく飛んできてはさかんに舞い狂っている無数の雪のほかにはなんにも見えない。そんな雪の狂舞のなかを、さっきからときおり出しぬけにぱあっと薄日がさして来だしているのである。それだけでは、いかにもたよりなげな日ざしの具合だが、ことによるとこの雪国のそとに出たら、うららかな春の空がそこに待ちかまえていそうなあんばいにも見える。……

6 僕のすぐ隣りの席にいるのは、このへんのものらしい中年の夫婦づれで、問屋の主人かなんぞらしい男が何か小声でいうと、首に白いものを巻いた病身らしい女もおなじくらいの小声で相槌を打っている。べつに僕たちに気がねをしてそんな話し方をしているような様子でもない。それはちっともこちらの気にならない。ただ、どうも気になるのは、一番向こうの席にいろんな格好をしながら寝そべっていた冬外套の男が、ときどきおもい出したように起き上っては、床のうえでひとしきり足を踏み鳴らす癖のあることだった。それがはじまると、その隣りの席で向こうむきになって自分の外套で足をつつみながら本をよんでいた妻が僕のほうをふり向いては、ちょっと顔をしかめて見せた。

問3 ［あ］～［う］にあてはまることばを次の中から選び、それぞれ記号で答えなさい。

ア ずっと　イ いきいきと
ウ ひろびろと　エ のびのびと
オ くっきりと　カ じっと

あ［　］ い［　］ う［　］

問4 ――線③「そんなこと」とはどんなことですか。「こと」に続くように文中から二十字前後で探し、最初と最後の四字ずつを書きぬきなさい。

［　　　　］～［　　　　］こと

問5 ――線④「旅のあわれ」とはどのようなものですか。最もふさわしいものを次の中から選び、記号で答えなさい。

ア 旅で出会う悲しみ
イ 旅の楽しさ
ウ 旅のはかなさ
エ 旅のゆかしい趣
オ 旅の偶然

［　］

7 そんなふうで、三つ四つ小さな駅を過ぎる間、僕はあいかわらず一人だけ、木曽川に沿った窓ぎわを離(はな)れずにいたが、そのうちだんだんそんな雪もあるかないかくらいにしかちらつかなくなり出してきたのを、なんだか残り惜(お)しそうに見やっていた。もう木曽路ともお別れだ。気まぐれな雪よ、旅びとの去ったあとも、もうすこし木曽の山々にふっておれ。もうすこしの間でいい、旅びとがおまえの雪のふっている姿をどこか平原の一角から振(ふ)りかえってしみじみと見入ることができるまで。

――

8 そんな考えに自分がうつけたようになっているときだった。ひょいとしたはずみで、僕は隣りの夫婦づれの低い話声を耳にはさんだ。

「いま、向こうの山に白い花がさいていたぞ。なんの花けえ？」

「あれは辛夷(こぶし)の花だで」

9 僕はそれを聞くと、いそいで振りかえって身体をのり出すようにしながら、そちらがわの山の端(はし)にその辛夷の白い花らしいものを見つけようとした。いまその夫婦たちの見た、それとおなじものでなくとも、そこいらの山には他にも辛夷の花さいた木が見られはすまいかとおもったのである。だが、それまで一人でぼんやりと自分の窓にもたれていた僕が急にそんな風にきょときょととそこいらを見まわし出したので、隣りの夫婦のほうでも何事かといったような顔つきで僕のほうを見はじめた。僕はどうもてれくさくなって、それをしおに、ちょうど僕とは筋向かいになった座席であいかわらず熱心に本を読みつづけている妻のほうへ立ってゆきながら、

「せっかく旅に出てきたのに本ばかり読んでいるやつもないもんだ。たまには山の景色でも見ろよ。……」そう言いながら、向かいあいに腰(こし)かけて、そちらがわの窓のそとへ［　う　］目をそそぎ出した。

「だって、わたしなぞは、旅先ででもなければ本もゆっくり読めないんですもの」妻はいかにも不満そうな顔をして僕のほうを見た。

「ふん、そうかな」ほんとうを言うと、③僕はそんなことには何も苦情をいうつもり

問6 ――線⑤「妻はいかにもうれしくってしようがないように僕の顔を見つめた」とありますが、「妻」はなぜこのような表情をしたのですか。その理由を説明しなさい。

問7 ［　え　］にあてはまることばとして最もふさわしいものを次から選び、記号で答えなさい。

ア　うつけたような
イ　うれしくってしようがないような
ウ　いまにもどなりそうな
エ　不平そうな

はなかった。ただほんのちょっとだけでもいい、そういう妻の注意を窓のそとに向けさせて、自分と一しょになって、そこいらの山の端にまっしろな花をむらがらせている辛夷の木を一、二本見つけて、④旅のあわれを味(※あじわ)ってみたかったのである。

10 そこで、僕はそういう妻の返事には一向とりあわずに、ただ、すこし声を低くして言った。

「むこうの山に辛夷の花がさいているとさ。ちょっと見たいものだね」

「あら、あれをごらんにならなかったの」⑤妻はいかにもうれしくってしようがないように僕の顔を見つめた。

「あんなにいくつも咲(さ)いていたのに。……」

「嘘(うそ)をいえ」こんどは僕がいかにも［　え　］顔をした。

「わたしなんぞは、いくら本を読んでいたって、いま、どんな景色で、どんな花がさいているかぐらいはちゃんと知っていてよ。……」

「何、まぐれあたりに見えたのさ。僕はずっと木曽川の方ばかり見ていたんだもの。川の方には……」

「ほら、あそこに一本」妻が急に僕をさえぎって山のほうを指した。

「どこに?」僕はしかしそこには、そう言われてみて、やっと何か白っぽいものを、ちらりと認めたような気がしただけだった。

「いまのが辛夷の花かなあ?」僕はうつけたように答えた。

「しょうのない方ねえ」妻はなんだかすっかり得意そうだった。「いいわ。また、すぐ見つけてあげるわ」

11 が、もうその花さいた木々はなかなか見あたらないらしかった。僕たちがそうやって窓に顔を一しょにくっつけて眺(なが)めていると目(※ま)なかいの、まだ枯れ枯れとした、春あさい山を背景にして、まだ、どこからともなく雪のとばっちりのようなものがちらちらと舞っているのが見えていた。

12 ⑥僕はもう観念して、しばらくじっと目をあわせていた。とうとうこの目で

問8 ——線⑥「僕はもう観念して」とありますが、なぜ観念したのですか。その理由として最もふさわしいものを次の中から選び、記号で答えなさい。

ア 目の前に広がる山はまだ枯れ枯れとしていたから。

イ 再び雪が降り出して視界がさえぎられたから。

ウ たとえ見つけたとしても妻にばかにされるだけだから。

エ 妻が辛夷の花を見つけたのはただのまぐれに違(ちが)いないから。

［　　］

問9 ［　お　］にあてはまることばを考えて書きなさい。

［　　　　　　］

お。雪国の春にまっさきに咲くというその辛夷の花が、いま、どこぞの山の端にくっきりと立っている姿を、ただ、心のうちに浮かべてみていた。そのまっしろい花からは、いましがたの雪が解けながら、その花の雫(しずく)のようにぽたぽたと落ちているにちがいなかった。……

（堀辰雄(ほりたつお)『大和路・信濃路』所収「辛夷の花」新潮文庫）

〈注〉※ 湯治…温泉に入って病気を治そうとすること
※ 外套…オーバーコート
※ 目なかいの…目の前に広がる

問10 次の文章はどの段落とどの段落との間に入れるのが適当ですか。その形式段落の番号を答えなさい。

その晩、その木曽福島(きそふくしま)の宿に泊(＊とま)って、明けがた目をさまして見ると、おもいがけない吹雪だった。

「とんだものがふり出しました……」宿の女中が火を運んできながら、気の毒そうにいうのだった。「このごろ、どうも癖(くせ)になってしまって困ります」

だが、雪はいつこう苦にならない。で、けさもけさで、そんな雪の中を衝(つ)いて、僕たちは宿を立ってきたのである。……

	と		の間

問11 「僕」の旅に対する心情が詩的な表現で最も強くあらわされている部分を探し、最初と最後の五字をぬき出しなさい。

最初					
最後					

5 韻文（詩・短歌・俳句）①

次の文章と詩を読んで、あとの問いに答えなさい。字数制限がある問いでは、句読点・記号なども字数にふくみます。

学習のねらい ▼レトリックを読み取り、情念をとらえ記述する。

ひとは日々、周囲の人々を意識しながら生きています。人と人の間から生じてくるもの——それを世事（せじ）と呼ぶなら、ひとは日々、世事に追われて暮らしています。

世事を無視しては、ひとは生きられない。

しかし、世事だけが人間にとってのすべてではありません。世事に忙殺（ぼうさつ）されて、自分が自然存在でもあることを忘れたとき、ひとは生命感覚を失う。

自分が、いま現に生きている、という感覚を見失うのです。

それに気付いたとき、世事のうちに生きながらも、ひとは無意識のうちに、世事を越（こ）えた何かを求め始めます。

おやすみなさい　　石垣（いしがき）りん

おやすみなさい。

①夜が満ちて来ました
潮（うしお）のように。
②ひとりひとりは空に浮（う）かんだ

……第一連

問1　本文中に紹介（しょうかい）されている「おやすみなさい」の詩を分類すると、以下のどれにあてはまりますか。あてはまるものをすべて選び、記号で答えなさい。

ア　文語詩　　イ　口語詩　　ウ　定型詩
エ　自由詩　　オ　散文詩　　カ　叙事詩（じょじし）
キ　叙情詩　　ク　叙景詩

問2　——線①～③で使われている表現技法をそれぞれ選び、記号で答えなさい。なお、答えは一つだけとは限りません。

ア　直喩（ちょくゆ）　　イ　隠喩（いんゆ）　　ウ　倒置（とうち）
エ　対句　　オ　くり返し　　カ　呼びかけ

①	②	③

地球の上の小さな島です。　……第二連

朝も　昼も　夜も
毎日
何と遠くから私たちを訪れ
また遠ざかって行くのでしょう。　……第三連

いままで姿をあらわしていたものが
すっぽり海にかくれてしまうこともあるように。
人は布団（ふとん）に入り
眠（ねむ）ります。　……第四連

濡（ぬ）れて、沈（しず）んで、我を忘れて。　……第五連

私たち　生まれたその日から
眠ることを［★］して来ました。
それでも上手には眠れないことがあります。　……第六連

③今夜はいかがですか？　……第七連

布団から　やっと顔だけ出して
それさえ　頭からかぶったりして
人は　眠ります。
良い夢を見ましょう。　……第八連

問3　［★］にあてはまる言葉をひらがな三字で答えなさい。

□□□

問4　——線④「裸の島」とありますが、これは何をたとえているのですか。「ている状態」に続く十一字の語句を本文から書きぬいて答えなさい。

□□□□□□□□□□□ている状態

財産も地位も衣装も　持ち込めない
深い闇の中で
みんなどんなに優しく、熱く、激しく
生きて来たことでしょう。

……第九連

④裸の島に深い夜が訪れています。
目をつむりましょう。
明日がくるまで。

……第十連

おやすみなさい。

……第十一連

不思議な詩です。

冒頭、読者は「おやすみなさい」と優しく声を掛けられます。そして最後にもう一度、詩人の「おやすみなさい」という優しい声が聞こえてきます。

読者はそのまま優しい眠りへ引き入れられそうになります。

でも、その優しさはただの日常的な優しさではない。もっと不可思議な感じに満ちています。だからこそ読者はその優しさに引きつけられ、優しい眠りへ引き入れられそうになる。

この詩の不可思議なイメージ。潮のように満ちてくる夜。空に浮かぶ地球の海の小さな島々である私たち。はるか遠くのほうから私たちに近づいてきて、やがてまた遠くへ去って行く朝、昼、夜——（第二、三連）。

そのどれ一つも、私たちは現実に見たことがない。けれど、そのすべてが、詩のことばとともに、読む人の心にありありと現れてきます。

夜になる、朝が明ける——。それは本来、［A］の中で起きることです。しかしここでは、朝も昼も夜も、みな遥かな［B］を移動して私たちのほうへやって

問5 ［A］、［B］にあてはまる漢字二字の言葉をここより後の本文中から書きぬき、それぞれ答えなさい。

A

B

問6 ——線⑤について、「広大な時空の海へ身をゆだねる」のは何のためですか。七十字以内で説明しなさい。

きて、暫（しばら）くののち、また遥か彼方（かなた）へと去って行く。

空間が時間であり、時間がそのまま空間であるような不可思議な遥けさ。広大な時空の海。

眠りとはその時空の海に身をゆだねることであるようです。

「濡れて、沈んで、我を忘れて」、私たちはその遥けさの海の中へ溶（と）け込んで行きます（第四、五連）。

しかし次の第六連から、詩は微妙（びみょう）に変化し始めます。

詩人の優しい声は変わりません。けれど、その優しい声が問い掛けるのです。

今夜は、稽古（けいこ）どおりに、上手に眠れましたか？　と。

眠るのに、稽古が要（い）るかのように。

要るのだと詩人は言います。「生まれたその日から」稽古しないといけない。そうでないと、あの不可思議な遥けさの拡がる、⑤広大な時空の海へ身をゆだねることができない（第六、七、八連）。

それはなぜなのか。

人間が、とかく世事に囚（とら）われるものだからです。

第［C］連の美しくも情熱的なことばを読んで下さい。この優しい詩の中でもそこばかりは詩人の熱い思いが、優しさを少しも失うことなく、しかし激しく迸（ほとばし）っています。

昼の世界は、地位、財産、うわべの衣装によって支配されている。そこではひとは世事に囚われ、自分本来の思い、優しさ、熱さ、自分本来の生命を、生きることができない。だが夜の深い闇の中で、そこでの深い眠りの中で、世事からひとが解放されるときには、ひとは「みんなどんなに優しく、熱く、激しく／生きて来たことでしょう。」

眠りという広大な時空の海は、決して安らぐためだけの場ではない。それはまた昼の世界で失った優しさ、熱さ、激しさを、回復し、生き切るための時空でもあるのです。

声高に語ることの決してなかったこの詩人の深い思いが、いま引用の二行に籠（こ）めら

書き直し用

問7　［C］にあてはまる漢字一字を答えなさい。

れています。

続く最後の二連あわせて四行、詩人から読者への優しいことばの贈り物で、詩は閉じられます。

石垣りんさんは一九二〇年（大正九年）の生まれで、当時の制度で小学校高等科を卒業して（今で言えば、中学二年修了の年齢です）銀行に就職。戦争から、悲惨な空襲と敗戦、戦後の苦しい庶民生活と自らの大病などを経験し、何人もの肉親と死別しながら、そのまま五十五歳の定年（当時の決まりでした）まで働きつづけた人です。石垣さんが働きながら、そしてもちろん定年後にも、高ぶることのないことばで書きつづけた詩やエッセイは、一方で日々の暮らしの時間に根を下ろしながら、同時にいつも、その時間がそのまま、生命や宇宙の広大な時空とつながっていることを暗示しているものでした。

⑥ひとびとの心に届く美しいことばを残して、石垣さんは三年前（二〇〇四年）に亡くなりました。

（柴田翔『詩に誘われて』ちくまプリマー新書）

問8 ——線⑥の一文にこめられた筆者の思いとして最も適当なものを次から選び、記号で答えなさい。

ア　美しい言葉を生み出す人ほど早く死んでしまうことへのなげき。

イ　どんなすばらしい詩を書ける人であっても、死んでしまえばすべて終わりだというあきらめ。

ウ　石垣さんの詩にこめられたメッセージを理解したときにはすでに彼女が死んでいたという無念さ。

エ　石垣さんは亡くなっても、彼女の思いは詩を通して様々な人々に伝わるという希望。

5 韻文（詩・短歌・俳句）②

次の文章は、江戸時代の俳人で画家でもあった与謝蕪村が詠んだ句について述べたものです。読んで、あとの問いに答えなさい。※印をつけたことばについては、本文の後に〈注〉があります。

学習のねらい ▼レトリックを読み取り、情念をとらえ記述する。

春の海ひねもすのたりのたりかな

わずか［あ●●●］の中に、「のたり」を繰り返す勇気とわざ。しかし、この句はどうしても「のたりのたり」でなければならない、他の言葉におきかえることは出来ないとひとたび納得すると、勇気とわざは、必然性の強さで、勇気でもわざでもなくなってしまう。つまりごく自然になる。自然と思わせるところこそ、彼のわざかもしれない。

風の音に［い●］を感じるのが、「古今和歌集」に※親炙した多くの日本人のならいであるように、この句で春の海を見ている日本人も少なくないだろう。①名歌名句には、そのような力があるし、それが、言葉と人間と人間をとりまく世界との※関り方のひとつかもしれない。

いったいに、［う擬態語とか、擬声語の類］は、よほど気を配らないと効果をあげ難く、むしろ逆効果になりがちなものなのに、この句の場合は命中している。夏の海でも、秋の海でも、冬の海でもない、春の海の呼吸である。

※石工の※鑿冷したる清水かな

「清水かな」で季は［え●］。

刃物と冷水の取り合わせが、涼以上の感覚に訴えてくる。水中の刃物の鋭利という

問1 ［あ］～［え］について、次の各問いに答えなさい。

Ⅰ ［あ］にあてはまることばを漢字三字で書きなさい。

Ⅱ ［い］・［え］にあてはまる季節を書きなさい。

Ⅲ ［う］について、次の中から擬音語・擬態語が使われているものを二つずつ選び、記号で答えなさい。

ア いきなり立ち上がった。
イ 教室でわいわいさわぐ。
ウ 空がすっかり晴れた。
エ にっこりとほほえむ。
オ 相手をじろっとにらんだ。
カ 雨がザーッと降ってきた。

Ⅰ	あ					
Ⅱ	い			え		
Ⅲ	う	擬音語	・	擬態語	・	

問2 ——線①「名歌名句には、そのような力があるし」とありますが、「名歌名句には、そのような力がある」ということを、蕪村の「この句」で説明したものとして最も適切なものを、次の中から選び、記号で答えなさい。

ア 「この句」には、勇気とわざで詠んだ「春の海」を、ごく自然なものに思わせる力があるということ。

イ 「この句」には、多くの日本人に、「春の海」の情景や春という季節を感じさせる力があるということ。

着目が非凡と思う。水をもって、こういう種類の「冷」を表現した人が他にいるのだろうか。蕪村の、表現者としての選択眼の非凡と、感度の高さをよく伝えている。

②画家としても一家をなす蕪村を句に感じることはしばしばであるが、これもそのひとつ。物の表にだけ添っているような目に、こういう句は成り立たない。蕪村は、刃物をよんで水の冷たさをあらわし、水をよんで刃物の鋭利をあらわした詩人である。

A 白露や茨の刺にひとつづつ

珍しい景ではない。③見逃し易い景である。生活とは、※些事小事の積み重ねにほかならず、その些事小事をないがしろにしている目に、表現の大きさは望めない。この句の明示は、表現の基本について感じさせる。考えさせる。

句の季は秋。蕪村には、B「みじか夜や毛虫の上に露の玉」の作もある。感動の中心は「みじか夜や」である。

C 斧入れて香におどろくや冬木立

力強い斧の力が裂いた、冬木の切口から立つ香をよんだ蕪村は、寒風寒気に耐えながら、南の風をじっと待つ冬木のうちに、ひっそりとたくわえられている樹液を詠んだ蕪村でもある。この一句が示す外界の乾燥、荒涼と内界の湿潤、生気との対比は、宇宙運行の複雑精妙をよくおさめて大きなひろがりを見せる。まことに句の表現はこのようにありたいもの。

D 水鳥や舟に菜を洗ふ女あり

淡彩の色紙絵に見立てても、四季の山水や行事を描く※月次の屏風絵に見立てても無理のない水景で、ほっとする。こういう句も蕪村にはある。これもまた平凡な日常の些事小事へのいとおしみなしには生まれない句だと思う。

※易水に※葱流るる寒さかな

④この句に感じる厚みは、松尾芭蕉の有名な句「葱白く洗ひたてたる寒さかな」をついあわせて読むせいかもしれない。また、古代中国の、旅立つ※刺客の運命を重ねて見るためもあろう。芭蕉は、いたって即物的に、葱の白根に寒さを詠んでいるが、蕪村

ウ 「この句」には、擬態語や擬声語の効果によって、「春の海」の荒々しさに気づかせる力があるということ。

エ 「この句」には、先人の歌にならうことで「春の海」を伝統美の一つとして納得させる力があるということ。

□

問3 ――線②「画家としても一家をなす蕪村を句に感じる」について説明したものとして最も適切なものを、次の中から選び、記号で答えなさい。

ア 蕪村の句には、家族の生活を支えている画家としての誇りと、当時の画壇に対する自信が感じられるということ。

イ 蕪村の絵には表現者としての感度の高さが認められ、それが句よりもいっそう強く感じられるということ。

ウ 蕪村の句には、絵と同じように、題材の取り合わせの非凡と、物の本質をとらえる優れた感覚が感じられるということ。

エ 蕪村の絵には、句を作ることによって体得した、表現の基本とそれを発展させた技術が感じられるということ。

□

はその芭蕉を、「葱」と「寒さかな」ではっきりと踏みながら、※追随でも繰り返しでもない新たな句境に自分を出している。

先人に敬意を表してそのあとを慕い、辿り、しかし結果は、先人を越える次元に自分の作品をみのらせている例のひとつが、芭蕉の「おくのほそ道」であるが、拡大してゆけば、芭蕉の俳諧全体に⑤その志向をみることも出来る。蕪村とても例外者ではない、と言い得る証しのひとつが、この「易水に」の一句。

人質となって※秦にあった※燕の※太子が、秦王の冷遇に耐えられず逃げ切ってくる。荊軻なる人が刺客として選ばれ、太子のために秦王を刺しに遣わされることになる。「※史記」の「刺客列伝」には、太子と※賓客たちが、白装束で易水のほとりに出て彼の旅の安全を祈り、別れの酒宴を張って見送ったことが記されているが、その中にこういうところがある。

「風、※蕭々として易水寒し　※壮士、一たび去って復たび還らず」

名句鑑賞の感銘とは、東といわず西といわず、かつて在った人々の生をも、ともに読む感銘でもあろう。蕪村の水の句における幾変化は、蕪村に映じた人間の幾変化であったかもしれないと思う。

（竹西寛子『庭の恵み―古人とともに』所収「与謝蕪村の水」河出書房新社）

〈注〉
※　親炙…親しく接してその感化を受けること
※　石工…石を切りだす人。石に細工をする人
※　鑿…木材や石材などを割ったりほったりする工具
※　些事小事…ささいなこと
※　月次の…月ごとの
※　易水…中国の川の名
※　葱…「ねぎ」のこと
※　刺客…暗殺者

問4　══線A～Dの句について、次の各問いに答えなさい。

Ⅰ　A～Dの句に共通して感じられるのはどのような心情ですか。文中から十七字でさがし、はじめの五字を書きぬきなさい。

Ⅱ　Bの句の季節を答えなさい。

Ⅲ　次の文章に最もよくあてはまる句を一つ選び、A～Dの記号で答えなさい。また、左の文中の「◎◎◎」にあてはまる言葉を答えなさい。

確固とした自然の摂理が、一句に詠み込まれている。季節の推移を隠れている「水」に感じ取り、感動が◎◎◎の「や」に込められている。

句　◎◎◎

問5　――線③「ないがしろにしている」とありますが、ここでいう「ないがしろにしている」の意味に最も近いものを、次の中から選び、記号で答えなさい。

ア　軽視している　　イ　無駄にしている
ウ　批判している　　エ　回避している

※追随…まねする事

※秦・燕…ともに古代中国の国名

※太子…王子

※「史記」の「刺客列伝」…中国の歴史書「史記」の中で、多くの刺客（暗殺者）の伝記を記したもの

※賓客…大事な客

※蕭々…蕭々（しょうしょう）。もの寂（さび）しく風が吹いたりする様子

※壮士…意気さかんな勇者。ここでは荊軻をさす。暗殺は失敗に終わり、荊軻は殺されてしまった

問6 ――線④について、この句に「厚み」を感じるとはどういうことか、適切なものを選び、記号で答えなさい。

ア　実景を即物的に詠んだこの句に、芭蕉とは異なる新たな句境が感じられるということ。

イ　芭蕉のほうが、より先人を越える次元に自分の作品をみのらせていると感じられるということ。

ウ　かつて芭蕉が見た日常風景よりも、易水の水景をいっそう強調していると感じられるということ。

エ　この句に、芭蕉の句や荊軻という先人の生が重ね合わされていると感じられるということ。

問7 ――線⑤「その志向」とありますが、どのような志向ですか。文中のことばを使ってまとめなさい。

5 韻文（詩・短歌・俳句）③

学習のねらい ▼レトリックを読み取り、情念をとらえ記述する。

次の文章は、「平成版歌合せ二十四番勝負」と称して、数多くの歌人がグループに分かれて短歌の優劣を競う催しを実況解説した文章です。決められた「題」で作った短歌をめぐり、グループの成員（ここでは「紫方」と「くれない方」の「念人」）双方が、自陣の歌がどれだけ相手より優れているかを言い合って援護射撃もします。そして最後に判者（審判員）が判定をくだします。この文章を読んで、あとの問いに答えなさい。字数制限がある問いでは、句読点・記号なども字数にふくみます。※印をつけたことばについては、本文の後に〈注〉があります。

前半戦最後の五番勝負は「門」である。（略）

城門は脚より昏れて夏の馬うなずきながら今日を閉じゆく　梅内美華子

夕闇にとろりと門は融けはじむ背に膨みてゆくさくらばな　永田和宏

ともに門を配するに夕景をもってした。単なる偶然の一致というよりは、磨き抜かれた短歌的感性が、半ば必然的に同じような状況設定に到達したとみるべきだろう。確かにこうしてみると、門には夕景がよく似合う。（略）

まずは紫方。「城門は脚より昏れて夏の馬うなずきながら今日を閉じゆく」。

わたしは最初「城門に脚はないからこのフレーズは無理だ」と考えていた。

問1 文中の二つの短歌を、次の俳句の例にならい、定められた音のまとまりごとに斜線を入れて区切りなさい。

例　古池や／蛙とびこむ／水の音

城門は脚より昏れて夏の馬うなずきながら今日を閉じゆく
夕闇にとろりと門は融けはじむ背に膨みてゆくさくらばな

問2 ——線①「その美しい円環構造」とありますが、ここから——線②「どうです。ため息が出るほど美しいでしょう」までの一連の文章が「円環構造」になるよう、●・▲・■の中に短歌の一部をぬき出して入れなさい。

●	
▲	
■	

問3 ——線②「どうです。ため息が出るほど美しいでしょう」について。この解説文では他の文章の文末は「だ・である」調（常体）なのに対し、この部分だけ、「です・ます」調（敬体）です。ここから筆者のどんなようすがうかがわれますか。考えて述べなさい。

が、よく考えてみたら城門に脚があるのだ。確かに戦うための城の門には、そんなものはないが、都の門や寺の門には四本の脚が、たとえばキリンの足のように並んでいる。これを四足門と言う。

本歌は「城門は脚より昏れて」で軽く切れた後、「夏の馬」が登場する。動物の脚を思わせる城門の脚から、馬へのイメージの流れはきわめて自然である。

その「夏の馬」が、①「うなずきながら今日を閉じゆく」のだという。

本歌で注目すべきはその美しい円環※構造である。「●の風景」→「昏れゆく●の▲」→「同じく▲より昏れてゆく夏の■」→「■がうなずく」→「うなずくようにして一日を閉ざしてゆく●」→「再び●の風景」。②どうです。ため息が出るほど美しいでしょう。

更にはまた、イメージ的にもきわめてよく構成されている。

「城門」の静かな威厳と「夏の馬」の精悍さ奔放さは、対比であるとともに、どこか底暗いイメージで通底している。③「夏」という季節設定もいい。これが「a の」だと安らぎが出てしまうし、「b」だとイメージがひろがらない。「c」では、のどかになって問題外。やはり悍馬※を想像させる「夏」がいい。

その「夏の馬」が、しずしずと閉じてゆく城門にあわせるように、首を振っているのだ。晩夏光には独特のアンニュイ※な感じがある。「夏の馬」もまた「脚から昏れ」ながらどこかアンニュイな感じで首を振っているのだろう。そうしたすべての印象をひっくるめて「今日を閉じゆく」と書き留めた作者の資質は、やはりなまなかではない。

さまざまな意味で大きいと感じさせられた歌だった。

くれない方は「夕闇にとろりと門は融けはじむ背に膨みてゆくさくらばな」。（略）

上の句「夕闇にとろりと門は融けはじむ」。後に念人たちの間で、とろりと門が融けるのは比喩ととるべきか、あるいは本当に融けつつあるととるべきか、というやりとりがなされた。

問4 ——線③「『夏』という季節設定も〜いい」について。

1 文中の a・b・c には春夏秋冬のうちのいずれかの季節名が入ります。それぞれにふさわしい季節名を入れなさい。

a
b
c

2 ここでは筆者から「夏」という季節設定が賞賛されています。しかし別の場面では、他の人から別の評価がされています。そこでは「夏」のことを何と呼んでいますか。文中の二字で答えなさい。

問5 ——線④「めくるめく不安感」とはどんな意味ですか。次の中から適切なものを選び、記号で答えなさい。

ア 一枚一枚めくって、はがしていくようなじわじわした不安感

イ めったやたらと生まれ出てくるような不安感

わたしは後者、つまり本当に融けつつあるととる方が※リーズナブルだととった。

なんとなれば「とろりと」のかもしだす雰囲気が、現実離れしているからだ。作者は、実景からヒントを得たにせよ、少なくともこの歌の中では実景とはかけ離れた、※ダリ風の新しい※心象風景を志向しているように思われる。

となれば、当然「背に膨みてゆくさくらばな」も実景の比喩ととらえるべきではない。心象の中で、本当に桜の花が膨らんでゆくととらえるべきだろう。

このあたり、現代絵画に通じた方なら簡単にイメージできる世界だと思う。

ただ問題は「背に膨みて」の「背に」はいったい何の背であるかという点である。候補はふたつ。

ひとつは、とろりと融け始めた門の背であるというとり方。つまりとろりと融けた門の背後に、急速に桜の花が膨らみ始めたととる。これだと多少誇張はなされているが、基本的には一幅の絵画として受容することが可能である。

もうひとつは、門を眺めている「わたし」の背中で、桜が膨らみ始めたととる読み。これだと、視点が分裂して（自分の背中の桜が見えるはずはない）絵画的安定を失うかわりに、今度は「わたし」の④<u>めくるめく不安感</u>が一首を覆うことになる。

わたしの第一勘は後者の解だった。

なんとなれば、その方がこの歌の持ち味である、［あ］ような気分がより強くなるように思えるからだ。が、まあ、このあたりは読み手が好みで解釈すればいいことであろう。

念人たちの議論に入る。

穂村「夕闇の深まりにつれて、自分の［d］にある『門』がだんだんその中に融けこんでゆく。それに反比例するように自分の［e］の『さくらばな』の質感が増してゆく、という意味合いの歌だと思うんです。闇に融けてゆく『門』はおそらく色がついてない。暗色に近い色で『とろりと』闇の中に融けこんでゆく。それに対して『さくらばな』が、『膨み』ながら白く浮き出てくるんですね。この

ウ　めらめらと燃え上がるような不安感

エ　めまいをおぼえるような不安感

問6　［あ］にはどんな表現が入るのが適切ですか。次の中からもっともふさわしいものを選び、記号で答えなさい。

ア　さみしい道を一人で歩んでいる

イ　遠い物音に耳を澄ませている

ウ　悪夢の中でうなされている

エ　深い海の上を漂っている

［　］

問7　［d］と［e］には対になる一語が入ります。dとeの二つをつなげて二字の熟語にしなさい。

［　］［　］

問8　――線⑤「紛れる」とありますが、もともとはもっとふさわしい言い方が書いてありました。その言い方を、前後の文脈から考えて次から選び、記号で答えなさい。

ア　紛れてしまう　　イ　紛れるだろう

ウ　紛れるはずだ　　エ　紛れるかもしれない

［　］

対比が面白い。

次に『門』という、そこを通ってどこかへ行くことのできる場所が、夕闇⑤に紛れるという※焦燥感と、『さくらばな』が泡立つように増殖していく暗い歓喜の対比も面白いですね。おそらく自分は暗い歓喜の方にひかれているんでしょうね。そしてついには『門』は完全に見えなくなってしまうという。なかなか※セクシャルな歌だと思います」

見事な解釈である。ツボに嵌ったときの穂村弘の批評には、難解な※幾何学の問題をたった一本の補助線でするすると解いてゆくような、爽快感が漂う。

加藤「でも、梅内さんの歌はそんな簡単な歌じゃないんだな」

穂村「そんなふうに言ったら、永田さんの歌が簡単な歌みたいに聞こえるじゃないか」（略）

奥村「（略）永田さんの歌はですね、ちょっと決まりすぎというかな、まず『門』があってその向こう側に『さくらばな』があってと、構図としてはひじょうにできてるんですよ。（筆者注、奥村晃作は『背に膨らみてゆくさくらばな』の『背』を『わたし』の背でなく、『門』の『背』であると見ている。）それでもって比喩的な部分をとっても『夕闇にとろりと門は融けはじむ』『背に膨らみて』とまことによくできている。それだけ逆に見え透いているような印象がありますね」

吉川「いや、⑥これを比喩ととったら面白くないわけですよ。やっぱり『門』はダリ的に融けてゆくんです。ですから『さくらばな』もほんとに膨らんでゆく。さっき穂村さんがひじょうにうまく説明されましたが、通路の入り口である『門』が融けてゆくのに対し、背後の『さくらばな』が膨らんでゆく。『さくらばな』は殺気のようですらありますね」

「さくらばな」が殺気であるという見方は面白い。言われてみるとそんな空気も漂っている。

問9 ——線⑥「これを比喩ととったら面白くないわけですよ。やっぱり『門』はダリ的に融けてゆくんです」とありますが、この歌のどんなところがそう思わせる理由ですか。その理由が三十五字以内で書かれている一文をさがし、最初の十字をぬき出しなさい。

問10 ——線⑦「『さくらばな』はないですよねえ」について、

1 どういう意味合いで「ないですよねえ」と言っているのですか。この主張の理由としてふさわしくないと思われるものを、次から一つ選び、記号で答えなさい。

ア 語呂がよすぎる「さくらばな」では、かえって浅い感じになってしまい、上の句の深さとつりあわないから。

イ 「さくらばな」という言い方は直線的でかたい印象を与え、とろりと融ける門のふんいきをこわすから。

ウ 「さくらばな」というひらがな五音の連なりが平面的に見え、ぺたりとした風景を思わせるから。

エ ひらがなの「さくらばな」は、漢字の「桜」より平易な、俗っぽい印象を与えてしまうから。

東「みなさんの話を聞いていると、永田さんの歌がひじょうに深いってわかるんですけど、⑦『さくらばな』はないですよねえ。おかげで、ただの浮世絵というか風景画になっちゃってます。どう考えても『さくらばな』は惜しいし、『とろりと』も一考の余地がありますね」

ここで※方人グループの三枝昂之が後衛から身を乗り出した。黙っていられなくなったのであろう。

三枝「⑧両方面白い歌だと思ってるんだけど、門と夕暮れという点では共通してるんですね。それに梅内さんは『馬』を配し、永田氏の方は『さくら』を配置したわけで、その意味でも近い設定の歌だと思います。ただ肝心なことは永田氏の歌は春の季節の気配を、ひじょうにうまくつかまえているということ。夕暮れの雰囲気をきちっとつかまえるというのは、歌では難しいんだけど、それがきちんと成功しています。梅内さんのほうもいいんだけど、永田氏の歌に比べて異物が入っていて、それで快感が損なわれる。その異物というのは『夏』なんです。『夏の』がなければうまくまとまっていたような気がする」

さて、みなさんはどのような判定をくだされただろうか。

わたしは内容的には両者互角だと思った。あとはスケールの大きな「夏の馬」を取るか、複雑微妙な味わいの「さくらばな」をとるかであるが、個人的には「夏の馬」のアンニュイにひかれるところが大きかった。（以下略）

（小林恭二『短歌パラダイス』所収「［い］」岩波新書）

〈注〉※円環構造…円のようにぐるりとひとまわりするしくみ

※悍馬…気性のあらい馬

※アンニュイな…けだるそうな

※リーズナブル…理にかなっている・理解しやすい

※ダリ風の…ダリの絵のような。ダリは、現実にありえない世界をえがいて、

2 「さくらばな」について、この――線⑦とまったくちがう感じ方が別の人から表明されています。その人は「さくらばな」をどのようだと言っていますか。五字ちょうどでぬき出しなさい。

3 問4での「夏」もそうですが、これらのように一つの語句・一つの短歌をめぐってまったく逆の評価がくだされる可能性があること、そしてそんな可能性のはば広さを筆者が積極的にみとめていることがうかがわれる一文が、文中に二つあります。それぞれの文頭の四字をぬき出しなさい。

・

問11 ――線⑧「両方面白い歌だと思ってるんだけど、門と夕暮れという点では共通してるんですね」とありますが、

1 筆者もまた、こうした共通性について文中でふれています。筆者の見解が書かれた段落をさがし、その最初の行数番号を算用数字で書きなさい。

それまでの常識をくつがえした二十世紀を代表する画家の一人

※ 心象風景…心にイメージされる風景

※ 焦燥感…あせりにかられる気持ち

※ セクシャル…色っぽい

※ 幾何学…図形の学問

※ 方人グループ…短歌のよみ手グループ。本来は批評合戦には加わらない

2 筆者はこうした内容にふさわしい題［　い　］をこの文章につけています。その題としてもっともふさわしい表現を、文中から十字程度でぬき出しなさい。

3 「門と夕暮れ」について。「門→夕暮れ」へと歌人の連想がはたらくのはなぜでしょうか、その理由を考えて自分のことばで述べなさい。

6 気持ちのもつれあいを読み取る

学習のねらい ▼登場人物の複雑な気持ちのやりとりを的確に読み取る。

次の文章を読んで、あとの問いに答えなさい。字数制限がある問いでは、句読点・記号なども字数にふくみます。

神谷新二（俺）は、神奈川県相模大野に住む高校二年生。中学卒業まではサッカーをやっていたが、高校では陸上部に所属している。新二の兄・健一は今春、高校を卒業し、プロのサッカー選手になり、将来を期待される選手として注目を集めている。現在は、サッカーチームのある静岡県磐田市で暮らしている。今日は新二の陸上の試合があり、両親も見に来ていた。

ウチの親、どのへんで見てるんだろ。（中略）

部員の兄弟が試合を見に来てたりすると、①なんか胸がシクッとするね。健ちゃんが、いつか、オレの試合を見に来てくれたらって、切ない夢だし。でも、実際に健ちゃんになんか来られたら、俺、異常緊張しちまって、どうにもならないかも……。

あれ？　母さんと父さんだな。

おいおいと思うほどの勢いで人込みをかきわけてスタンドの通路を走ってくる。何をあわててるんだ？　こんな混雑したところで、そんな急いだら迷惑だろう。なんか様子が変だ。母さん……泣いてる？　なんで？

「母さん！」

俺は大きな声を出した。

問1 ——線①「胸がシクッとする」に最も近いことばを次の中から選び、記号で答えなさい。

ア　ほほえましい
イ　落ちつく
ウ　さびしい
エ　おどろく

□

問2 [A]～[D]に入ることばとして最もふさわしいものをそれぞれ選び、記号で答えなさい。なお、記号は一度しか使えません。

ア　悪魔　　イ　神様
ウ　馬鹿　　エ　天才
オ　冗談　　カ　本音
キ　子供　　ク　大人

A	B	C	D

問3 ——線②、③について。どのようなことに対して「ショックを受けた（②）」り、「ほっとした（③）」のですか。②は十五字以内で、③は二十字以内で答えなさい。

「母さん！」

　こっちも人をかきわけて近づいた。

「新ちゃん……」

　母さんは俺に気づくと、おろおろした泣き顔で、いきなり俺に抱きつき、ぎゅっと抱き締めた。

「新ちゃん……」

　頭が動かなくなるくらいビックリした。

「ど、どうしたの？」

　父さんの顔を見る。青い顔だ。見たことがないくらいひどい顔つきをしてて気分でも悪いみたいだった。

「ちょっと用事ができた」

　父さんは吐き気を飲み込むように、何かをこらえるようにしゃべった。

「悪いけど行かなきゃいけない。試合、見れなくて悪いな。あとで連絡するから家に帰っててくれ」

「どうしたの？　何かあったの？」

　ただごとじゃないのは［　A　］だってわかる。

「仕事のトラブルだ。ちょっと遅くなるかもしれない。とにかく電話するよ。行こう！」

　父さんは、母さんを俺から引き剥がすようにして、腕を引っ張った。

「悪いな。新二」

「待ってよ！」

　俺は叫んだけど、父さんは母さんを引きずるようにしてぐいぐいと行ってしまった。

（中略）

　仕事のトラブルで、どうして、母さんが一緒に行く？　母さんがあんなふうに泣いたりするような仕事のトラブルって何かある？　嘘だ。母さんがあんなふうになるのは、健ちゃんのことだけだ。健ちゃんと俺――［　B　］のことだけ。（中略）

②	③

問4　――線④「父さんは一瞬黙った」とありますが、それはなぜですか。その理由として最もふさわしいものを次の中から選び、記号で答えなさい。

ア　健一のことを新二にどのように説明しようか、少しとまどったから。

イ　健一のことを心配する新二の様子に感動し、すまないと思ったから。

ウ　新二は健一のことを知らないと思っていたので、おどろいたから。

エ　新二に仕事のトラブルだと嘘をついたことを責められているのだと感じたから。

［　　］

健ちゃんに何があったんだ？　俺はどうしたらいいんだ？　家に帰って待ってろって父さんは言った。電話するからって。それ、いつだよ。いつまで、わけわかんないままで、こんな心配してなきゃいけないんだ。（中略）

試合終了後、兄の所属するサッカーチームの事務所に電話をし、兄が交通事故に遭ったことを知った「俺」は、陸上部の顧問であるみっちゃん（先生）にお金を借り、新幹線で磐田に向かいます。

どういう事故で、どれだけの怪我を負ったのか——詳しいことを事務所の人に聞かなかった。彼女も知らなかったかもしれないけど、とにかく俺は病院を聞き出すだけでやっとだった。新幹線の座席でも、頭に浮かぶのは一つのことだけ——健ちゃんはサッカーをできるのか？

命に別状はないと教えてもらったからこそ考えられることなんだろうな。あの電話で俺は②ショックを受けたのと同じくらい③ほっとしたのは確かだ。最悪じゃない。健ちゃんが死んじまったわけじゃない。だけど、もし、選手生命にかかわるような怪我だとしたら、最悪じゃないとはとても言えないんだ。サッカーをするための身体は、健ちゃんにとって命そのものだ。

小田原を過ぎたあたりで携帯が鳴った。父さんからだ。今頃なんだよと思いながら、改めて事故のことを聞かされるのが恐かった。車室を抜けてドアのところに走った。

「新二？　連絡できなくて悪かった」

「どこ？　病院？」

俺が聞くと、④父さんは一瞬黙った。

「知ってるのか……？」

「健ちゃんは？」

「うん」

問5　[　⑤　]に入るものとして最もふさわしいものを次の中から選び、記号で答えなさい。

ア　自分に言い聞かせる
イ　怒りがおさまらない
ウ　あっけらかんとした
エ　明らかに嘘をついている

[　　]

問6　波線「事故のわりには、これでもまだよかったんじゃないか」と言ったときの父さんの気持ちを説明しなさい。

[　　　　]

と父さんは言った。少し間をあけて、

「大丈夫だ」

「どんな怪我？」

「まあ……あちこちだが……。事故のわりには、これでもまだよかったんじゃないか」

⑤ような父さんの口調だった。

あちこち？　まだよかった？

「車同士の衝突だ。カーブの多い見通しの悪い道らしい。健一は普通に運転してたんだが、対向車がむちゃくちゃ飛ばしていて出会い頭にぶつかったんだ。ハンドルを切ったがよけきれなくて横に衝突された」

「意識……はあるの？　健ちゃん」

「ああ、それは大丈夫だ。しっかりしてる。頭は少し打ってるが問題なさそうだ。内臓の損傷もない。肩と腕の骨折も手術はいらない。ただ、足が……」

「足……」

新幹線がトンネルに入って接続が切れた。短いトンネルが⑥の闇に思えた。

⑦携帯のハタが立つと、俺のほうからかけた。

「足って？」

いきなり俺は聞いた。

電話がつながってないんじゃないかと思うくらい父さんはなかなか返事をしなかった。

「膝をダッシュボードにひどくぶつけたんだ。右膝の靭帯の損傷が……」

また電話が切れたが、俺はかけ直さなかった。

右膝って言ったよな？　右は、健ちゃんの利き足。

自分の右膝がこなごなになったように、鋭い痛みを覚えた。いてえ。膝。俺の膝なんか痛くてもいいんだけど。健ちゃんの足は、この世の宝だ、二つとないものだ、かけがえのないものだ。

書き直し用

問7　⑥にふさわしい二字熟語を考えて答えなさい。

なんでだ？

神様？　なんでだ？

病室に入るのが恐かった。どんなに心配しても、どんなにショックを受けても、俺はまだ起きたことをどこかで信じていなかった。どうしても、悪い夢か［　C　］のようにしか思えない。

外科病棟の大部屋。健ちゃんは病院の服を着てベッドで目を閉じていた。足——包帯でかためてある足をまともに見られない。健ちゃん、眠ってるの？　病院のベッドで目を閉じている、青ざめた、傷だらけの顔の男が健ちゃんだとはとても思えなかった。健ちゃんの顔をしていても、目の前で見ても、俺はまだ信じられなかった。

どのくらい、俺はそこに固まっていたんだろう。父さんと母さんがいるのに気づくまでに、しばらく時間がかかった。母さんは椅子に座って身動き一つせず、父さんは立ったまま、俺のほうを見てうなずいた。

健ちゃんが目を開いた。その目は俺のほうを向いているけど、俺を見ているのかどうかわからなかった。声が出せなかった。恐かった。悲しいとかつらいとかいうより、ただ恐かった。事実が。事故が。大怪我した健ちゃんが。運命——みたいなものが。ありえない打撃を食らわした運命が。健ちゃんの目が。俺を見ていて、見ていない目が……。それでも、何か言おうとして、息を吸って吐いた。

「新二」

健ちゃんのほうがしゃべった。

俺がわかるんだ……。そんなことにほっとする。

「何してるんだ？」

健ちゃんの目にはやっと表情というものが表れて、俺を見ていた。見たことのない表情だった。冷たい、暗い、激しい……。

⑧「そんな格好で来るなっ」

問8　——線⑦「『足って？』いきなり俺は聞いた」とありますが、このときの「俺」の気持ちとして最もふさわしいものを次の中から選び、記号で答えなさい。

ア　余裕のない父さんにかわって「俺」がリードして話を進めようと気負う気持ち。

イ　健ちゃんの利き足が負傷したと聞き、目の前が真っ暗になったような気持ち。

ウ　大事なことを早く言ってくれない父さんに対し、イライラしている気持ち。

エ　健ちゃんの大事な足がどうなったのか心配でいてもたってもいられない気持ち。

［　　］

問9　——線⑧「そんな格好」とありますが、どのような格好だったのですか。それが最もよくわかる一文をさがし、はじめと終わりの五字ずつを書きぬきなさい。

最初					
最後					

⑨健ちゃんは怒鳴(どな)った。

「そんな格好で病院に来るなっ。帰れ！」

「健ちゃん……」

母さんがあわてて立ち上がった。

「帰ってくれっ！」

健ちゃんは大声で怒鳴った。

俺は一、二歩後ずさって、尻餅(しりもち)をつきそうになった。膝に力が入らない。病室を出た。そのまま病院を出た……らしい。どう歩いたのか覚えていない。

「新二っ」

病院を出たところで追いかけてきた父さんに呼びとめられた。

「気にするな。ちょっと、健一は気が立っている。だいぶ痛みがあるみたいで」

「健ちゃん、治るのかなあ」

俺はぼんやりした声で言った。父さんにというより、［　D　］に尋ねた。

⑩「それは、これからだ。色々……。色々やらないと」

父さんはゆっくりと答えた。

「医者がダメだと言ったって治ったケースもある。足がなくなったわけじゃない。まるで動かなくなるわけじゃない」

「医者はダメって言ったの？」

俺は聞きとがめた。

「そうは言わないよ。ただ、父さんと母さんに説明してくれただけだ。手術が必要でリハビリを含(ふく)めて一年以上はかかるだろう。復帰できるかどうかは、今の段階ではわからないと」

「わからない……」

それはダメということではないが、今の俺には限りなくダメというニュアンスに響(ひび)いた。

問10　——線⑨「健ちゃんは怒鳴った」とありますが、このとき「健ちゃん」はどのような気持ちでいたのですか。丁寧(ていねい)に述べなさい。

「駅前にホテルを取ったんだ。先に行っててくれないか。母さんが病院を動かないと言い張るんだが、なんとか連れていくから」

父さんは言った。

「帰るよ」

俺は言った。

「家に帰る」

健ちゃんに「帰れ」と言われたし。

「新二。⑪健一は……」

父さんが言いかけたのを遮った。

「今日、試合だったからね。疲れたから帰る」

しょうがねえよ、朝からこういう格好だもの。他に着替えなんてないもの、ユニしか。ランニングにランパンのユニしか。

父さんはうなずいた。父さんがタクシーを呼んでくれて、持ってるというのに金も渡してくれた。そうだな。みっちゃんに早く返さないとな。

終点と言われて電車を降りた時、どこにいるのか、しばらくわからなかった。眠っていたわけじゃない。眠くない。ただ、脳が機能していなかった。何度かメールが来た。電話もかかってきて、たいていの人が眠っている車内にやかましく鳴り続ける着メロに気づきもせず、隣の人に教えられて電源を切った。誰からかかってきたのかと考えることさえしなかった。思考と感情が停止していた。

次のどの電車に乗るか考えるのがイヤだった。ここが沼津で、時刻が十一時半近いことをぼんやりと知った。掛川で新幹線に乗り替えるのを忘れて、東海道線の終点まで来てしまったのだ。ホームのベンチにどさりと腰を下ろした。ここにいれば、いつかは次の電車が来るだろう。

電車はさっぱり来なかった。終電だったのかもしれない。そのほうがいいような気がした。真夜中に、自分にまったく関係のない場所にぽんと投げ出されている状況

書き直し用

問11 ——線⑩「それは、これからだ。色々……。色々やらないと」とありますが、「色々」とは具体的にはどのようなことですか。文中から二つ書きぬきなさい。

が奇妙に心地好かった。磐田からは遠く、相模大野もまだ遠かった。下りのホームにはたまに電車が来るので、駅は無人じゃない。でも、がらんとしていた。異様に静かだった。風が冷たく、暗い町並みの中に見える灯りもしんと冷たそうに見えた。寒い。なぜか疲れを感じない身体も寒さは感じる。肩をすぼめて腿を手でこすった。冷えちまうな。走ったままの身体だった。（中略）こんな夜風に当たっていたら筋肉がイカれるな。

どうでもいい。⑫健ちゃんの膝が壊れてしまう——そんなありえないことが起こるんだ。絶対にあってはならないことが起こるんだ。俺の身体がどうなったってかまうもんか。

朝まで待つんだと覚悟していたが、三時前に電車がやってきた。夜行だ。俺は乗り込んだ。こんなに寒くなかったら乗らなかったかもしれない。家に帰りたくなかった。誰かに健ちゃんのことを話したりしたくなかった。知ってる奴には誰も会いたくなかった。

電車の音と振動に包まれて夜の中を走るのは、妙に安らかな気持ちがした。黒い景色しか見えないのがいい。誰もが眠っているのがいい。夜の電車の音は昼とは違う気がした。

（佐藤多佳子『一瞬の風になれ　2』講談社）

問12　——線⑪「健一は……」の「……」にこめられた内容としてふさわしくないものを一つ選び、記号で答えなさい。

ア　いまは、気持ちが高ぶってるだけなんだ
イ　まだ現実を受け入れられていないんだ
ウ　お前のことが憎いわけじゃないんだ
エ　医者に言われたことにショックを受けてるんだ

[　]

問13　——線⑫「健ちゃんの膝」とありますが、健ちゃんの足を「俺」はどのようなものだと感じていますか。それが最もよくわかる一文をさがし、はじめと終わりの五字ずつを書きぬきなさい。

最初					
最後					

7 人の心ってわからないよね①

次の文章を読んで、あとの問いに答えなさい。字数制限がある問いでは、句読点・記号なども字数にふくみます。※印をつけたことばについては、本文の後に〈注〉があります。

学習のねらい ▼**不可知なる人の心をありのままにうけとる。**

昭和十年ごろ、神戸市灘区の東はずれにある六甲小学校で髪の毛を長く伸ばしている男の子はぼくだけだった。（中略）今こそ、あの辺りは大きな住宅地になっているが、当時、小学校のまわりはネギ畑と農家とが拡がり、その畑の中を阪急電車が走っていた。生徒の大部分は百姓の子供である。（中略）

東京の学校とちがって生徒たちはマサルだのツトムだの、名前を呼びすてにされていた。ただ、ぼくだけが教室の中で「戸田君」と教師から声をかけられる。他の子供たちもそうした差別をとりたてて、ふしぎがりはしない。それはただ、ぼくが百姓の子ではない、というためだった。ぼくの父は学校のすぐ近くに開業している内科の医者だから、※師範を出たきりの詰襟の教師達には医者だの、医学博士だのという看板にはやはり敬意をはらったのかもしれぬ。のみならず一年からずっと通信簿※で全甲をとっているぼくは体こそあまり強くはなかったが、この小学校では将来、上の学校に進学する、ただ一人の子供だったのだ。

毎学年、学芸会では必ず主役をやらされ、展覧会では絵にも書き方にもきまって優等の金紙をはられるようになると、ぼくは大人たちを無意識のうちに［　①　］にかかった。大人たちというのは詰襟を着た師範出の教師たちのことであり、ま

問1 ［　①　］に入ることばを文中から五字以内でぬき出しなさい。

問2 ——線②「敵意とも嫉妬ともつかぬ感情」とありますが、「ぼく」がそのような感情を持った理由として最もふさわしいものを次の中から選び、記号で答えなさい。

ア　眼鏡を指で上げながら、なまいきにも、ぼくの方をじろりと見たから。
イ　東京から転校してきた子で、髪を長くのばし、いかにもかしこそうだったから。
ウ　東京から転校してきた子なので、ぼくの優越感をおびやかす子と思われたから。
エ　東京から転校してきた子なので、ぼくよりも作文が上手だろうと思ったから。

問3 ——線③「新入生のことを教師が若林クンと呼んだことが、ぼくの自尊心を傷つけた」とありますが、それはなぜですか。その理由を五十字以内で説明しなさい。

た父親や母親のことでもあった。どうすれば彼等がよろこぶか、どうすればホメられるかを素早くその眼や表情から読みとり、時には無邪気ぶったり、時には利口な子のふりを演じてみせるにはそれほど苦労もいらなかった。本能的にぼくに期待しているものが、純真であることと賢いことの二つだと見抜いていた。あまり純真でありすぎてもいけない。けれどもあまり＊賢こすぎてもいけない。

五年生になった新学期の最初の日、教師が一人の新入生を教室に連れてきた。首に白い繃帯をまき眼鏡をかけた小さな子だった。教壇の横で彼は女の子のように眼を伏せて床の一点をみつめていた。

「みんな」黄ばんだスポーツ・パンツをはいたその若い教師は腰に手をあてて大声で叫んだ。

「東京から転校してきた友だちや。仲良うせな、あかんぜ」

それから彼は黒板に白墨で若林稔という名を書いた。

「アキラよ、この子の名、読めるか」

教室はすこし、ざわめいた。中にはぼくの方をそっと振りかえる者もいる。その若林という子がぼくと同じように髪の毛を長く伸ばしていたからである。ぼくといえば、多少、②敵意とも嫉妬ともつかぬ感情で、その首に白い繃帯をまいた子供を眺めていた。鼻にずり落ちた眼鏡を指であげながら、彼はこちらをチラッと盗み見ては眼を伏せた。

「みんな、夏休みの作文、書いてきたやろ」教師は言った。

「若林クンはあの席に坐って聞きなさい。まず、戸田クン、読んでみろや」③新入生のことを教師が若林クンと呼んだことが、ぼくの自尊心を傷つけた。この組で君をつけて呼ばれるのは今日までぼくが一人だけの特権だったからである。

命ぜられるままに、たち上って作文を読みはじめた。④何時もなら、この時間はぼくにとって楽しいものなのだ。自分の書いたものを模範作文として皆に朗読することは大いに虚栄心を充たしてくれたのだが、この日は読みながら、心は落ちつかなかった。ななめ横の椅子に腰をおろした新入生の眼鏡が気になったのである。彼は東京の小学

問4　――線④の理由として最もふさわしいものを次の中から選び、記号で答えなさい。

ア　自分の気持ちをクラスの皆に分かってもらえるから。

イ　自分の作文を通してクラスの皆の心を豊かにできるから。

ウ　自分の自主性をクラスの皆の前で発揮できるから。

エ　自分の優秀さをクラスの皆の前で誇示できるから。

問5　――線⑤について、これはどのような「場面」ですか。次の中から適当なものを二つ選び、記号で答えなさい。

ア　病気の木村君を見まおうと考えた。

イ　蝶の標本箱を木村君にあげるのが惜しくなった。

ウ　蝶の標本箱を木村君にあげようとした。

校から来ている。髪の毛を伸ばし、白い襟(えり)のでたシャれた洋服を着ている。(負けんぞ)とぼくは心の中で呟(つぶや)いた。

作文の時、ぼくはいつも一、二ヵ所のサワリを作っておく。サワリとは師範出の若い教師が悦(よろこ)びそうな場面である。別に意識して書いたのではないが、鈴木三重吉の「赤い鳥」文集を生徒に読みきかせるこの青年教師から賞(ほ)められるために、⑤純真さ、少年らしい感情を感じさせる場面を織りこんでおいたのだ。

「*夏休(なつやすみ)のある日、木村君が病気だと聞いたので、さっそく見まいに行こうと考えた」とその日もぼくは皆(みんな)の前で朗読した。

これは本当だった。けれどもそれに続くあとの部分で、例によってぼくはありもしない場面を作りあげていた。病気の木村君のために、苦心して採集した蝶(ちょう)の標本箱を持っていこうとする。ネギ畠の中を歩きながら、突然、それをやることが惜(お)しくなる。幾度(いくど)も家に戻(もど)ろうとするが、やっぱり木村君の家まで来てしまう。そして彼の悦んだ顔をみてホッとする……

「よおし」ぼくが読み終わった時、教師はいかにも満足したように組中の子供を見まわした。

「戸田クンの作文のどこがええか、わかるか。わかった者は手をあげよ」

二、三人の子供が自信なげに手をあげた。ぼくには彼等の答えも、教師の言いたいこともほぼ見当がついていた。

⑥木村マサルという子に標本箱を持っていってやったのは本当である。だが、それは彼の病気に同情したためではない。キリギリスの鳴きたてる畠を歩いたことも事実である。だが、これをくれてやることが惜しいとは思いもしなかった。なぜならぼくは三つほど、そんな標本箱を父から買い与えられていたからだ。木村が悦んだことは言うまでもない。だが、あの時、ぼくが感じたのは彼の百姓家のきたなさと優越感(ゆうえつかん)とだけであった。

「アキラ。答えてみろや」

エ　蝶の標本箱を持って畠を通り木村君の家へ向かった。

オ　蝶の標本箱をもらった木村君は悦んだ。

カ　木村君の悦んだ顔を見てほっとした。

問6　——線⑥、「ぼく」が木村に標本箱を持っていってやろうと考えた理由を十五字以内で書きなさい。

問7　——線⑦「黒板に教師が大書した良心的という三文字を眺め」ているときの「ぼく」の気持ちとして最もふさわしいものを次の中から選び、記号で答えなさい。

ア　教師を悦ばせる作戦が思っていたとおりに成功したことに満足する気持ち

イ　良心的ということばに新鮮味(しんせんみ)を感じ、高く評価されたことを喜ぶ気持ち

ウ　期待していたものとは違(ちが)う解釈(かいしゃく)をされて、とまどい、不満に思う気持ち

エ　良心的というありきたりのことばで評価する教師を見下す気持ち

「戸田クンがマサルに標本箱……大切な標本箱、やりはったのが偉いと思います」

「それは、まあ、そやけれど、この作文のええ所は」教師は白墨をとると黒板に――良心的――という三文字を書きつけた。「ネギ畠を歩きながら標本箱やるのが惜しうなった気持*をありのままに書いているやろ。みなの作文には時々、ウソがある。しかし戸田クンは本当の気持を正直に書いている。良心的だナ」

⑦ぼくは黒板に教師が大書した良心的という三文字を眺めた。どこかの教室でかすれたオルガンの音がきこえる。女の子たちが唱歌を歌っている。別にウソをついたとも仲間や教師をダマしたとも思わなかった。今日まで学校でも家庭でもそうだったのだし、そうすることによってぼくは優等生であり善い子だったのである。

ななめ横をそっと振りむくと、あの髪の毛を伸ばした新入生が鼻に眼鏡を少しずり落して黒板をじっと見詰めていた。ぼくの視線に気づいたのか、彼は首にまいた白い繃帯をねじるようにしてこちらに顔をむけた。二人はそのまましばらくの間、たがいの顔を探るように窺いあっていた。と、彼の頬がかすかに赤らみ、うすい笑いが唇にうかんだ。（みんなは瞞されてもネ、僕は知っているよ）その微笑はまるでそう言っているようだった。（ネギ畠を歩いたことも、標本箱が惜しくなったことも皆、ウソだろ。うまくやってきたね。だが大人を瞞せても東京の子供はだまされないよ）

⑧ぼくは視線をそらし、耳まで赤い血がのぼるのを感じた。オルガンの音がやみ、女の子たちの声も聞えなくなった。黒板の字が震え動いているような気がした。

それからぼくの自信は少しずつ崩れはじめた。教室でも校庭でもこの若林という子がそばにいる限り、何かうしろめたい屈辱感に似たものを感じるのである。（中略）教師から皆の前でホメられた時、図画や書き方が壁にはられた時、組の自治会で仲間から委員にまつり上げられた時、ぼくは彼の眼をひそかに盗み見てしまう。

この子の眼と書いたが、今、考えてみるとそれは決してぼくをとがめる裁判官の眼でもなく罪を責める良心の眼でもなかった。同じ秘密、同じ悪の種をもった二人の少年がたがいに相手の中に自分の姿をさぐりあっただけにすぎぬ。ぼくがあの時、感じ

問8 ――線⑧について。このとき「ぼく」はどのような感情を抱いていましたか。最も具体的に表現されていることばを文中から十五字程度で探し、最初と最後の三字をぬき出しなさい。

□□□～□□□

問9 ――線⑨について「ぼく」がこのように感じていた理由をくわしく説明しなさい。

たのは心の呵責ではなく、自分の秘密を握られたという屈辱感だったのだ。

この子はだれとも遊ばなかった。休み時間に皆がドッチ・ボールをしていても校庭の隅にあるブランコに凭れてじっとこちらを眺めているだけだった。（中略）

そんなある日、彼は組にいる百姓の子供たちからイジメられた。放課後の当番が終わったあと、校舎を出て帰ろうとしたぼくは、運動場の砂場で、マサルとススムという子が彼の髪を引張っているのを見た。はじめはあの子もたちむかっていたが、やがて体を突かれて砂の上に仰むけに倒れた。たち上がるところをまた転がされる。それを眺めながら、⑨ぼくは喧嘩をとめようという気も起きなかったし、あの子を可哀想とも思わなかった。いや、むしろマサルやススムがもっと撲ればいい、髪の毛を引っぱればいいとさえ、考えていたのだ。

教師の影が不意に校舎の窓から見えなかったら、ぼくは運動場にたったまま、しばらくこの争いを眺めていただろう。だがその影が廊下を渡り運動場に出てくるのがわかると、ぼくは急いでたち上り、砂場に走っていった。

「喧嘩はよせ。喧嘩は」うしろで［⑩］のを充分意識しながらぼくは声をはりあげた。「マサル。新入生をいじめんとけよ。先生が来はるぜえ」

マサルとススムとは近づいてくる教師をふりむいて顔を真赤にしたが、あの子はまだ砂の中から起きあがらなかった。

「若林クン、どうしてん。大丈夫か」

顔をあげた彼の頬に西陽があたり、砂粒が光っていた。弦のまがった眼鏡が落ちている。彼の頬についた砂を落としてやろうとすると、突然この子は顔をそむけ、［⑪］。（中略）

なにも知らぬ教師が彼等を叱りつけている間、あの子は黙って頬の砂を落し、地面に落ちたズックの鞄をひろい、まるで他人ごとのように一人で帰っていった。

（遠藤周作『海と毒薬』新潮文庫）

〈注〉※ 師範…昔の教員養成学校　※ 全甲…全科目で優秀な成績を修めること

問10 ［⑩］に入る表現を十字以内で考えて書きなさい。

問11 ［⑪］に入る表現として最もふさわしいものを次の中から選び、記号で答えなさい。

ア　教師に事実を訴えにいった
イ　ありがとうと手をぼくにさしだした
ウ　ふたたび砂の中にたおれこんでしまった
エ　手でぼくの手を汚いもののように払いのけた

問12 次の一文は、もともと本文のある形式段落の最後にあったものです。この文が入る直前の五字を答えなさい。

その二つをうまく小出しにさえすれば彼等は必ずぼくをホメてくれたのである。

7 人の心ってわからないよね②

次の文章を読んで、あとの問いに答えなさい。字数制限がある問いでは、句読点・符号なども字数に含みます。※印をつけたことばについては、本文の後に〈注〉があります。

学習のねらい ▼不可知なる人の心をありのままにうけとる。

若い頃は、「手間」はムダなことと考えたがるフシがあった。手抜きがもてはやされ、時間短縮が賢い人の※命題のようになっていた。すべて合理的に乗り切ろうと思っていたのである。ところが最近、過去の人々が作った「手間」をかけた品々を見るにつけ、つくづく昔は、時間の感覚がゆるやかだったのだなあと感心してしまった。自分たちの着るものでさえ、かつては糸をより、機を織ることから始まった。出来あがった布地を縫い、やぶれたらつぎを当て、小さな小さな端切れになるまで大事にした。もしも今、自分がそのようなことをして服を作ったら、同じように大切にするだろう。ある本を読んでいたら、そこに貧しい農婦が身につけていたという※腰巻の写真が載っていた。それは百何十枚もの小さな木綿の端切れをつぎはぎにしたもので、おせじにも立派なものではなかったが、きちんときれいに洗いあげられていて、みっともないとか、不潔とかいう嫌悪感は全くなかった。それよりも、何度も何度も大切に洗われていて、木綿の※藍と白が冴え、本当にきれいだった。腰巻ではあったが、そのまま壁に掛けてもいいくらい、すばらしい色合いになっていたのである。私はその写真を見たときに、①涙が出そうになった。きっと彼女は一生、絹ものなどを着ることもなく、手間をかけた廃物利用で暮らしていたのだろう。一つのものを大切に使ってきた人々の

問1 ——線①「涙が出そうになった」理由としては二つのことが考えられます。一つは、腰巻があまりにもすばらしくきれいな色合いであったことに感動したからですが、もう一つはどんな理由ですか。次の中より最も適当なものを一つ選び、記号で答えなさい。

ア 腰巻を作るための手間を想像し、気が遠くなりそうになったから。

イ ひとつのものを大切にしようとする気持ちがにじみでていたから。

ウ あまりに貧しい生活を送っていたことにあわれみをおぼえたから。

エ 腰巻の写真を載せられた貧しい農婦の恥ずかしさを想像したから。

[　　]

問2 ——線②の理由を、本文中より「から」につづくかたちで十六字ちょうどで書きぬきなさい。

[　　　　　　　　　　　　　　　　] から

物の姿は、それがどんな物であっても、欠けた茶碗でも、箸でも美しい形として残るのだ。

②平均寿命が短くて、人生の持ち時間が少なかったときに、どうしてあんなに手間をかけたことをするのか不思議になる。職人さんの信じられないくらいの細工の細かさ、日常生活の時間のかけかた。すごいとは思うけれども、とうてい私にはできない。「［1］」や「［2］」のかけかたに憧れはするけれど、それが自分にふりかかってきたら、尻尾をまいて逃げてしまう。（中略）手間をかけなきゃ何も手に入らない生活。自然に囲まれていて、外の人間にはうらやましい限りだが、実はその地に住んでいる人々にとっては、うんざりする環境。彼らも実は、もっと快適で［3］な生活をしたいと願っているが、その土地に居続けるしかない。それを外の人間から、「いいですね」と言われても、「けっ」と言いたくなるだろう。

「中国現代少数民族文学選」の中に収録されている「江の向こう岸」はチベット族の作家の作品である。日用品を買うのも江の向こう岸まで行かなければならない貧しい村がある。そこの倉庫管理人のおじいさんに育てられた孤児の女の子と、血のつながらない兄が主人公である。女の子は船で向こう岸へ行く兄に、緑色のネッカチーフを買ってきてくれと頼む。実は兄も孤児でおじいさんに育てられていて、二人はとても仲良く暮らしていたのだが、女の子が年ごろになり、向こう岸の金持ちの家に嫁ぐことになった。女の子は突然のことにびっくりして泣くのだが、そのあとうれしさで胸がいっぱいになる。向こう岸に行けば、電灯がつく家もあるし、日用品だってどっさりある。（中略）貧しい村の娘たちは何人も向こう岸に嫁に行った。

「毎度娘が嫁入りするとき、村の若者たちはそれぞれ無言で古い菩提樹の下に立ち、牛皮船に乗って遠く去り行く娘を見ている。彼らの目には、悲しみと、失望と、やるせなさをかくせなかった。彼らは汗を流し、また力を出した。だが、③娘らはかえって遠い他郷に行く、これは結局なぜなのか？」

彼女たちはのどかな村よりも便利がよくて物がたくさんある向こう岸へ、大喜びし

問3 本文中の［1］～［3］に入る語を本文中より探し、書きぬきなさい。ただし、［1］・［2］は漢字二字、［3］は漢字三字の熟語とします。

［1］□□ ［2］□□ ［3］□□□

問4 ――線③の理由を、次のようにまとめてみました。［　］に入る語句を本文中より、十五字以内で書きぬきなさい。

遠い他郷は、［　］から。

問5 ――線④について、彼女がつぎまであてて、色あせたネッカチーフを身につけているのは、このネッカチーフが彼女にとってどういう品だからですか。考えて書きなさい。

て渡って行ったに違いない。反面、若い男性たちは、娘たちが一人減り、二人減りしていくのを呆然と眺めるしか手立てがない。（中略）四年後、村は多少豊かになったものの、まだまだ向こう岸と往復する便は途絶えることはなかった。岸辺で待っている人妻となった妹は、緑色のネッカチーフにつぎをあてて、それを首に巻いていた。

④村に住んでいる時よりは、はるかに物質的に恵まれているはずなのに、彼女は色あせたネッカチーフにつぎまであてて、身につけていたのである。このお話は、よくあるパターンの悲恋ものではあるけれども、物にたいする人の「気持ち」の方が、私には印象深かった。結局のところ、貧乏だろうが金があろうが、物に対する「気持ち」が大切なのである。つぎまであてて首に巻きたいネッカチーフ。（中略）⑤そこまでして身につけたい物が、私の手元にあるのだろうかと、ふと考えた。（中略）何もなかった。自分は今まで、何にお金を使っていたのだろうと考えさせられた。本当に好きなものがどういうものなのか、一生大切にしていきたいものが具体的に何なのか、よくわかっていなかった。（中略）おのずとそのような生活を強いられた、農婦やこの話の妹には迷惑なことだろうが、彼女たちに憧れる。私はまだまだ贅沢なのだ。⑥物があふれるなかで、のうのうと暮らしている上での、傲慢だとわかっていても、私は彼女たちの気持ちに憧れつづけるのである。

（群ようこ『本は鞄をとびだして』新潮文庫）

〈注〉※　命題…条件

※　腰巻…和服の下着の一つで、腰から下に身につけるもの

※　藍…藍色のことで、濃く深い青色

問6　――線⑤のように筆者が感じるのは、筆者が生活する日本のありように原因があるといえそうです。現代の日本の様子を記した次の文中の空らんにあてはまることばを、それぞれの語群より選び、記号で答えなさい。

物質的に［A］で、品物の数や種類が多く、安価かつ容易に買い求めることができ、［B］が社会全体の傾向とまでになっている。

A　イ　不安定　　ロ　豊か　　ハ　小国
　　ニ　古風　　ホ　弱小

B　イ　大量生産　　ロ　自然保護　　ハ　再利用
　　ニ　使いすて　　ホ　環境破壊

A	
B	

問7　――線⑥、筆者の憧れる「彼女たちの気持ち」とはどのようなものでしょうか。本文をよく読んでまとめなさい。

8 記述演習・「上品な私を装う」①

次の文章を読んで、あとの問いに答えなさい。字数制限がある問いでは、句読点・記号なども字数にふくみます。※印をつけたことばについては、本文の後に〈注〉があります。

学習のねらい ▼「採点者の視点」をとらえる。

通訳という仕事、それから通訳だけではなくコミュニケーションを取り持つあらゆる仕事というのは、ある意味では、非常に不確実なものです。完全にコミュニケーションが通じて最終的に理解が一致(いっち)するなどということはあり得ません。そのことを、まず覚悟(かくご)しなくてはいけません。

考えてみると、それは通訳だけの話ではありません。人は、一人一人みんな異なる個性を持ち、違(ちが)う人生を送っているのです。親子や兄弟だってそれぞれ性格も違うし、お互(たが)いの環境(かんきょう)も違います。それでもお互いに理解し合えるということが貴重で、大事なのではないかと、私は思っています。

①通訳だけでなくコミュニケーションというものが、そのように非常に不確実なものであって、最終的に完全に一致するなどということはあり得ないという、一種の諦念(ていねん)※というか、覚悟を持つべきだと思っています。

では、それでもなぜ私が通訳になったのかということをお話しして、締(し)めくくりたいと思います。

私は、小学校三年生のときに、父の仕事の都合でプラハ※に移りまして、ロシア語で授業を行う学校に五年間通いました。

問1 [1]～[3]にあてはまる言葉を次の中から選び、記号で答えなさい。

ア　しかも　イ　たとえば　ウ　ところが
エ　もし　オ　つまり

1	2	3

問2 ■A・Bにあてはまる漢字一字を答えなさい。

A	B

問3 ――線①のように筆者が述べるのはどのような事実があるからか、最もよくわかる一文を文中から探し、最初と最後の五字ずつを書きぬきなさい。

最初					
最後					

問4 ――線②について、授業をつぶすチボー少年の気持ちとして最もふさわしいものを次の中から選び、記号で答えなさい。

ア　勉強が大きらいなので、いたずら以外にすることもなく、たいくつな気持ち

イ　授業のじゃまをして、みんなの注目の的になることがゆかいでたまらない気持ち

小学校四年生になったときに、チボーという、お父さんがカナダ人でお母さんがフランス人の男の子が転校してきました。

このチボーという男の子が、A■のつけようのない悪ガキだったんです。

転校してきた日には、前の席に座っていた女の子のお下げ髪を切り取ってしまったために、その女の子はビービー泣き出してしまって授業をつぶしました。

翌日は、教室に置いてあった地球儀の球を取ってしまって、廊下でサッカーをしました。

教師たちにとっては、もう疫病神みたいな男の子で、父親はしょっちゅう学校に呼び出されていました。（中略）

たぶん教師たちはこの少年のことを呪っていたと思うのですが、なぜかこの子は毎日登校してくるんです。②授業をつぶすのを生きがいにしてるんですね。教師たちは、チボー少年の顔を見たとたんに顔が青ざめてひきつってしまう、というような毎日でした。

［ 1 ］、教師たちもあきらめの境地に達していた頃、こんな事件がありました。算数の図形の時間でしたが、チボー少年は泡立て器を教室に持ち込んで、けたたましい音を立てるんです。［ 2 ］、隣の席の女の子にその泡立て器を押しつけたりするものですから、女の子たちもキャーキャー騒いで、全然授業にならない。

そうしたら、ガリーナ・セミョーノヴナという女の先生だったんですけれど、その先生がこぶしを握りしめて、「これ以上つけあがると、その芋面をシンメトリィにしてやるからね」と言ったんです。

「シンメトリィ」、対B■形です。これを聞いたとたんに、教室中爆笑したんです。そのチボー少年まで、こらえきれずに吹き出しちゃったんです。

というのは、チボー少年は喧嘩をした後だったから、ちょうど右のほおが紫色にはれていたんですね。そして、私たちは、その前の授業で「シンメトリィ」という言葉を習ったばかりで、すごく新鮮な言葉だったのです。

ウ　照れくさくて好意を素直に表現できず、いじめることで好きな子の気を引こうとする気持ち

エ　授業がわからなくてもどうにもできないことにいらだち、自分をもてあます気持ち

オ　授業の間じっとおとなしくしていることにたえきれず、自由を求める気持ち

問5　――線③について、チボー少年が授業中に静かにするようになったのはなぜですか。「～を知り、～から。」という形で答えなさい。

問6　――線④「チボー少年の体験を自分自身の体験に引きつけてみたら、わかったんです」とありますが、筆者とチボー少年はどのような点で共通していましたか。七十字以内でまとめなさい。

ガリーナ先生の言い方は、「左のほおに右のほおとおそろいになるように、一発かましてやるぞ」といった月並みな言い方とは違って、非常に詩的ひらめきに満ちた表現だったもので、それでみんなは感服してしまったんですね。

おもしろいことに、③この事件以後、チボー少年は授業中だけは静かになったのです。みんなは「ガリーナの奇跡」と言って、学校中で評判になりました。もっとも、食堂のフォークやナイフが、時々ゴソッと消えてしまって、どうしたのかと思っていたら、チボーが屋上から校庭の花壇めがけて投げていたとか、そういう悪童の面目は保っていて、みんな妙に安心していたりしたんですけれども。

なぜチボー少年は、「シンメトリィ事件」以降、授業つぶしを突然やめたのか？

ガリーナ先生の言葉には、たしかに迫力がありました。ガリーナ先生の恋人は※フライ級か※バンタム級のボクサーだったのですが、彼と並ぶとガリーナ先生のほうがはるかに肩幅も広く胸板も厚かったんです。それなのに、肉体も※舌鋒も※ヘビー級の先生が、チボー少年になぜもっと早く能力を発揮することができなかったのか。

私は、長年ずっとそのことについて考えていたんですが、あるときフッと謎が解けたんです。④チボー少年の体験を自分自身の体験に引きつけてみたら、わかったんです。

私はチボーが来る二年前にプラハに移り住んだのですが、ロシア語の学校に入った当初というのは、アンデルセンの人魚姫みたいなもので、毎日四時間から六時間も、なにもわからない授業に黙って出席しつづけるわけです。これは耐え難い苦痛なんです。意地悪されてもそれを訴えられないし、なじったり抗議したりできないわけです。これは実に悔しいことなんです。

いちばん悔しいというか寂しいのは、みんなが笑っているときに一緒に笑えないことです。これが寂しくて切ないんですね。

大人だったら荷物をまとめて勝手に帰ることもできますけれど、まだ子どもですから、しかたなく毎日悲痛な覚悟で学校に通いつづけなければならなかったのです。まだ九歳なのに、肩こりと※偏頭痛に悩まされるぐらい学校に行くのが苦痛でした。

書き直し用

おそらく、チボーも来た当初は、やっぱりなにもわからなくて、とても辛かったんだろうと思うんです。ですから、あの授業つぶしは、私の肩こりや偏頭痛と同じだったのではないでしょうか。

けれども、ガリーナ先生が「シンメトリィ」のことを言った瞬間（しゅんかん）には、先生の言ったことがわかったんですね。笑ったから。みんなと一緒に理解することができて、みんなと一緒に笑える喜びというのが、あの瞬間、彼にもわかったんだと思うんです。それで彼は、それ以降授業つぶしをやめたのではないかと思います。

［３］、人間というのは他者とのコミュニケーションを⑤求めてやまない動物なんです。

先ほども言いましたように、コミュニケーションというものは、不完全なもので、完璧（かんぺき）なものにするのは永遠に不可能です。しかし同時に、人間というのは、常にコミュニケーションを求めてやまない動物であるという確信が、私にはあります。たぶんそれが現在も通訳をしている原因ではないかと思うのです。

みんなが同時に笑えて、一緒に感動できる。いつもそれを目指しています。不完全だけれども、とにかくいつもそれを目指しつづけるというのが、通訳という職業ではないかと思っています。

（米原万里『米原万里の「愛の法則」』集英社新書）

〈注〉
※ 諦念…あきらめ
※ プラハ…チェコ共和国（東欧（とうおう））の首都
※ フライ級・バンタム級・ヘビー級…格闘技（かくとうぎ）における体重による階級の区別
※ 舌鋒…言葉によるするどい攻撃（こうげき）
※ 偏頭痛…頭の片側だけに起こる痛み

問7 ――線⑤「求めてやまない」を「求め［　　］」と言いかえなさい。

求め［　　　　］

問8 筆者は通訳という仕事をするにあたって、どのようなことを大切だと思っているのでしょうか。本文全体を読み、三十字以上四十字以内でまとめなさい。

問9 もし言葉が通じない生徒があなたのクラスに転入してきたら、あなたはどのようにその子とつきあいますか。三十字以上四十字以内で教えて下さい。

8 記述演習・「上品な私を装う」②

次の文章を読んで、あとの問いに答えなさい。字数制限がある問いでは、句読点・記号なども字数にふくみます。※印をつけたことばについては、本文の後に〈注〉があります。

学習のねらい ▼「採点者の視点」をとらえる。

七月二十六日。五時半というが、いわゆる夏時間だから、未だどこかに※暁闇が残っている。

タバコをくわえ、戸外へ出てみる。

中天高く片われ月。これもまだ月らしく光っている。近くの鎮守の森から、高くひぐらしの声。昨日あたりで完全に梅雨はあがったらしく、いかにも今日一日の晴れと暑さを予想させるすがすがしさだ。

家の北側の四十五坪、家庭菜園の一部だが、のび盛り、あるいは完成期の※蔬菜類でぎっしりと埋められている。トウモロコシ、トマト、茄子、ドタウリ、インゲン、大豆、三寸人参、サツマイモ、南瓜、それらを見下ろすように、梅の大樹が何本か肩ひじを張っている。茄子とトマトはすでに十日も前から収穫期に入っている。なんとなく足をひかれて、そっちへ行ってみる。

延びるだけ延びた茄子とトマトは、葉かげに大きな実をつけ、各々四十本位が三列に整然と並んでいる。一寸とした満足感で眺めているうち、①私は、彼らの整然と並んだ様子に、ある不審さを感じた。文句も云わずに並んでいる——ふっとそんなことを思ったのだ。人間が植え、害虫をとり、肥料をやり、だからこうして育ったのだと云

問1　——線①のように感じた理由を四十字以内で書きなさい。

書き直し用

えばそれまでだが、どこかおかしいと思われる節がある。不自然――なるほど私の感じたのは、その辺の気持らしい。

　豚や牛や鶏が、人間に肉を喰われるため。あるいは乳を飲まれ、卵をとり上げられるため、それぞれの向きに仕立て上げられた。彼らの自然を捩じ曲げられて、今あるような奇怪な動物、豚や牛や鶏が出来上った。事情は、これらの蔬菜類でも同じだ。もし自然生の茄子やトマトがあったら、彼らは、もっと猛々しく無愛想な姿をしているだろう。人間に喰わしてやるため、こんなに余分な実なんかつけたりはしないだろう。今私の目の前にあるトマトや茄子は、そう思って見ると、飼いならされたものの痴鈍さと人の好さといい気さとをもって、自堕落に肥えふとっている感じだ。

　眼を転ずる。三寸人参はもう季節の終りに近く、目ぼしい奴は引き抜かれて、まばらな列の中には薹立ちもある。そのはずれに、孤立したトマトが、貧弱な姿態ながら、五つほど実をつけている。私は、ああそうだ、という気持で側によってみた。これは、ごみ溜めに生えた与太苗を、八ツの二女が勝手にこんなところへ植えたもので、なんにもなりはしないと思いながらも、二女自身にその結果を見せるため、引き抜かずに置いた、それが案外今実をつけている。二女は自分で熱心に虫をとり、やり過ぎるぐらい水をやった。

「これ、実イ成ったら、あたし喰べていい？」

「ああいいよ。だから、うんと面倒を見てやるんだね」

「めんどうって？」

「世話をすることだよ」

「せわって？」

「ええとね、よく虫をとったり、水をやったりするのさ」

「なんだア、そんなら、ぞうさないや」

　トマトなんかより、お前さんの方がよっぽど面倒で世話がやける、と肚で苦笑したが、私はその「圭ちゃんのトマト」に棒を立ててやったりした。そして、今見ると、

問2　――線②、筆者が二女に「トマトが赤くなっても、勝手にとって食べてはいけない」と言った理由を六十字以内で書きなさい。

書き直し用

二つまで薄赤く色づいている。

私は、それでまた卒然と憶い出したことがある。三年前の、二女が五ツの夏、あるいは丁度今頃だったかも知れない、二女を折檻したことがあった。②トマトが赤くなっても、勝手にとって喰べてはいけない、お父さんお母さん、お姉ちゃんお兄さん、誰にでもいいから、頂戴と云いなさい、そう固く云い渡しておいた。トマトには、近所の百姓に頼んで、消毒剤がかけてある。ボルドー液か砒酸石灰、その時の百姓の都合によってだが、そんなものを時々かける。だから、その実をそのまま子供に喰われてはたまらない。そういう実際上から来た禁令なのだが、一方、畑のものを勝手にとって喰うことは不行儀、という躾の意味も附随している。

ある日、あれもそろそろ採れるかな、と私が見ておいた一つが、いつか無くなっていた。皆にきいてみたが、知らぬという。そこで二女にただした。

つまり二女がとって喰ったわけなのだが、これを白状させるのに、非常な苦労をした。詳しく書いてもつまらぬから止すが、隣家へすり抜けるように逃げた二女を私自身連れ戻しに行ったり、頬に平手打ちをくれたりした。実に強情であった。病気で弱っている私は、ただ普通に人と話すのさえ、時にはつらいこともあり、家の周りを歩くことは、晴天の日でないと不能という工合だから、憤りに任せての怒号などということは、相当の負担なのだ。三十分以上も泣き喚いて強情を張られ、私も、絶対に引けぬ羽目に陥って、疲労と苦痛と昂奮から、身体がふらふらして了った。③妻は、初め何とか取りなしていたが、途中から黙り込んだ。上の子供二人は、家の中へ入ってしんとしていた。私一人が五ツの幼女を相手に、精神の、また肉体の力を、懸命にふりしぼっていた。二女のこの眼を通さしたらおしまいだ、という気持が正面に立っていたのだが、それには、親としての自分の権威に関する顧慮も＊交っていたろう。

ついに二女が事実を認めると、私は救われた安堵で立っているのが大儀になり、家の中へ入るといつも敷いてある床にもぐり込んだ。濡れ手拭を心臓部や額にのせ、背中を妻にもませた。

問3 ――線③「妻」がこのようにしたのはなぜですか。書きなさい。

書き直し用

④「あの強情には、呆れた」私は細い声で息を切り切り云った。

「叱られると思って頑張ったんですよ」

「呆れたけれど。――しかし、たのもしいなア、あの強情は。あいつは、相当な人物だと思うよ。上の二人とは大違いだ。エライ奴になるかも知れない」

「でも、お父さんも強情ね。よくあんなに――。あたし、見てて、凄くなっちゃった。まるで、何か動物が、喰うか喰われるかの喧嘩してるみたい」

「そうだろう。実に疲れた。二三日起きられないかも知れない」

「それは、障っていますよ。でも、留めようにもあれじゃ、どうしようもなかったんです」

「あのね、君一寸、行って宜しくやってきてくれ。よく本当のことを云ったって、お父さんがほめていたって。ホービだと云って、トマトを、二つでも三つでもやってくれ」

「そうしましょう」

「とにかく、あの強情は、見上げたものだ。あっぱれだ。君の筋を引いたに＊決っているが、あれは確かに、［　⑤　］ね」

幾分かゆとりが出て私はそんなことを云ったりしたが、そのあと四五日は、起き出す元気がなかった。

子供は、＊生れたままで放っておけば、今あるような人間には、なれなかろう。今あるような人間が、それでいいか悪いかは別として、自然児はその中で人間扱いはされないだろう。人類創生以来つもりつもった習俗を、われわれの子供は、われわれ自身がそうだったように、極めて急速に教え込まれ叩き込まれねばならない。日々巨大な数で生まれる人間の子供が、それぞれ原始からの生活をその短い一生で経なければならぬ手数は、考えてみると気が重くなる。倦きずに繰り返される、そして、恐らくは止む時がないだろう人間の愚行。しかし、それは、やってみなければ判らないのだ。いったい終いにはどうなるのか、と呆れる気持だ。つもりつもった習俗と知識の、

問4 ――線④「あの強情には、呆れた」とありますが、筆者は二女の強情さにどのような感情を抱いていますか。四十字以内で書きなさい。

書き直し用

目もはるかな※堆積。

太古を憶う心、自然にかえれという言葉、――しかしそれは無理だろう。それは、郷愁でしかないだろう、われわれは、もうここまで来たのだ。行く手は進歩へか※頽落へか、それは知らない。しかしわれわれは、人の為すことを為さなければならない。人為――それは偽りだ。自然から見れば偽りではないか。

今私を囲む蔬菜類は、植物だけれども、何か自然という気がしない。豚や牛や鶏、あんな奇怪なものどもが自然であるとは思えない。われわれが生え抜きの自然に触れる機会がいったいあるのだろうか。

生きたいという慾望、種をふやしたいという慾望。われわれが触れ得る自然は、われわれ自身の中のその二つだけではないのだろうか。

人為もまた自然、あるいは、神の命ずるところという人がある。それはわれわれを気楽にする。私は、気楽にしていていいのだろうか。判らない。

――私は、足の方から冷えて来た。七月末の今日、ズボン下と足袋をつけているのだが、それでも冷えて来た。⑥取りとめもない思案と、※患疾の苦痛との取引は私にとって大損だ。私は一切を※抛てきして、家の中に戻り、寝床にもぐり込んだ。

（尾崎一雄『虫のいろいろ』所収「トマト畠で」新潮文庫）

〈注〉
※　暁闇…夜明け前の暗さ
※　蔬菜…野菜
※　堆積…積み重なること、または積み重なったもの
※　頽落…すたれること
※　患疾…病気
※　抛てき…放り出すこと

問5　[⑤] にあてはまることわざを次の中から選び、記号で答えなさい。

ア　ひょうたんから駒が出る
イ　青は藍より出でて藍より青し
ウ　門前の小僧習わぬ経を読む
エ　泣く子と地頭には勝てぬ

問6　――線⑥「取りとめもない思案」とはどのようなものですか。三十字以内で書きなさい。

書き直し用

9 まとめ・演習5

次の文章は吉田兼好『徒然草』について書かれたものです。読んで、あとの問いに答えなさい。字数制限がある問いでは、句読点・記号なども字数にふくみます。

学習のねらい ▼総合演習

第七十五段

つれづれわぶる人は、いかなる心ならん。まぎるゝ方なく、たゞひとりあるのみこそよけれ。

世に従へば、心、外の塵に奪はれて惑ひ易く、人に交れば、言葉、よその聞きに随ひて、さながら、心にあらず。人に戯れ、物に争ひ、一度は恨み、一度は喜ぶ。その事、定まれる事なし。分別みだりに起りて、得失止む時なし。惑ひの上に酔へり。酔の中に夢をなす。走りて急がはしく、ほれて忘れたる事、人皆かくの如し。

未だ、まことの道を知らずとも、縁を離れて身を閑かにし、事にあづからずして心を安くせんこそ、しばらく楽しぶとも言ひつべけれ。「生活・人事・技能・学問等の諸縁を止めよ」とこそ、摩訶止観にも侍れ。

Ⅰ

①兼好は「孤独な時間」を持つことをすすめ、こういっている。

「一人でいて『やることがない』などと嘆いている人の気持ちが知れない。何の用事もなく、何にも心がひかれたり煩わされたりすることなく、一人でいて静かに心が

問1 ═線ア〜オのカタカナを漢字に直しなさい。

ア	イ	ウ

エ	オ

問2 Ⅰ〜Ⅲ に入る小見出しとして最適なものを次の中からそれぞれ選び、記号で答えなさい。

ア 一人の時間を有効に使えれば力を養える
イ 「一人の時間を持てない」のが、最近の若者の特徴
ウ 「孤独」を自らを磨く技にする
エ 一人で過ごせば自らを深められる
オ いつの時代も、一人の時間を持てない人が多い

Ⅰ	Ⅱ	Ⅲ

問3 A〜E に入る接続詞として最適なものを次の中からそれぞれ選び、記号で答えなさい。

ア だから　イ なぜなら　ウ それでは
エ あるいは　オ しかも　カ ところが

A	B	C	D	E

保たれている状態が何よりも好ましいものである」（「つれづれわぶる人は、いかなる心ならん。まぎるゝ方なく、たゞひとりあるのみこそよけれ」）というのだ。

［A］、現実はどうだろうか。

最近の若者を見ていると、②一人で孤独な時間を過ごすことができない人が多くなっているようだ。一人で昼食を食べに行けない、飲みに誘ってもらえないと仲間はずれにされたような気がする。できるだけ一人の時間を持ちたくない、できれば人と何らかの形でつながっていたいのである。

［B］、一人でいるときでも、携帯でメールをして、人とつながっていたい。一日中、メールばかり見ていて、誰かからメールが来ていないかと確認し、来ていなければ、用事もないのに、誰彼かまわずメールをしないではいられない。

メールや電話でもしていなければ、一人の時間をもてあましてしまい、何もせずにいると不安になってしまう。一人のときは、ゆっくりと読書でもすればいいのにと思われるが、自らその世界に入り込むほどの知的好奇心に欠け、手軽に夢中になれるゲームやテレビ、［C］漫画で、気を紛らわせることになる。

［D］、大人たちは孤独な時間をどう過ごしているのだろうか。仕事に追われ、いつもせわしく生活し、夜は夜で接待だけでなく仲間内での酒のつきあい、休日も接待ゴルフなどでつぶれて「暇がない」と嘆きながらも、自由な時間ができると、かえって不安にかられる人が多いのではないか。

たいていの人は、このように、一人で何もせずにいる時間があると不安になってしまう。一人で孤独に浸って、ゆっくりと、ものを考える時間などは持てないというのが現実だろう。

兼好が生きた鎌倉時代末期はどうだったのか。どうも、現代人と同じように、日々の忙しさに紛れて、孤独な時間など持たない人のほうが多かったようである。

兼好は、こんなふうにいっている。

「世間のしきたりに合わせていると、人間の心を汚す欲に振り回されて迷いやすい。

問4 ——線①、兼好が「孤独な時間」を持つことをすすめる理由として最適なものを次の中から選び、記号で答えなさい。

ア　孤独な時間を持とうとしないと、心が安定せず、周囲の物事や自分のそんとくにのみ関心がひかれ、それに振り回されるばかりだから。

イ　孤独な時間を持たなかったら、世間のしきたりを忘れてしまい、人間の欲にとらわれて、安楽な生活にのめり込んでしまうから。

ウ　孤独な時間を持てば、日頃の慌ただしさの中でおろそかにしがちな周囲の物事について、深く考えることが可能になるから。

エ　孤独な時間を持つことは、自分を見つめ、人と人との結びつきを強くするために必要なことで、その時間が大切だと考えているから。

［　］

問5 ——線②「一人で孤独な時間を過ごすことができない人が多くなっている」理由を、文中から「から。」に続くように二十五字ちょうどで探し、はじめと終わりの四字ずつを書きぬきなさい。

［　　　　］～［　　　　］から。

人と交際すれば、つい相手の話に合わせて、自分の本心とは違うことになってしまう。人と遊びにキョウ[ア]じ、他人と争い、恨んだり喜んだりして、心が安定することがない。周囲の物事についていろいろ考えて、いつもソントク[イ]の計算ばかりに振り回されて、それがなくなることがない。それでは、迷いの中で酔っていて、酔っぱらって夢を見ているようなものである。せわしく動き回り、本心を失って自分のやることを忘れてしまっている。このことは誰にでも当てはまる」（「世に従へば、心、外の塵に奪はれて惑ひ易く、人に交れば、言葉、よその聞きに随ひて、さながら、心にあらず。人に戯れ、物に争ひ、一度は恨み、一度は喜ぶ。その事、定まれる事なし。分別みだりに起りて、得失止む時なし。惑ひの上に酔へり。酔の中に夢をなす。走りて急がはしく、ほれて忘れたる事、人皆かくの如し」）

だから、兼好はこういう。

「まだ世の真理を悟ることができなくても、煩わしい世間との関係を離れて静かに暮らして、周囲のザツジ[ウ]からも離れ、一人の時間を持って心ゆったりと安らかにしてこそ、かりそめであっても、自分を取り戻し、安楽を得ることができるのである」（「未だ、まことの道を知らずとも、縁を離れて身を閑かにし、事にあづからずして心を安くせんこそ、しばらく楽しぶとも言ひつべけれ」）

孤独はよくないと考えていたり、孤独を恐れて、いつもせわしくしている人が、いつの時代でも大半を占めているだろう。だが、ひと時であっても、孤独な時間を意識して持つことは、自分を取り戻すために必要だというわけである。

Ⅱ

いま振り返ると、私の体験でも、二十代のときの「孤独な時間」が非常に大きな肥やしになったと思っている。

研究生活を続けていたが、まだ定職も決まらず、周囲の人たちともあまり話が合わなかったこともあって、結果的に一人でいる時間が非常に多かった。一日中図書館や

問6 ――線③「一人でやる作業こそが、自分を磨いてくれるのだ」とありますが、このように筆者が述べる理由として最適なものを次の中から選び、記号で答えなさい。

ア　読書や書く作業をたった一人で行うつらさを知っていれば、周囲の人々と競い合うことの大切さが身にしみてわかるから。

イ　読書も書く作業も孤独な作業であるが、一人きりで延々と読み書き続けることで、自分を掘り下げることができるから。

ウ　読書や書く作業を一人で行えば、他人に煩わされずに早く終わらせることができ、残った時間で本来の勉強ができるから。

エ　読書や書く作業は一人にならなければできないが、その孤独にうちかとうとする姿が、周囲の人々に評価されるから。

研究室に閉じこもって本や原稿と向き合い、夜、家に帰って振り返ると、「今日も誰とも話さなかったな」という日もしばしばあった。当時はほとんど「つれづれわぶる人」で、そんな境遇にあることを嘆いていたこともあった。

さびしくなかったといえば、ウソになるが、このように一人で本を読み、論文を書き、研究に打ち込んでいた二十代の膨大な孤独な時間が、大きな[エ]チクセキになって、その後の私の力の[オ]ゲンセンになっている。この時代のほとんどヤケクソなちくせきが、いま、次々と新しい仕事に挑戦していくことができている土台になっている。少なくともパッションを培うのに孤独な時間は役立ったと思う。

読書は、誰かと一緒にはできない孤独な作業である。膨大な資料を読むためには、図書館でも自分の部屋でも、場所はどこでもいいが、一人で延々と読み続ける時間が必要である。また、書く作業にしても、一人にならなければできない。このように、[③]一人でやる作業こそが、自分を磨いてくれるのだ。

[E]、こうした地道な作業は、誰に評価されるわけでもない。だが、この作業が充実していてこそ、次の飛躍に結びつく。

いつも誰かとつるんでいないといられない、一人でいるのが不安な人は、いつまでたっても、自分の中にちくせきを持つことなどできない。

やむを得ざる形でもいい、一人でいる時間を持ち、その時間を有効に使うことが、次の跳躍に結びつき、力を発揮できる糧になるのだ。

[Ⅲ]

勉強するというと、学校で授業を受け、塾の授業を受けることだと思い込んでいる子どもが多い。

しかし、本当の勉強とは、みんなと一緒にするものではない。さらにいえば、みんなでつるんでいたのでは、勉強などはいつまでたってもできるようにはならない。習ったことをきっかけにして、自分で勉強してこそ、身につく。一人になって練習を繰り

問7 ——線④「中国武道の達人」は日本人のどのようなところを批判しているのですか。四十五字以内で書きなさい。

問8 ——線⑤「クリエイティブ」を漢字三字で言いかえなさい。

問9 [⑥]には、「まぎるゝ方なく、たゞひとりあるのみこそよけれ」の意味が入ります。ふさわしい部分を文中から探し、はじめと終わりの五字ずつを書きぬきなさい。

最初	最後

返し、掘り下げていく作業こそ、本来の勉強である。

大人になっても人と一緒にいないと不安だというのは、子どもの頃に、勉強に打ち込んだり、読書するという一人の時間を持つ習慣が、ほとんどなかったからだろう。

孤独になり、一度学んだことを深く掘り下げていく作業は、勉強や学問だけでなく、スポーツにしろ武道にしろ、あるいは音楽や絵画など芸術にしろ、何にでも通じることである。

④以前、中国武道の達人から「日本人は習いたがりすぎる」という話を聞いたことがある。

日本人は何かというと道場に通いたがるが、一度習ったら一ヵ月くらいは道場には、来なくていいというのだ。道場で教えてもらうのは、何をすればいいかを教わるだけであって、それを知っただけでは身につかない。道場で習ったことを、一人で練習を繰り返して、はじめて技は身につく。つまり、道場に通うこと自体は練習ではないというわけである。

ところが、日本人は道場に通うことが練習だと思っているので、毎日でも通いたがる。本来は、一度習った型を、次に道場に行くまでの一ヵ月なら一ヵ月間、一人で毎日繰り返し練習すればいい。そうして習った型を身につけてから、また道場に行き、さらに次の型を習う。

だいたい勉強でも習い事でも、なかなか上達しない子どもは、習っているときしかやらないからである。習うことと、練習して身につけることを混同しているのは、子どもだけでなく大人もそうだろう。

何にしても技を身につけるためには、一人で練習を繰り返す、孤独な時間を持たなければならないのだ。

さらにいえば、どのような世界でも、超一流のレベルに達している人は、あえて周囲の人たちと距離を置き、自分の世界を持っている。そして、その「一人の時間」を有効に使い、自らの技を身につけることに力を注いでいる。「孤独を技」にしている

問10　『徒然草』第七十五段で兼好が述べていることを次のようにまとめました。（A）（B）に入ることばを『徒然草』第七十五段の中から、Aは二十字、Bは五字でそれぞれ書きぬきなさい。

「（　A　）」してこそしばしの安楽を得ることができるのであり、そのためには「（　B　）」ことが必要だ。

A	B

問11　『徒然草』は「三大随筆」の一つに数えられます。『徒然草』以外で三大随筆に数えられているものの名称と作者名を時代の古い順に答えなさい。

・名称	・作者名	・名称	・作者名

といえる。（中略）

自分の世界を打ち立てるには、孤独な時間が絶対に必要なのだ。学生でもビジネスマンでも、「できる人」は、どこかに周囲の人たちとつるんでばかりいないところがある。周りの人たちと普通（ふつう）につきあっているように見えても、きちんと自分一人の時間をしっかりと持っているものだ。

友人や同僚（どうりょう）とのコミュニケーションを大切にすることも確かに必要である。だが、仲間とつるんでばかりいては、決して⑤クリエイティブな力を養うことはできない。一人の時間をきちんと確保し、「孤独を技」にしてこそ、自分を掘り下げ、自分の未来を切り開く力を養うことができるのだ。

まぎるゝ方なく、たゞひとりあるのみこそよけれ。

【意味】 ⑥ ＿＿＿＿

（齋藤孝『使える！「徒然草」』PHP新書）

問12 『徒然草』の冒頭（ぼうとう）の十字をひらがなで書きなさい。

問13 本文をふまえた上で、携帯電話についてあなたが思うことを百字以内で述べなさい。

分野別ワンポイント講座 その2 手紙の書き方

手紙の書き方にはきまりがあります。
気持ちの良いおつきあいをするためにも、しっかり覚えておきたいですね。

拝啓　春とは言えまだ肌寒い日が続いていますが、お元気ですか。私も元
気に過ごしています。先日はおみやげのキーホルダーを送ってくださって、
本当にありがとうございました。とてもかわいらしいので、すぐにかばん
につけました。
（①）

さて、来月の十五日に、私の学校でバザーが行われます。いろいろな品
物が出品されて、見ているだけでも楽しいもよおしです。私は手芸部で編
んだマフラーを出品します。もしご都合がよろしければ、いらっしゃいま
せんか。来週中にでも、こちらからまたご連絡します。
（②）

風邪がはやっていますので、お体にはお気をつけてお過ごしください。
最後になりましたが、おじさま、おばさまにもよろしくお伝えください。
敬具
（③）

平成二十二年三月一日
佐藤　啓子
山本　明子様
（④）

追伸　先日明子さんがすすめてくださった本を読みました。明子さんが
おっしゃった通り、結末が感動的で、すばらしい本でした。また
おすすめの本がありましたら教えてください。
（⑤）

手紙の構成

① 前文 ……… 書き出しの言葉（「頭語」）
時候のあいさつ
先方の様子をたずねる
こちらの様子を知らせる
無沙汰のわび・感謝

② 本文 ……… 起語（「さて」「じつは」など、前文から用件である本文への橋わたしをする言葉）
用件

③ 末文 ……… 結びのあいさつ（相手や相手の家族を気づかう）
結びの言葉（結語）

④ あとづけ … 年月日
自分の名前（下に書く）
相手の名前（上に書く）

⑤ 追伸 ……… 本文に書き落としたことを付け加える

代表的な頭語・結語

★特に丁重な手紙…「謹啓」—「敬白」
★一般的な手紙……「拝啓」—「敬具」
（女性は「一筆申し上げます」—「かしこ」も使えます）
★前文を略す場合…「前略」—「草々」
★急用の場合………「急啓」—「草々」

分野別ワンポイント講座　その3　脚本(きゃくほん)

脚本は、舞台(ぶたい)で劇を上演するために書かれた文章です。場面をイメージしながら読んでみましょう。

舞台のきまり

・幕……劇を開始したり、劇の内容に区切りをつけたり、場面の転換(てんかん)をしたりする時に幕(まく)を開閉します。幕が開いてから閉まるまでを「一幕」と数えます。

・場……劇の内容を場面・時間・事件ごとに区切る単位。「場」がいくつか集まって「幕」になります。

・上手(かみて)・下手(しもて)…客席からむかって、舞台の右の方を「上手」、左の方を「下手」といい、舞台の上の位置関係を示します。読み方には特に注意しましょう。

・暗転…幕を閉じないで、舞台を暗くしているうちに場面の転換を行うこと。

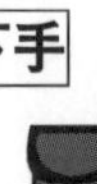

上手

客席

脚本の構成

・前書き…脚本や場面のはじめに書かれた、登場人物・時・場所・情景などの簡単(かんたん)な説明。

・せりふ…登場人物の会話。

・ト書き…せりふの前後に書かれた、登場人物の動作・表情などの説明。せりふの後に「〜と（ト）笑う」と、動作や状況の説明が続くことから「ト書き」と言うようになりました。

例

森の中。三人の盗人(ぬすびと)が宝を争っている。宝とは一足飛びに千里飛ぶ長靴(ながぐつ)、着れば姿の隠(かく)れるマントル、鉄(てつ)でもまっ二つに切れる剣(けん)——ただしいずれも見たところは、古道具らしい物ばかりである。（前書き）

第一の盗人　そのマントルをこっちへよこせ。

第二の盗人　余計な事を云うな。その剣こそこっちへよこせ。——おや、おれの長靴を盗んだな。

第三の盗人　この長靴はおれの物じゃないか？　貴様こそおれの物を盗んだのだ。（中略）（せりふ）

三人の者が大喧嘩(おおげんか)になる。そこへ馬に跨(また)った王子が一人、森の中の路を通りかかる。（ト書き）

王子　おいおい、お前たちは何をしているのだ？（せりふ）

（馬から下りる）（ト書き）

（芥川龍之介(あくたがわりゅうのすけ)「三つの宝」）

練習問題 新美南吉「ランプの夜」（解答は別冊「解答解説」7ページです）

［①］

姉
妹
旅人

ところ　森の近くの一軒(けん)家。姉妹にあてがわれた小さい勉強部屋

時　［②］

③（机を向かいあわせて姉と妹が、一つのスタンドの光で勉強している。机上にはさくら草の鉢(はち)がおいてある。）

（風の音）

妹　ひどい風ね。

（汽車の音）

妹　九時の上りかしら。

姉　そうじゃないわ、八時十分の下りよ。

妹　ああ、早くお父さんたち帰っていらっしゃらないかなあ。

（スタンド消える）

妹　あら、停電よ。

姉　じきつくからじっとしてらっしゃい。

妹　つきゃしないわ。風で電線がきれたのよきっと。姉さん、お父さんのランプつけましょう。

（姉、たって手さぐりで壁づたいにゆく。④舞台左手に退場）

1　［①］に入る「舞台(ぶたい)に現れ出る人」という意味のことばを漢字四字で書きなさい。

［　　　　］

2　［②］に入るこの場面の「時」としてふさわしいものを次の中から選び、記号で答えなさい。

ア　春になったばかりの風の夜
イ　暴雨風の吹(ふ)き荒(あ)れる夏の夜
ウ　秋も深まった虫の鳴く夜
エ　しんしんと雪がふり積もる静かな夜

［　］

3　――線③のような、動作などを指定する注意書きをなんといいますか。

［　　　　］

4　――線④について。客席から見て「舞台左手」のことをなんといいますか。ひらがなで答えなさい。

［　　　　］

第三章（139〜170ページ）の使い方

第三章は実力を測るテスト形式の演習です。

・答えは別冊の解答用紙に書きこみましょう。
・時間を測ってやり、得点を合計してみましょう。

到達度の目安

40点以下　少し物足りない結果です。がんばりましょう！

41〜60点　平均的な得点です。基本的な問題だけでなく、難しい問題でも得点できるようにして、ライバルたちに差をつけたいところです。

61〜80点　がんばっていますね。気をぬかず、さらに上をめざしましょう。

81点以上　充分な力がついています。この調子！

小学国語

読解の完成

III

第Ⅲ期

1 実力判定テスト①

試験時間　五十分（百点満点）　解答用紙は別冊1〜2ページです。

一　次の手紙を読んで、あとの問いに答えなさい。字数指定のある問いでは、句読点・記号なども字数にふくみます。

拝啓　［①］、お元気ですか。私も元気に過ごしております。先日はお宅での花火観賞にお招きいただき、ありがとうございました。啓子さんと語らいながら美しい花火を楽しんだことは、今年の夏一番の思い出になりました。

さて、今年の中秋の名月は十月六日ですが、我が家でお月見の会を開くことになりました。［ア］もし啓子さんのご都合がよろしければ、一緒（いっしょ）に名月を楽しみませんか。当日は祖母に教えてもらいながら、お団子作りに挑戦（ちょうせん）してみるつもりです。［イ］まずはご案内まで。

では、お体にお気をつけてお過ごし下さい。［ウ］最後になりましたが、ご家族の皆様（みなさま）にもよろしくお伝え下さい。［エ］

［②］

［A］

［B］

［C］

問1　［A］〜［C］にあてはまるものを次の中から選び、記号で答えなさい。

ア　鈴木　啓子様　　イ　佐藤　明子　　ウ　八月二十日

問2　［①］にあてはまる時候のあいさつとして最もふさわしいものを次の中から選び、記号で答えなさい。

ア　二百十日も無事に過ぎましたが

イ　うっとうしい日がつづいておりますが
ウ　きびしい暑さがつづいておりますが
エ　暦(こよみ)の上では秋となりましたが
オ　灯火親しむの候

問3　[②]にあてはまる漢字二字の言葉を答えなさい。

問4　次の文を手紙の中に入れるとすると、[ア]～[エ]のどこが適当ですか。記号で答えなさい。
まだずいぶん先のことですので、中秋の名月が近くなってきましたら、こちらからまたご連絡(れんらく)を差し上げます。

問5　――線「名月」について、次のA～Cの句を読んで、後の問いに答えなさい。

A　[　　]や池をめぐりて夜もすがら
B　[　　]や岩にしみ入る蝉(せみ)の声
C　[　　]を取ってくれろと泣く子かな　　小林一茶

1　[　　]に「名月」という言葉があてはまらないものをA～Cの中から一つ選び、記号で答えなさい。
2　A・Bの句は同じ作者によるものです。「奥(おく)の細道」で有名なこの作者の名前を書きなさい。

二　次の文章を読んで、あとの問いに答えなさい。字数指定のある問いでは、句読点・記号なども字数にふくみます。

「ぼく」は仙台の孤児院(こじいん)で、定時制高校（夜間などに授業を行うため、働きながら通学できる高校）に進まざるを得なかった先輩(せんぱい)たちからのいやがらせにめげずに、全日制高校（平日の昼間に授業を行う高校）への進学を目指していた。母は以前岩手南部の小都市のラーメン屋「康楽(こうらく)」で働いていたが、今は岩手東海岸の港町で働いている。弟は月千円の下宿代を払(はら)うという約束で「康楽」に預けられている。「ぼく」は、弟からの葉書で、弟が出前や店の仕事をさせられていることを知る。葉書についたラーメンの汚点(しみ)に、「ぼく」の不安は高まる。

ぼくはすぐ、母にあてて、かなりきびしい詰問調の手紙を書いた。

――弟は康楽で働かされているようだが、母さんから康楽の主人に、月千円の弟の食費が送り届けられているだろうか。もし、商売がうまく行かず、①その余裕がないのなら、弟を直ちに母さんの許へ引き取るべきではないか。康楽の主人は、なぜだか、弟をぶちたくて仕方がないようだから、一分一秒も早く引き取ってほしい。

一週間ほどたった頃、母と弟から同じ日に便りが届いた。母の手紙のだいたいの意味はこんなところだった。

――十日ほど前にひと月分の食費を康楽に送ったが、あの子が働かされているとは思ってもいなかった。辛いやら情けないやらで、やきとりの材料を仕込みに行く気力も失せ、とうとう一晩、店を出せないでしまった。もちろん、あの子を連れてこっちへ来たかったのだけど、やきとり屋台一式と営業権を買い取るためにどうしても、一万円必要で、その金を貸してほしいと康楽の主人に拝んで頼んだら、その条件が月一割の利子に、あの子を康楽に置いていくことのふたつ。康楽の主人は借金を踏み倒されるのを恐れて、あの子を人質にとったわけなのだよ。これからも死にもの狂いで働くつもり。客が寄りつかないなら、手を引っぱってでも連れてくるつもり。借金は三ヵ月で返せると思うから、おまえからもあの子を励ましてやってほしい。（中略）

先輩（船橋）にさんざんに殴られた「ぼく」のもとに、弟から「あまり元気ではありません。ラーメン屋のおじさんが、母ちゃんの悪口をいいました。それでぼくは、おじさんにバカといいました。おじさんは、ぼくをぶちました。……つらいけどがまんします。さようなら」という葉書が届く。葉書には葉書の四分の三にもなる大きさの汚点があった。ついに「ぼく」は全日制高校への進学をあきらめ、奨学金の中からお金を借り、弟を孤児院に連れてくる決意をした。

その夜更、ぼくは凍てついてつるつるすべる坂道を、走りながら駈けくだって駅に行き、北へ行く真夜中の鈍行列車に乗った。康楽のある小都市の駅に降りるまで、②ぼくは胸のポケットを、上から手でしっかりと押えつづけていた。胸のポケットにはちり紙で幾重にも包まれた十五枚の千円札が入っていたのだ。むろん、十枚は母の借金に、二枚は利子に、更に二枚は弟の食費その他に、あとの一枚は弟の仙台までの切符代にと、ダニエル院長が都合してくれたものだった。

鈍行列車から降りたとき、Ⅰ駅の時計は五時半を指していた。あたりはまだ暗かった。薄黒いざらめ雪をざくざく鳴らしながら、堤防の方へ歩いていった。弟はテーブルを寄せ集めたにわかづくりの高いベッドで、もう眠っているころだろう。もうすこし、明るくなるまで待っていたほうがよさそうだな、とぼくは思った。その間、ぼくは堤防の上を歩いていればいい。

堤防工事はもうほとんど完成しようとしていた。早番の労務者たちが堤防のあちこちで、土をトロッコに積んで運んだり、それを堤防にぶちまけて、プラカードのような柄つきの板で盛った土をポンポン叩いて平らにしたりしていた。堤防の斜面は南を向いており、雪は消え、ところどころに草の芽がほんの少し、頭を出していた。

やがて、東の方がぼんやりと白みはじめた。

堤防を下って、ぼくは康楽のある飲食街に足を踏み入れた。あたりに薄く白く靄が立ちこめている。その靄のむこうに人影があった。その人影は小さくて、道路にバケツを持ち出してなにか洗っている。近くへ行ってみると、それは弟だった。学童服の上に、毛糸のくたびれたちゃんちゃんこを羽織っている。紫で背中に虫喰いのあとがあった。母がよく着ていたやつだ。弟のために置いて行ったのだろう。

弟はバケツに赤く腫れ*上った手を突っこみながら、黙々と葱の泥を洗い落としていた。③ぼくは弟の背中を見つめながら、ずいぶん長い間、立ったままでいた。どうしても声をかけることができない。弟が泣いてでもいたら、走り寄って、ぽん！と肩を叩くぐらいのことはできただろう。しかし、彼はおし黙って、さっさとでもなく、のろのろとでもなく、ただ手を動かしているだけだった。

すこしでも寒さを防ごうというつもりなのか、弟は背骨をひどく丸めていた。まるで体が二つに折れているように見えた。あるいは、寒さを防ぐためではなかったかもしれない、一家離散の辛さや悲しさを幼い身に背負いかねて、背骨が折れそうになっていたのかもしれなかった。彼の両耳は霜焼けを通りこして、ぐじゃぐじゃの雪焼けになっていた。痛くて引っ掻いたのか、瘡蓋が半分千切れて、いまにも落ちそうにぶら下がっていた。

ぼくは回れ右をし足音を忍ばせながら、いま下りた堤防をまた上った。そして、遠回りをして駅に戻った。つまり、ぼくはなに気なく弟に逢おうと考えたのだった。たとえば、小学校の*向いあたりで弟のやってくるのを待つ。弟が歩いて来るのを見つけたら、ぼくもこっちから歩いて行く。そして、一旦、すれ違っておいて、

「やぁ、なんだ、ここで逢えるなんて思っていなかったなあ。兄さん、康楽へ行く途中なんだぜ」

とさらりと声をかけてやる。そのほうが、お互いに気が楽なのではないか。

駅の待合室のベンチに腰を下ろし、④ぼくは大時計を何度も見上げ、早く七時になれ、早く時よたて、と呪文のようにとなえた。

七時すこし前から小学校の校門に立って、弟を待った。そんなに早く登校するとは思えなかったから、はじめは口笛などを吹いていた。七時半ごろから、登校の生徒たちの列が続きだした。弟がやってくるはずの通りをⅡ●●●●もせず見つめた。⑤五、六人、弟とよく似た男の子を見つけ、歩き出し、すれ違ってみた。弟とよく似てはいたが、みんな弟ではなかった。

生徒たちの流れが途絶え、始業のベルが鳴った。だが、弟はやってこなかった。あるいは見つけ*損ったのだろうか。⑥ぼくは学校に飛びこみ、教頭先生にわけを話し、弟が四年の何組にいるのか調べてもらった。親切な教頭で、弟が四年三組にいるはずだ、と教えてくれたばかりでなく、教室の前までぼくを案内し、担任の女教師を廊下へ呼びだしてくれた。

「ここ二週間ばかりずーっと休んでいますよ、あなたの弟さんは……」

「二週間も……ですか？」

女教師は頷いて、

「一週間前に弟さんを訪ねてみました。そしたら、康楽の御主人が翌日からちゃんと通わせると約束してくださったんですよ。あの御主人はあなた方のおじさん？」

「おじさんなんかじゃありません！」
⑦ぼくの言い方があまり激しかったので、教室で聞き耳を立てていた子どもたちがざわめき立った。ぼくは教頭と女教師に、弟の転校手続をとるためにもう一度戻ってきますと告げ、学校を飛びだした。
康楽は*閉っていた。⑧がたがた表戸を揺すぶっていると、弟が出てきた。半分、戸を開けかけて、弟はぼくに気がつき、

「あれ、兄ちゃん……」

と、照れ臭そうに笑った。

「バカ、どうして学校を休んでいるんだ」

「おじさんたちの御飯を炊いているんだ。お汁も作るんだよ」

「……命令されたのか？」

「いや、⑨炊いてくれないか、といわれただけなんだ。でも……」

「断るとぶたれるんじゃないか、そう思って引き受けたんだな？」

弟は、そうだ、と小さな声で答えた。

「どこにいる？」

「おじさんたちのこと？」

「うん」

「二階で寝てるよ。でも、もうすぐ起きてくると思うんだ」

「起きてくるまで待っていられるか！」

ぼくは階段をどんどん踏み鳴らして二階へ上った。そして、抱き合って眠り呆けていた二人にいった。

「弟はお世話になっているんですから、働かされても仕方はありません。でも、どうして、学校へやってはくれないんですか」

「四月からはちゃんと通わせますよ」

おばさんが腹這いになって、煙草に火をつけながらいい、一口吸ってから、おじさんに手渡した。

「もういいんです。ぼくは弟を連れて帰りますから。いろいろありがとう」

「そうはいかないぜ」

おじさんはぼくに煙を吹きかけた。

「おまえさんたちのお袋さんに金を貸してあるんだよ。それを貰わないうちは……」

ぼくは二人の前に千円札を十四枚並べた。おじさんは自然に黙ってしまった。

「母の書いた借用証を返してください。それから、市役所で手続きしてきますから、※米の通帳を貸してもらえますか？」

弟とぼくは昼過ぎの鈍行でその町を発った。車内は空いていた。座席に並んで坐りほっとした途端、どういうわけなのか、涙が溢れ出た。それを見て、こんどは弟が泣き始めた。

向かいに坐っていた老婆が、ぼくらに声をかけた。

「兄弟喧嘩かね？　兄弟喧嘩はいけないよ」

それから、老婆は、その前の日、船橋に殴られて腫れ上ったぼくの左頬を見てにこりと笑った。

「あんた方兄弟は、弟さんの方が強いのかね？　え、こんな小さいのに……」


（井上ひさし『四十一番の少年』所収「汚点」文春文庫　設問の都合上、「俄か」をひらがなに改めた。）

〈注〉※　米の通帳…当時、米を入手するために必要だった米穀通帳のこと。身分証明書としても機能していた

問1　‖線Ⅰ「にわかづくり」を「●ごしらえ」と言いかえた場合●にあてはまる漢字一字を答えなさい。また、‖線部Ⅱの「●●●●」に最もよくあてはまる言葉を次の中から選び、記号で答えなさい。

ア　身じろぎ　　イ　はばかり　　ウ　まばたき　　エ　目くばせ　　オ　まんじり

問2　本文には実際に起こったことではなく、想像上のできことが書かれている部分があります。それはどこからどこまでですか。過不足なく探し、最初と最後の五字ずつを答えなさい。この設問では句読点を書く必要はありません。

問3　――線①「その余裕」とはどうする余裕ですか。二十五字以内で答えなさい。

問4　――線②「ぼくは胸のポケットを、上から手でしっかりと押えつづけていた」とありますが、ここから分かる「ぼく」の気持ちとして最もふさわしいものを次の中から選び、記号で答えなさい。

ア　慣れない大金を持っているので、悪いことでもしたようで、周囲の目が気になって落ち着かない気持ち。
イ　この金で少しでも早く、かわいそうな弟を辛い生活から助け出してやりたいという気持ち。
ウ　このお金さえあれば、借金を返すことも全日制高校に進学することもできるのだという頼もしい気持ち。
エ　弟のためには仕方ないと、進学への未練を断ち切ろうと自分に言いきかせるような気持ち。
オ　弟のために大金をくれたダニエル院長に感謝するとともに、ふがいない母をなじる気持ち。

問5　――線③について、次の各問いに答えなさい。

1　「ぼく」は、弟の背中からどのようなものを感じとりましたか。文中から十字前後で探し、書きぬきなさい。
2　「ぼく」が弟に声をかけることができなかったのはなぜですか。次の中から最もふさわしいものを選び、記号で答えなさい。

ア　弟のうつろな動きやあわれな姿を見て胸をつかれ、かける言葉もなかったから。
イ　弟の苦労を目の当たりにして、自分だけが安楽に暮らしていたことがうしろめたかったから。
ウ　仕事のじゃまをすれば、弟が康楽の主人にぶたれるだろうとおそれたから。
エ　自尊心の強い弟はみじめな状態を見られることをいやがるだろうと遠慮(えんりょ)したから。
オ　こんなひどい状況(じょうきょう)は、兄弟の感激の再会にふさわしくないと考えたから。

問6　――線④「ぼくは大時計を何度も見上げ、早く七時になれ、早く時よたて、と呪文のようにとなえた」、――線部⑤「五、六人、弟とよく似た男の子を見つけ、歩き出し、すれ違ってみた」、――線部⑥「ぼくは学校に飛びこみ、教頭先生にわけを話し、弟が四年の何組にいるのか調べてもらった」、――線部⑧「がたがた表戸を揺すぶって」のそれぞれについて、その時の「ぼく」の気持ちとしてふさわしいものを次の中から選び、記号で答えなさい。

ア　弟がずっと登校していないという話が気になって、もう一秒でも会うのを待てない、もどかしい気持ち。
イ　いつまでたっても学校に弟が現れないので、見過ごしてしまったのかと思い、すぐに確かめずにはいられない気持ち。
ウ　かわいそうな弟に一刻でも早く顔を見せてやり、孤児院に引き取ることを教えてやりたいという気持ち。
エ　登校時間に弟が現れなかったので、もう弟は主人に退学させられてしまったのかとあせり、取り乱す気持ち。

オ　いよいよ弟がやってくると思うと落ち着いて待つことができず、気が高ぶっていてもたってもいられない気持ち。
カ　弟が学校に来ていないのは康楽の主人たちの食事の支度をするためだと知り、主人への怒り（いか）にうちふるえる気持ち。

問7　――線⑦「言い方があまり激しかった」について、次の各問いに答えなさい。
1　言い方が激しくなった理由を説明しなさい。
2　この時の気持ちと同じ気持ちが表れている「ぼく」の行動を表す一文を文中から探し、最初と最後の五字ずつを書きぬきなさい。

問8　――線⑨「炊いてくれないか、といわれた」とありますが、康楽の主人はどのような調子で「炊いてくれないか」と言ったと思われますか。次の中から最もふさわしいものを選び、記号で答えなさい。
ア　仕事を増やして申しわけなさそうに
イ　有無をいわせない威圧（いあつ）的な態度で
ウ　冷淡（れいたん）だが、意志を尊重するように
エ　おそるおそる機嫌（きげん）をとるように
オ　日ごろの働きを認め、評価するように

問9　最後の6行からはどのようなことが読みとれますか。次の中から最もふさわしいものを選び、記号で答えなさい。
ア　老婆ののんきさと、行くあてもない兄弟の境遇（きょうぐう）の悲惨（ひさん）さが対比されている。
イ　老婆のとぼけた様子が、やっと弟を救い出した兄の安心感を表現している。
ウ　母のいないさびしい兄弟を、老婆のあたたかい同情が包んでいる。
エ　老婆の罪のない誤解（ごかい）が、兄弟が耐（た）えてきた苦労を際立たせている。
オ　老婆のやさしさが他人の家でつらい思いをしてきた弟の心をほぐしている。

三　次の文章を読んで、あとの問いに答えなさい。字数指定のある問いでは句読点・記号なども字数にふくみます。

東洋画、もしくは日本画で写実ということがあるとすれば、人間や自然の心、本質をよくつかんで表現するということで、西洋風のリアリズムの考え方とは違う。ヨーロッパでは、見た目の、まさにそこにものがあるような実在感をねらうのが写実だが、日本などでは昔から、象徴的に描いて、ものの本質、精神、真髄をつかんで表現すれば、真実に迫り、迫真の世界が生まれると考えてきた。

キリスト教美術などを見ると、キリストの十字架上の死が、しばしばナマナマしく描かれる。釘を打ち込まれたところからは、A●ざめた死体の肌にB●々と血が流れている。①ああいう人の死の描き方は、日本の伝統的な絵画には少ない。中世を中心とする絵巻などを別とすれば、死体を描くということ自体、あまりなかったのではないだろうか。

日本的と言っても、現在ではまったく変わってしまったが、②死の描き方ということでは、私はよく一昔前の映画の手法を思い浮かべる。その人物が死を迎えることがC明●になる、ギリギリのところまで描いて、木の葉が一枚ひらりと落ちる、椿の花がひとつポロリと散る、［1］ろうそくの灯がふっと消える場面などにして、死を暗示したものであった。死体を映したり、周囲の人が泣くところを映したりするよりも、そういう暗示的な映像で見る人に人の死というものを想像させる方が、より＊気持が深くなるという考え方である。

血まみれの殺人、病死、事故死、何でも最後まで映す現在のテレビや映画からすれば、もう昔話の感がある。もちろん、どちらがいいわるいの問題ではない。日本人の中にある発想の話である。

［2］、現代の日本がどれだけ変わっても、百パーセントヨーロッパ的になることはなく、日本的な表現が一方で生きている。［3］詩というものを考えると、ヨーロッパの伝統的な詩と日本の和歌では、形式をもつという点では同じでも、表現のあり方はたいへんに違う。とは言っても、私自身ヨーロッパの詩に詳しいわけではないので、③むしろ中国の詩と和歌を比べた方がわかりやすい。私たちがふつう漢詩と呼んでいる中国の詩は、五言絶句や七言律詩などという形式があり、韻をふむ決まりも厳格なら、文法的にみても、主語、述語、目的語、形容詞などが実に整然としている。そういう点、中国の詩はヨーロッパの詩に近いと言えるだろう。これに比べると、日本の和歌は、まず文法的にみて、主語もなければ動詞がひとつも出てこないようなものが少なくない。ひとつひとつの言葉にいろいろな意味をもたせ、表現そのものはできるだけ簡略化して、読む人に④言外の部分を想像させようとするのが、和歌の特色をなしている。

⑤和歌は、（　　）という形をもち、時代や流派によって細かな決まりがあるとは言われているが、表現はおおむね自由であった。その自由さは、漢詩などにもないものであったと思うのである。ヨーロッパや中国からみれば、あいまいでわかりにくいと思われるかもしれない和歌の表現は、言ってみれば詠み手と読み手が共同でつくり上げていく詩の世界なのだ。［4］、作者は全部を表現し尽くそうとしないで、暗示した場面を読者が想像でつくり上げるに任せるのである。これは先ほどふれた、人の死を暗示的に表現する映画の手法と同じである。

たまたま和歌の例を出したが、日本の伝統的な文化には、共通して言えることだと思う。できるだけナマなものは※払拭し、浄化させ、濾過し、沈殿させることによって、エッセンスだけを選んで語り、描いていくことが、非常に次元の高い表現である、という見方である。それが人間や自然の本質に迫る象徴的な表現となるのは、言外の意味である余韻が生まれ、余韻の深さによって読む人、見る人が本質に近づくからだ。おそらく、日本人は、人間をも含めた自然の本質を、⑥そういうものとしてとらえてきたのである。

（平山郁夫『絵と心』中公文庫）

〈注〉※ 払拭…ぬぐいさること

問1 ‖線A～Cの●のそれぞれにあてはまる色を表す漢字一字を答えなさい。

問2 [1]～[4]にあてはまる言葉を次の中からそれぞれ選び、記号で答えなさい。

ア さて　イ たとえば　ウ だから　エ あるいは　オ しかし

問3 ——線①「ああいう人の死の描き方は、日本の伝統的な絵画には少ない。中世を中心とする絵巻などを別とすれば、死体を描くということ自体、あまりなかったのではないだろうか」とありますが、それは日本の伝統文化にどのような考え方があったからですか。これより後の文中から最もふさわしい部分を探し、最初と最後の五字ずつを書きぬきなさい。

問4 ——線②「死の描き方ということでは、私はよく一昔前の映画の手法を思い浮かべる」とありますが、どのような手法を指していますか。「～手法」に続く十二字以内の部分を文中から探し、書きぬきなさい。

問5 ——線③「中国の詩と和歌を比べた方がわかりやすい」とありますが、これらを比べるとどのようなことがわかりますか。次の中から最もふさわしいものを選び、記号で答えなさい。

ア 漢詩は五言絶句や七言律詩という形式があるが、日本の和歌は特に形式は決められていない。

イ 漢詩は文法を絶対視しており、象徴的な表現はしないが、日本の和歌では象徴的な表現を重んじる。

ウ 漢詩と日本の和歌はいずれも形式がきまっているが、日本の和歌の方は文法がいいかげんである。

エ 漢詩は厳しいきまりがあり、文法も整然としている一方、日本の和歌は表現が比較的自由である。

オ 漢詩はヨーロッパの詩に似ているが、日本の詩は韻をふまないので、ヨーロッパの詩とは共通点がない。

問6　――線④「言外の部分を想像させようとする」について、

1　「言外」の読みをひらがなで答えなさい。

2　「言外の部分を想像させ」ることは、どのようなものをもたらす効果がありますか。最もふさわしい言葉を漢字二字で文中からさがし、書きぬきなさい。

問7　――線⑤「和歌は、（　　　）という形をもち」の（　　　）にあてはまる漢字を五字で答えなさい。

問8　――線⑥「そういうもの」とはどういうものですか。文中の言葉を用いて十二字以内で答えなさい。

四　次の①～⑩の――線のカタカナを漢字に直しなさい。送りがなが必要な場合はひらがなで書きなさい。

①　議長がサイケツを下す。
②　シンコウを深める。
③　ジョウキ機関車に乗った。
④　チームをヒキイル。
⑤　タイショウテキな性格の姉妹。
⑥　ひとすじのコウミョウが見える。
⑦　カッキテキな計画だ。
⑧　ケイセイは不利だ。
⑨　メイアンを分ける。
⑩　火に油をソソグ。

2 実力判定テスト②

試験時間　五十分（百点満点）　解答用紙は別冊3～4ページです。

一　次の文章を読んで、あとの問いに答えなさい。

恩に着せるような言い方を日本人はきらう。昔、私はこんな話を伊豆に住む人から聞いたことがある。

伊豆半島の真ん中には天城山麓が尾根のようにあって、そこだけは、温暖な伊豆地方の中でも、冬は雪が降ったりする別世界である。昔はそこに気象の測候所があり、ふもとに住む男が毎朝山の上まで通って、※百葉箱をのぞくのが日課だった。

ある冬のこと、その男が雪で真っ白になった山道を歩いていると、若い女性がたおれている。びっくりしてかけ寄ると、体はもう冷たくなっていたが、かすかに心臓の鼓動が感じられた。大あわてでその人の体をこすり、自分のコートを着せかけいちばん近い人家まで走った。けんめいの救助作業のかいあってか、どうやらその女性は病院で息をふき返し、助かったという。助けた人が後で様子を見に行くと、①やはり女性は自殺をしようとしていたらしい。もう少し発見がおくれたら、まちがいなく彼女は死ぬところだったのである。②男性は自分が助けたことがはたして良かったのか、よくわからなかったが、とりあえず「助かって良かったですね」と声をかけた。

女性はつかれはてた顔で、自分は芸者をしていたが、たのみにしていた男に袖にされ、生きる希望を失った。[あ]死のうと思ったけれど、こうして助かってみると、やはり生きていて良かったと思う、と言って「これはつまらないものですが、こんなものしかお礼に差し上げるものがありません。どうか受け取ってください」と、古びた足袋を差し出した。男性は困ってしまったが、どうしてもと言ってきかないので、とりあえずもらって帰ってきた。[い]使い古した足袋などもらっても、うれしいものではない。そのまま置きっぱなしにしていたが、その話を聞いた弟がやって来て足袋を見つけた。[う]しばらく見ていたが、「ちょっと預かるよ」と言って、持っていってしまった。間もなく帰ってくると「大変だ、この足袋はすごい価値のあるものだよ」と言う。なんと足袋のこはぜ、つまりとめ金の部分が純金だったというのだ。あわてて男は病院にかけつけたが、そのときはもうその女性はどこかに立ち去ったあとだったという。

この話を聞いたとき、③私はいかにも日本人らしい話だ、と思った。もしも欧米の話だったら、女性が足袋をわたすときに「これは一見古びていますが、こはぜの部分に純金を使っていますから、売れば相当な金額になるでしょう。けっしてあなたに損はさせません」とか何とか言うところである。しかし女性は「つまらないものですが」としか言わないのである。

日本人が相手にものをあげるとき、「つまらないものですが」とか、「粗品ですが」などと言うのを聞くと、④外国の人はびっくりする。なぜつまらない物をわざわざあげるのですか？　ということになる。しかしこれは相手の気持ちを考えた上でのことだ。日本人は物をもらうと、すぐに返さなくてはという気持ちになる。だから「そんな必要はないのですよ」ということを、つまらないものという言葉の中にかくしているのである。「何もございませんが、めしあがってください」という言い方も、これを食べても何も食べなかったのと同じだと思ってください、というやさしい気持ちの表れなのである。

みなさんにもそういう経験はおありだろう。[え]家庭でも、この恩を着せない言い方をふだんなさっているのである。ご主人が仕事場で⑥働いていらっしゃる。帰ってきたとき奥様がお茶を入れる。お茶を入れてご主人のところに持ってくる。そのとき何と言うか。「あなた、お茶が入ったわよ」。これはすばらしい日本語である。「お茶が入ったわよ」と言っても、お茶は自然に入るものではない。お茶が入るためには、奥様はお湯をわかし、急須にお茶の葉を入れ、お茶わんに注ぎ、適当なお茶菓子をそえる。それだけの手間をかけているのである。

アメリカ人の奥さんだったら何と言うか。「私はあなたのためにお茶を入れたのよ」と言うだろう。[お]「あなたのためにお茶が用意されている」と言うかもしれない。英語の先生に聞いたわけではないが、おそらくそういう言い方をする。そう言われたら亭主はだまっているわけにはいかない。「すまんな、ありがとう」とか言ってお茶を飲むことになるだろう。日本の奥さんはそういうことを言わない。「あなた、お茶が入ったわよ」と、まるで自然に雨が降ってくるみたいに、お茶が自然に入っているように言うのである。これはすばらしい。だから日本の亭主は「ありがとう」なんて言わない。[★]、これでおしまいである。こういうことはお茶に限らない。「あなた、おふろがわいているわよ」「あなた、ご飯ができたわよ」「ふとんがしいてあるわよ」。全部自然にできているように、自分がしたことをいっさい言わない。⑦これは日本人の修養である。相手に恩を着せるようなことを言わないことになっているのである。

（金田一春彦『ホンモノの日本語を話していますか？』角川書店）

〈注〉※　百葉箱……気象を観測するために屋外に置く木箱

問1　——線①「やはり」と同じ意味で使われているものを、次のア〜エの中から一つ選び、記号で答えなさい。

ア　彼もやはり人の子、試合に負けて泣いた。

イ　昨日も今日も雨、一昨日もやはり雨だった。

ウ　心配はしていたが、やはり大雨警報が出た。

エ　さしみは、何と言ってもやはりマグロに限る。

問2 [あ]～[お]にあてはまる接続詞を次のア～オの中から選び、記号で答えなさい。ただし、同じ記号は二度使いません。

ア たとえば　イ あるいは　ウ だから　エ そして　オ しかし

問3 ――線②「男性は自分が助けたことがはたして良かったのか、よくわからなかった」とありますが、それはなぜですか。わかりやすく説明しなさい。

問4 ――線③「私はいかにも日本人らしい話だ、と思った」とありますが、どういうところが「日本人らしい」のですか。「この話」の内容をふまえてわかりやすく説明しなさい。

問5 ――線④「外国の人はびっくりする」とありますが、その理由として最もふさわしいものを次のア～エの中から選び、記号で答えなさい。

ア つまらない物をあげるのは、相手に失礼だと思うから。

イ 「つまらないもの」という言い方は、ていねいすぎると思うから。

ウ 「つまらないもの」という言い方は、へりくだりすぎだと思うから。

エ つまらない物をあげるのは、自分のプライドを傷つけるおこないだと思うから。

問6 ――線⑤「これ」が指し示す部分を、「こと」に続くように文中から探し、最初と最後の三字をぬき出しなさい。

問7 ――線⑥「働いていらっしゃる」とありますが、この「いらっしゃる」と同じ用法のものを、次のア～エの中から一つ選び、記号で答えなさい。

ア 先生は研究室にいらっしゃる。

イ お客様が間もなくいらっしゃる。

ウ 明日はどこにいらっしゃるのですか。

エ あの方はいつも本ばかり読んでいらっしゃる。

問8 [★]にあてはまることばとして最もふさわしいものを次のア～エの中から選び、記号で答えなさい。

ア 「うん」　イ 「どうも」　ウ 「すまんな」　エ 「ごくろう」

問9 ——線⑦「これは日本人の修養である」とありますが、筆者は「日本人の修養」を例えばどのようなものと考えているのですか。最もふさわしいものを次のア〜エの中から選び、記号で答えなさい。

ア お茶を入れる場合にも、「お茶が入ったわよ」と言って、自分のしたはたらきをわかってもらいたいという本音をおさえながら、人間関係を円満に保とうとするもの。

イ おふろをわかす場合にも、「おふろがわいているわよ」と言って、相手の心に負担をかけないように気を配りながら、おごり高ぶらない謙虚な姿勢を育て、心を豊かにしていくもの。

ウ ふとんをしく場合にも、「ふとんがしいてあるわよ」と言って、相手の気分が良くなるように気づかうことで、物事は常に相手中心に考えたり行ったりするのが正しいのだと了解するもの。

エ ご飯の用意をする場合にも、「ご飯ができたわよ」と言って、なるべく自分のしたことが目立たないようにふるまうことで、逆に周りの人から認められるようにつとめるもの。

二 次の文章は、女学校（注…ほぼ、今の中高一貫女子校に当たる）に通う少女の物語で、昭和十九年が背景となっています。この文章を読んで、あとの問いに答えなさい。字数指定のある問いでは句読点・記号等も一字として数えます。

宝塚少女歌劇団の休演に続き、松竹少女歌劇団が解散になった。松竹芸能本部は、※女子挺身隊を結成した。

少女歌劇団の休演、解散ばかりではなく、決戦非常措置要綱第七項「高級享楽の停止」に基づき、東京歌舞伎座、新橋演舞場はじめ大阪歌舞伎座、北野劇場、京都南座、名古屋御園座、神戸松竹劇場などの十九大劇場が三月五日より休場することに決まり、また精養軒、錦水をはじめ、約八百五十の高級料理店、※待合約二千五十、芸妓屋約四千三百、カフェー、酒場、喫茶店など約二千店が休業した。

新橋、赤坂、柳橋では組合別に職場挺身隊を結成し、検番稽古場を作業場にして直接生産につくことになり、東京の※女給約三千三百人のうち、独身住込みの約千五百名は職域挺身隊を結成することになった。

四年生となる私は、五年生と共に※繰上げ卒業したのちの方針について迷っていた。上級学校進学か、挺身隊として軍需産業に従事するか、によって、英語組か、英語をとらぬ組を選ぶことになる。上級学校に進んだとしても※学徒動員で学業にはつけないのだから、はじめから挺身隊として働いたほうがいいのではないか、という者と、戦争が終われば学窓へ戻れるのだから、とにかく英語を学習しておいたほうがいい、という者とにわかれ、しかし、そう言いながらも決断がつきかねて、今日と明日とでは考えが変わる。

戦争が終わるということは、無論勝つということであるが、新聞もラジオも明るいニュースはなく、次第に悲壮味を帯びて来ていた。こんな緊迫した時局に、女子大や専門学校に進学するのは非国民だという風潮が高まっていて、友達の間でも何とはないはばかりがあり、口にしにくい。

父が生きていたら、ためらいなく進学を薦めただろう。

父の教育熱心は、不自由な一人暮らしをしてまでも家族を東京へ転居させ、家を探すにあたって、まず進学率のいい小学校の近くを条件にしたくらいなのだから。

だが、その父が亡くなって働き手がいなくなったことを、私は考えぬわけにはいかなかった。叔父は、定期預金の利子だけで贅沢さえしなければ困ることはない、と言ったが、それは当面の計算で、今後情勢がどう変わるかわからない。祖母が死ぬまでと、姉妹がそれぞれ※配偶者を得るまで、全く無収入の一家が利子だけをあてにして暮らして行けるものなのだろうか。（中略）

私自身、挺身隊を志望して軍需工場へ行ったとしても、給料が家の助けになるなどと考えたわけではない。ただ、女子大や専門学校へ行くということは相当の学費がかかるわけで、働き手のいなくなった家庭で許されることではない、と思ったのだ。

無論、お国の為に働きたい、という気持ちが第一であったが、そういう大義名分があれば進学しなくても親がいないから、と同情されることはない、という意識が働いたこともAいなめない。

四月一日の始業式に、組の編成が廊下に貼り出された。

（中略）

祥子と靖子も、はじめのうち、挺身隊に行く、と言っていた。学年全体が、そういう空気になっていたのだ。だが、①転びバテレンのように、一人、二人と変心して行った。国語の教師が言ったように、無産中産インテリ階級の家庭の親たちは極めて教育熱心であり、上級学校の進学率が高いということで、子供たちをこの学校へ入れているのだ。②世間の風潮に捲き込まれて挺身隊を希望している娘たちを、進学するように説得を*尽したに違いない。進学したとしても、戦争に勝つまでは学徒動員でお国のために働くことには変わりないのだから、と……。

絶対に挺身隊よ、と指切りしていた人たちのうち、何人が英語組になるか、今日それが明らかになるのである。祥子と靖子は、三学期の終わりに、進学することに決めた、と私に打ち明けている。私は、叔父にも、姉にも相談せず、英語をとらぬことに決めていた。無論英語組とはいっても、進学する、しないはまだ先のことである。しかし決断を先にのばすことは、迷いを引きずることになる。一旦挺身隊と決めたからは、潔くそれを貫こう、と思った。

組替えの結果、梅、菊が英語組、蘭、竹が英語をとらない組ということで、三分の一足らずと思っていた英語組は、半数にもなっていた。祥子と靖子は菊組、私は蘭組であった。私は祥子たちとは別の組になることは覚悟していたが、祥子と靖子が同じ組になったことは少なからずショックだった。三人がばらばらになると思っていたのだ。

二人は私の様子をうかがい、私だけ離れたことを気にしている様子である。

「よかったじゃない。二人一緒で」

私は、故意に明るく言った。

「貴女と別れるのは仕方ないと思っていたけれど……」

「二人が一緒になるとは思ってもいなかったわ」

③口々に慰められると、私はやりきれない気分に陥った。

「でも、授業中お喋り出来るわけじゃなし、休み時間や、帰りには必ず一緒だものね」

私はそれが単なる■休めに過ぎない、と思った。

「絶対一緒よ。ね？」

靖子が小指を出したので、私は自分の小指をからませたが、祥子と靖子の仲は親密さを増し、私は次第に疎遠になっていくだろうと思わずにはいられなかった。

彼女たちはしかし、休み時間の度に隣の教室の私を呼び出しに来た。私たちは、わずかな時間を惜しむように喋り続けた。

帰りも、掃除当番にぶつからぬ限り三人一緒に帰った。

その日も二人が私を呼びに来たが、校門を出ると二人は周囲を●●かるように声を落とし、

「今日ね、秋山先生の授業中にね」

祥子が言い出した。靖子がそれを奪うように、

「与謝野晶子の詩を黒板にお書きになったのよ。あ、おとうとよ、君を泣く、※君死にたまふことなかれ……っていうの」

「晶子の弟が、日露戦争に※出征したとき、旅順口の戦いに加わっているのを心配して作ったものなんですって。旅順の城はほろぶとも、ほろびずとても、何事ぞ、って」

二人は、興奮して顔を紅潮させている。

「君死にたまふことなかれ、ですって？」

「そう、何度もそれが繰返されているの。先生は、すぐお消しになってしまったから、全部は写せなかったけれど……」

祥子は、ノートに書き写した最初の部分を私に見せた。

　あ、おとうとよ、君を泣く、

君死にたまふことなかれ、
末に*生れし君なれば
親のなさけはまさりしも、
親は刃をにぎらせて
人を殺せと※をしへしや。
人を殺して死ねよとて
二十四までをそだてしや。

堺の街※の あきびとの
旧家をほこるあるじにて
親の名を継ぐ君なれば、
君死にたまふことなかれ、
旅順の城はほろぶとも、
ほろびずとても、何事ぞ、
※君は知らじな、あきびとの
家のおきてに無かりけり。

祥子は私がそこまで読むと、急いで鞄にノートを蔵った。

「何の授業？」

「国語よ」

「国語はわかっているわよ。何で突然与謝野晶子なのよ」

「わからない。何か先生、感じるところがおありだったのよ」

「それで、どういうことをおっしゃったの？　その詩について」

「日露戦争も大東亜戦争も、日本のE■急■亡にかかわる大変な戦争であることには違いないけれど、戦地に親兄弟を送る者としては、お国のためとは言えやはり戦死させたくないというのが肉親の情でしょう。それを率直に歌った晶子の勇気をおっしゃったのよ」

「でも、この詩が『明星』に載った時、大町桂月※が乱臣賊子と攻撃したんですって」

「そういうふうに思う人、今だっているわ」

「そうなの。そんな詩を授業中に取り上げたことが校長先生に知れたら大変だって、みんな言っているの」

「知れちゃうわよ。五十人もその場にいたんだから」

私は、とんでもないことにならないか、と不安で胸がいっぱいになった。（中略）

五十人の中の誰かが親に言い、親のうちの誰かが、不穏な授業をする教師として問題にしないとは限らない。親でなくても、生徒の中に、直接校長室へ告げに行く者がいないという保証はないのだ。

ラジオから流れる歌は、軍歌ばかりだ。

弾丸も戦車も銃剣も
しばし露営の草枕
夢に出て来た父上に
死んで還れと励まされ
覚めてにらむは敵の空

貴様と俺とは同期の桜
同じ兵学校の庭に咲く
咲いた花なら散るのは覚悟
みごと散りましょ国のため

出征する者は、お国のために名誉の戦死を遂げます、と言い、送る者も、家のことは心配せず、心おきなく戦え、と言う。

「でもねえ、それは本心じゃないわ。④兄が出征する時、赤紙※が来て翌日入隊だったのよ。床屋へ行って髪を丸坊主にして、御近所の人たちに挨拶して、夜在郷軍人会が送別会してくれて、お酒飲んで、当日婦人会の人たちが割烹着にたすきかけて、日の丸の旗振ってバンザイ、バンザイ、では元気で頑張って来ます、って行っちゃった。家族で別れを惜しんだり、相談ごとをしたりする暇なんか与えずに、わーっと送り出しちゃう仕組なのね。もう会えないかもしれないのに、結局私、兄と話らしい話もしなかった。母も泣いたりしなかったけれど、暫くはぼんやりしちゃって、様子がおかしかったわ。兄は軀が丈夫じゃないし、運動神経は発達しているほうじゃないし、要領は悪いしね。まっ先に死んじゃうんじゃないかって思う。母は毎日写真の前に※陰膳を据えて拝んでいるけれど、⑤お国のために名誉の戦死をするように、なんて思っていないわ。弾丸にあたらないようにして⑥何が何でも生き残って帰って来てくれ、と祈っているに違いないわ」

靖子が言った。（中略）

私は、秋山先生の授業のことが心配でならなかった。秋山先生は私たちの学校の卒業生で、※女高師に進み、母校で教鞭をとるようになったのだが、教師の中で一番若く、授業が情熱的だというので、生徒たちに人気があった。

私たちが入学した昭和十六年の頃はまだ大東亜戦争勃発前で、秋山先生は紫の矢絣の着物に、紺の袴をはいて教壇に立っていた。私は、一年は中年の男の先生、二年は学校の主のような女の先生に国語を習い、それぞれ個性のある授業だったので国語は楽しみであったが、三年生で秋山先生が担任になり、従って国語も秋山先生になったため、国語が一番好きな科目になった。

先生は、袴の代わりにモンペをはき、長い髪は編んで頭の廻りに巻きつける鉄兜巻きにするようになったが、それでも私と靖子は、〝紫の君〟と呼んでいた。（中略）

〝君死にたまふことなかれ〟の授業のことについては、幸いに学校内で問題になることはなかった。菊組の生徒たちは、教室外でそのことを口にしなかったようである。恐らく親にも言わなかったのではないだろうか。

⑦晶子の歌はみなに感銘を与えたに違いなく、戦時中にそんな授業をする秋山先生を批判する生徒はいなかったのである。

⑧授業は、四年生になって一層少なくなった。

（津村節子『茜色の戦記』新潮文庫）

〈注〉※女子挺身隊…若い女性を戦時の労働力としてまとめる組織。昭和十九年二月には、十二歳以上が対象とされた

※待合…貸室業（ホテル・旅館など）

※女給…ウェイトレスやホステス

※ 繰上げ卒業…戦争で国全体が人手不足となったのを補うため、最終学年をとばして卒業させる措置
※ 学徒動員…学生を国や軍隊の統制のもとに動員して、働かせること
※ 配偶者…結婚相手
※ 死にたまふことなかれ…死にたもうことなかれ、と読む。「死ぬことのないように」の敬語表現
※ 出征…軍隊に行き、兵として戦地におもむくこと
※ をしへしや…教えしや。「教えただろうか、いや教えない」という意味
※ あきびと…商い人。商人
※ 君は知らじな…君は知らないだろうな
※ 乱臣賊子…主君（天皇）への反逆者
※ 赤紙…日本軍への入隊を命じた召集令状。うす赤い用紙に出頭先などが書かれていた
※ 陰膳を据えて…旅立った人の無事をいのり、留守宅でご飯を（写真の前などに）捧げて
※ 女高師…「女子高等師範学校」の略称。女性教師を養成する学校

問1 ═線A〜Eについて、次の各問いに答えなさい。
A 「いなめない」の意味を、簡潔に書きなさい。
B 「故意に」という言葉を言いかえる場合、ふさわしくないものを次の中から一つ選び、記号で答えなさい。
ア わざと　イ つとめて　ウ 注意して　エ 無理して
C 「■休めに過ぎない」の■に、適切な漢字を入れなさい。
D 「周囲を●●かる」の●●に、適切なひらがなを入れなさい。
E 「■急■亡」の■にそれぞれ適切な漢字を入れ、四字熟語を完成させなさい。

問2 ──線①「転びバテレンのように、一人、二人と変心して行った」とありますが、だれが、どうすることを喩えていますか。「〜こと」へとつづくかたちで、三十字以内で書きなさい。

問3 ──線②「世間の風潮」とはどんな風潮ですか。文中から言いかえとなる部分をさがし、最初と最後の三字を書きぬきなさい。

問4　――線③「口々に慰められると、私はやりきれない気分に陥った」とあります。「やりきれない気分」の説明として適切でないものを次から一つ選び、記号で答えなさい。

ア　父が生きていてくれたら自分も二人と同じ英語組だっただろうにと思い、悲しさや悔しさに沈んでいきそうである。
イ　内心のショックを隠して平静をよそおっているつもりなのに、心の中を見通されている気がして、いたたまれない。
ウ　姉にも叔父にも、祥子と靖子にも相談できぬまま一人で悩んで下した結論なので、慰められるとかえって傷つく。
エ　進学組の祥子や靖子から慰められると、二人と自分の境遇の差を改めて思い知らされて、みじめな気持ちになる。
オ　祥子と靖子は二人同じ組になったのを内心は喜んでいるはずで、慰めなんて本心ではないと思えて、ねたましい。

問5　――線④「兄が出征する時、赤紙が来て翌日入隊だった」とありますが、これについて靖子の考え方がはっきり読み取れる一文を文中からさがし、最初の四字を書きぬきなさい。

問6　――線⑤「お国のために名誉の戦死をするように」とありますが、文中の軍歌から、ほぼ同じ意味を表す一行の表現を二つさがし、それぞれ最初の三字を書きぬきなさい。

問7　――線⑥「何が何でも生き残って帰って来てくれ」とありますが、与謝野晶子の詩から、これとほぼ同じ意味の一行の表現をさがし、最初の三字を書きぬきなさい。

問8　――線⑦「晶子の歌はみなに感銘を与えたに違いなく、戦時中にそんな授業をする秋山先生を批判する生徒はいなかったのである」について。

1　この「晶子の歌」は、次のうちどれにあたりますか。一つ選び、記号で答えなさい。

ア　口語定型詩　　イ　文語定型詩　　ウ　口語自由詩　　エ　文語自由詩

2　ここでの「感銘」と同じ意味を表す言葉を次から一つ選び、記号で答えなさい。

ア　感服　　イ　感謝　　ウ　感傷　　エ　感心　　オ　感動

3　「戦時中にそんな授業をする」とは、どういう意味ですか。次から最も適切なものを選び、記号で答えなさい。

ア　戦時中なのに、詩や文学など、役に立たないものに貴重な時間を割こうとする
イ　戦時中なのに、家族愛の大切さを強調した詩を教室で朗読し、生徒の涙をさそう

ウ　戦時中なのに、反戦的・非国民と非難されるような詩を、危険を冒して紹介する

エ　戦時中なのに、国を愛する気持ちが欠けている詩を、生徒に書き写させようとする

オ　戦時中なのに、長い詩を板書して、貴重な物資であるチョークなどをむだ使いする

4　「秋山先生を批判する生徒はいなかったのである」について。「私」はどう感じましたか。説明しなさい。

問9　――線⑧「授業は、四年生になって一層少なくなった」とありますが、この一文から、何がどうなったことがわかりますか。「〜こと」へとつづくかたちで、三十字以内で書きなさい。

三　次の①〜⑩の――線のカタカナを漢字に直しなさい。送りがなが必要な場合はひらがなで書きなさい。

①　ユウビンキョクはどこですか。

②　君にそんなことを言うシカクはない。

③　重さをハカル。

④　チンタイのマンションに住む。

⑤　不注意にキインする事故。

⑥　年月をヘル。

⑦　事態をシュウシュウする。

⑧　真理をツイキュウする。

⑨　チョメイな学者。

⑩　将来をヒカンする。

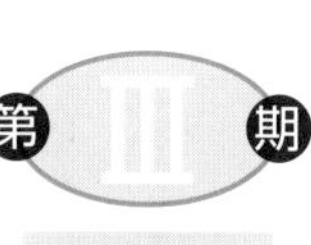

3 実力判定テスト③

試験時間　五十分（百点満点）　解答用紙は別冊5～6ページです。

一　次の①～⑤の――線のカタカナを漢字に直し、⑥～⑩の読みをひらがなで書きなさい。送りがなが必要な場合はひらがなで書きなさい。

① 需要（じゅよう）とキョウキュウのバランスをとる。
② 日曜は校庭を一般（いっぱん）の人にカイホウします。
③ 有名な先生のコウギを受ける。
④ 今月は収入よりシシュツが多かった。
⑤ ハンニンをつかまえる。
⑥ 今日の環境（かんきょう）問題について考える。
⑦ 日本人は元来季節感がするどい。
⑧ 師走の街はクリスマス一色だ。
⑨ 弟はぼくに比べて意気地がない。
⑩ 素人は口を出さないでおこう。

二　次の問いに答えなさい。

問1　次の①～⑥の□にあてはまる数字の合計を算用数字で答えなさい。

①　□日の長　②　鶴（つる）の□声　③　親の□光　④　おかめ□目　⑤　うり□つ　⑥　一を聞いて□を知る

問2　次の［　］に入る適切なことばを漢字で書き、それぞれの意味を後から選んで、記号で答えなさい。

①　［　］の利　②　亀（かめ）の甲（こう）より年の［　］　③　烏合（うごう）の［　］　④　［　］から出たさび

ア　長年の経験は尊いものだということ
イ　争いあっているすきに、他の者が利益を得ること
ウ　統一もなく、むやみにさわぎたてる人々の群れ
エ　人の利益のために危険なことをするたとえ
オ　自分がした悪い行いのために苦しむ結果になること
カ　生活に余裕（よゆう）ができてはじめて人は礼儀（れいぎ）をわきまえる

三　次の文章を読んで、あとの問いに答えなさい。字数指定のある問いでは、句読点・記号なども字数にふくみます。

　誠二は自分の指先がきたない青色に変わっているのも又それが冷たくなって細かに震っているのにも全く気のつかない程①心配をしてるのであった、否恐れているのであった。村のにくまれ者である源太の奴の倅に怪我をさせた。もうそれだけで誠二を震わせるに十分であった。しかもその倅があの鬼の様な源太の一人息子であること、又その怪我が右の眼から血がタラタラと出た程の誠二から見れば大怪我であったこと、それ等は皆一塊になって誠二の頭にドカンとぶつかって来たんだ。ませているとはいいながら今年中学校に入ったばかりの誠二にはあの恐ろしい源太の前に手をついてあやまる等というのはとても出来ることではなかった。誠二はこの間母が「源太の家に遊びに行ってはいけないよ」と言った言葉を思い出した。彼は堪えられない程後悔の念が湧いて来た。

　誠二はたった今五六人の友達と一緒に親の源太とは違ったホントに気の弱いそして親切な倅の信一と遊びに源太の家に来たのだ。信一は家にいてランプの笠を掃除していた。誠二は五六人の友と一緒に家に遠慮なくドカドカ入っていった。誠二は誰よりも先に「信ちゃん、遊びに来たよ」と叫んだ。ホントに誠二と信ちゃんとは仲のよい友達であったのだ、信一もランプの笠の掃除を止めて「外に出よう」と言った。皆ドッとハダシで庭に出た。角力が始まった。誰が始めたと言うのでもない、角力をやろうという皆の考えが偶然に一致したのに過ぎないのである。こんな時にはいつでも弱々しい信一と誠二が一番さきに取組むことに定っていた。そして或時は信一が、或時は誠二が勝ったりして殆んどどっちが強いとは言われない程であった。今日も例によって信一と誠二が一番さきに取組んだ。仲々勝負がつかなかった。信一も誠二もありったけの力を出して努めているんだが仲々勝負がつかなかったのだ。そこで行司の勇ちゃんが「引分けッ」と低く叫んだ。併し二人は夢中になってるのでそれが聞える筈がなかった。

　勇ちゃんは女みたいな細いきれいな眉を一寸ひそめて「オイオイ引分けだよ」と言って二人の傍に歩んで行った。丁度その時どうしたはずみか信一と誠二は殆ど一緒に取組んだままドシンと響を立てて、余程強く地にうちたおれた。傍に歩んで行った勇ちゃんも傍杖を食って一緒にたおれたのは無論である。誠二はすぐ起き上った、勇ちゃんも起き上った、そして「今の勝負は前に言った通り引き分けとしまァす」と元気よく言った。誰もこれに対して不平を言わなかった。

　併し信一はころんだまま起き上ろうとはしなかった。誠二はこれを見て急に心配になって、そばに行って「信ちゃんどうしたい」と声をかけた。併し信一はだまって顔を押えていた。

　誠二は信一をよく見た。誠二はハッと思った。信一の顔を押えている細い指の間から細い糸筋のような血がタラッタラッと二回続いて地面に落ちたのを見たからだ。

　誠二はこれァどっか怪我をしたなと気がついた時にはもう友達の大抵も気がついていたのだった。もう角力どころの騒ぎではなかった。誠二と勇ちゃんと二人で信一を抱き起した。「どこを、いたくしたんだい」誠二は聞いた。信一はだまって両手を顔から離した。

誠二はブルブル震えた。信一の眼から血が——ソウダ確かに眼から血が出ている、誠二は妙に凍ったような笑顔を作って「なんでもないや。家に入って、お母さんに薬をつけて貰ってきたらどうだ」と言った、その声もオドオドして震って迄いたことは言う迄もないことだ。信一はだまって家の方に歩んだ。誠二は勇ちゃんと角力をやった跡をソワソワかたづけていた。誠二は横目でチョッと家の方に歩んで行った信一の方を見た。誠二は友達が皆で信一をとりまくようにして何か信一に聞いているのを見た。

信一は低くチョッと何か友達に言ったようであった。それを聞くと友達は一斉ににらめるようにして眼を誠二の方にくばった。誠二はハッと固くなった。キッと今信一が皆に「誠ちゃんにやられたんだ」と言ったのにちがいない、イヤ確かに言ったのだ。僕が確かに信一の眼を傷つけたんだもの、と誠二は自分のからだが冷たくなるのを意識しながら考えた。友達はパラパラ誠二と勇ちゃんのいる方に帰って来た、もう信一の姿は家に入ってしまった。友達は「オレは知らないぞ」「源太に殺されるぞ、信ちゃんをあんなようにして……」「誰がやったか俺はチャンと知ってるよ」等意地悪く言っていた。誠二の心はもう恐怖の絶頂に上っていた。あの源太……今に怒って来て……あの源太が……源太……誠二の頭に源太の二字がハッキリと焼印でおされていた。友達は何かコソコソ言っていた。誠二は源太の家から早く行こう、逃げようと思った。併し彼にはそれはなんだか一つの罪を作るもののように考えられた。源太……源太、殺される……まさか……でも……誠二はガタガタ震っている自分をも恐ろしさの為に忘れていた。その時友達が「来た来た」と小声で言ったのを聞いた。誠二はもう*諦めたような恐怖し過ぎたようなホントに変な心持ちになってしまった。だまって足もとに生えているタンポポのつぼみを見つめていた。

そしてやがて起る源太の罵り声を待ち受けていた。

「信が馬鹿で怪我をしましたってネ、角力をとったんですって……マァ誰と角力をとったんでしょう」誠二は泣きたい程うれしかった。源太とばかり思っていたのにこれは又信一のお母さんだった。あの誠二を可愛がってくれる、あの優しい源太のおかみさんであったのだ。②もう誠二はだまっていることが出来なくなった。

「おばさんッ僕です。信ちゃんと角力を取ったのは。かんにんしてネ」誠二はこれだけ言って源太のおかみさんにすがりつきたかった。おかみさんは尚優しそうに「オヤ誠ちゃんなの、いらない心配をして居らっしゃったでしょう。ナアニほんの一寸ばかりなんですヨ」と言って笑顔迄作っていた。③誠二はナンとも言うことが出来なかった。ただむりな微笑を以ってこれに応えたばかりであった。

おかみさんは「まだ遊んでいらっしゃいよ」と言って家に入って行った。

誠二はもう嬉しいやら、済まないやらで、だまって坐っていられなくなった。ホントに快活にピョンと*立上って「オイ皆何かして遊ぼうや」と言った。友達は不思議そうにして誠二を見ていた……しばらくしてから皆何もかも忘れてしまったようにして楽しく*隠んぼをして遊んでいた。友達の成ちゃんがそッと誠二の耳に口をつけて感動した口調で「君はエライね、皆感心していたよ、勇ちゃんの犠牲になるなんて」と言った。誠二は不思議そうに「犠牲?」とつぶやいた。誠二には一寸分らなかった。

成ちゃんは「④オイ君いいんだよ。僕等はホラ、サッキ信ちゃんから聞いて知っているんだよ。君も知っていた筈じゃないか。ホラあれは勇ちゃんが信ちゃんの眼に、あやまって指をつっこんだんじゃないか、⑥それに勇ちゃんが知らぬ顔をしているのが憎らしいじゃないかネ」誠二は始めて成ちゃんの言った犠牲の意味がわかった。⑤彼は思わず苦笑を洩らした。そしてこんな犠牲なら何度なってもいいと思った。

（太宰治「犠牲」）

問1　――線①「心配」とありますがどのようなことを「心配」しているのですか。四十字以内で書きなさい。

問2　――線②から――線③にかけての誠二の気持ちを説明しなさい。

問3　――線④、このように成ちゃんが言ったのはなぜですか。次の文の空らんにあてはまることばを三十字以内で書きなさい。

誠二が（三十字以内）**と思ったから。**

問4　――線⑤、誠二が「思わず苦笑を洩らした」のはなぜですか。六十字以内で書きなさい。

問5　――線⑥のように誠二が感じたのはなぜですか。次の中から最もふさわしいものを選び、記号で答えなさい。

ア　信一にけがをさせた犯人は自分ではないとわかったので、安心して気持ちが楽になったから。
イ　誠二の身代わりになった勇ちゃんには悪いが、みんなの前でいいかっこうができたから。
ウ　源太にどんな目にあわされるかと心配していた時のスリルが忘れられなかったから。
エ　「おばさん」に優しい言葉をかけてもらえたし、友達の尊敬も得ることになったから。

四　次の文章を読んで、あとの問いに答えなさい。字数指定のある問いでは句読点・記号なども字数にふくみます。なお、「エッセイ」とは、筆者の体験や読書などから得た知識をもとにして、それに対する感想や思索、思想をまとめた随筆文を指し、その文章を書く人のことを「エッセイスト」とよびます。

心の耳に語りかけたい

「エッセイスト」と呼ばれるようになるにつれ、私は楽しい気持ちだけでなく、使命感に近い気持ちをも持ちながら書くようになった。自然の息吹のなかに身をおくことで感じた「伝えるべきこと」を伝えながら、読者とともに真理を探究しなければと強く思うようになったのである。それはまさしく小鳥たちと、音の精からの贈り物だった。

［ 1 ］、やがて一つの悩みが生まれた。仕事は楽しいのだが、自然や感性のテーマ以外の企画について、求められるものがだんだん①ある傾向をもつケースが増えてきたのだ。それは、ある意味で予期していた要求かもしれなかった。

「見えないあなたを育てた家族のことを書いてください」

「見えない日常をもっとア赤裸々に書いてほしい」

「もっと、見えないという視点から書いてほしい」

何かが引っかかりはじめた。

「私が〝見えない世界から〟書くことは自然だけれど、結局は〝見えない世界を〟書くことしか許されていないのだろうか……」

その声は、ある人に「あなたは目のことや見えない大変さをあまり書かないので、まだ書き手として魂をさらけ出していないのではないか」と言われたとき、はっきりと心の中に響いた。「見えないのにがんばっている」姿を書いているときには感動した、見習いたいなどと言っていただけるのに、障害をテーマにしない「普通の話」を書くと、そこに見えないことを含む経験が書かれていても、決まって「もっと目のことを書くべきだ」という声が聞かれるのだ。ある人などは「転んだ姿を書かないのは良く見られたいからでしょう」などとんでもないことを言い出す始末である。そのうえ、「見えないあなたが風景を描写するのはおかしい」とか「目のことを書かないのはあなたが自分の障害を避けているからではないか」とまで言われることさえ出てきた。私としては障害を避けるどころか極めて自然体でそれに触れているのに、これはいったいどういうことだろう。

「全盲のエッセイスト」と呼ばれる私にとって、見えないこととエッセイストであることは一つのまとまった事実だ。見えない世界から書いていることも真実である。個人の体験を語ったり、見えない人間の立場から語るときにはもちろん視力のことに触れる必要がある。けれども実際には、②私の世界は「見えない」ことだけからできているわけではない。勢い、エッセイにもイ四六時中「見えない、見えない」とばかり書いてはいられない。

たとえば、女性が「私は女性だから大変、女性なのにがんばっている」などと四六時中言ったり、日本人が朝から晩まで「私は日本人でありますから」

と言い続けているだろうか。私にとって、見えないことはそれと同じである。本来「全盲」という状態は、私という人間を表す一つの大きな特色ではあるが、「唯一の特徴」ではないからだ。

元々人生には、見えないことに関する話題よりもみんなで話す話題のほうがはるかに多い。［2］、エッセイもその比率に従ったテーマ配分になっていくのは自然ではなかろうか。特に、障害に関する記述が読者に「障害者の悲壮」を押し売りする手段にならないようにするのは大切だと思う。私のエッセイが結果的に※同胞の気持ちを代弁したり、健常者との対話の一助になれば嬉しいことはたしかだが、エッセイである以上、最初からそれだけを目的にしてはウ○●転倒になってしまう。そして一人のエッセイストとして書くことが許されているのなら、たとえ視力がなくても作品として風景描写を入れるのはごく自然なことだし、ときには「全盲」という言葉なしで発言する機会を認めていただいても良いのではないかとも思うのだ。それでもなお、社会のバリアをなくすためにももっと障害を前面に出すべきだと言う人がいるとしたら、むしろその言葉こそが私たちを必要以上に「障害者枠」に閉じこめようとするバリアとは言えないだろうか。可哀想な障害者像を求める読者というのは、私たちが直面している厳しい現実に心を寄せてくださるあまり、ご自分が③そのバリアの一端を担ってしまうケースがあることに思いが至らないのかもしれない。

それよりも、私はたとえば花の美しさについて語ることで、「色が分からないと綺麗だとは思えないが、その瑞々しい手触りや香りによって美しいと思うことはできる」といった、人間本来の感性を共有したい。電車のなかで座席を譲っていただいても、黙って立たれると「見えないので分からなくて善意を宙に浮かせてしまう」、［3］座れない、といった④障害の悲喜劇の話題ばかりを書いてはいられないのである。

私は、障害ばかりで彩られていない普通の姿を示すことで、こういう偏った先入観を社会が早く卒業できるよう、ヒントをしめしたいのである。

もう一つの事実は、私は必要に応じて、見えないことの実態を克明に描写し、障害者の立場からもきちんと書いてきているということである。［4］、岩波書店の「世界」二〇〇六年九月号に寄稿したときには、医療現場で味わった恐怖体験を書き、それを手がかりに現代の日本人が抱える「想像力の欠如」の問題に取り組んだ。編集者には「迫力のある原稿」と言われ、一定の反響も得た。この原稿は、私が〝sceneless〟（筆者の造語で全盲者の意味）でなければ書けなかったものであり、またそこから出発しなければ想像力の問題にも行きつかなかった。見えない恐怖は、見えない人にしか分からないからだ。しかし、これを想像力の問題まで広げずに「見えないから検査一つ受けるにも大変なんです」という文章で終わらせてしまったら、それは「障害者の声」を書いただけということになる。

あえて生意気をお許しいただけるなら、私は、視力を失ったことによって授かった感覚と世界観を言葉に翻訳して書くことで、英知を授かった万物の霊長という、より高い次元で、万人に備わった深い感性を探求したい。そして障害者対健常者という対比的な世界観を超越したい。実社会の中では一定の「障害者枠」が必要だとは感じるけれども、⑤人間としての障害者枠は無用だと思うからだ。その姿勢はハンディを持つ皆さんには歓迎していただいているらしく、「三宮さんはぼくたちのエスポークスマンになってくれてありがたい」との励ましも多くいただいてもいるのだし。

まあ、こんなふうに書いていること自体、「見えなくてもエッセイ」とか「※白杖頼りに我が人生」みたいなものを書くには、まだまだ力不足だからなのかもしれない。

ところで、※受賞六年目に入った昨今、そんな私の気持ちを理解してくださる方の裾野がようやく広がってきたようなのである。その兆しは、※福音館から音だけで綴った絵本を作る依頼をいただいたころから現れはじめた。［5］、※佼成出版の「宮沢賢治の心」に寄稿させて頂いたとき、

「［A］というお立場に捕らわれず、［B］として思うことを※闊達に書いてください」

という待ちに待った言葉をいただいたのである。

執筆のため急遽朗読してもらった詩や論文はテープにして二十時間ほどになった。それらを速回しで聴きながらノートを取るうちに、賢治の哲学を支える「音」に心が動いていった。それは賢治作品に多いと言われる擬音語・擬声語のことではなく、彼の心を育んだ自然の音、またそれを聴く「心の耳」のことである。賢治は暗闇で水の音や星の光の音を聴いた。私はそれらを心の耳でともに聴こうとし、そのときの気持ちを綴った。それは、見えない私が見た賢治の姿というよりも、私という一人の書き手が「全身感覚」で捕らえた賢治世界の音であった。

そして二〇〇六年七月、私は落語をテーマにした単行本『福耳落語』を発刊した。ドジョウ屋さんなど「落語の現場」に次々と乗り込み、噺家さんたちにあらん限りの質問を投げかけ、落語の中の〝sceneless〟を含めた様々な層を探索した。その結果、本書も「見えない人」の落語観という狭い本でなく、落語を「全身感覚」で捕らえた本になった。賢治の本で「全盲のエッセイスト」から「音を聴くエッセイスト」への脱皮が始まり、今度は落語を通して、「見えない」私から「人間」の私へと、踏み出すことができた思いなのである。

「福耳を、幸福の耳となさいましたなあ」

小沢昭一さんがゆっくりとサインしてくださったメッセージに、私はこれからの目標をはっきり感じた気がする。

弱者の立場から筆を執り続けることは私の責務だと思う。だが、いつか、障害も人種も民族も超える高い精神世界が実現されることを夢見て、心の耳で聴き、心の耳に届くエッセイを書きたい。

それが「三宮麻由子的エッセイの心」なのである。

（三宮麻由子『こころを言葉に　エッセイのたしなみ』（日本エッセイスト・クラブ編）所収「心の耳に語りかけたい」　集英社）

〈注〉※　同胞…兄弟、同国民の意。ここでは「仲間」という意味で使われている

※　白杖…視覚障害者が歩行の際、用いる白い杖

※　受賞…日本エッセイスト・クラブ賞（日本エッセイスト・クラブが主催し、主に新人エッセイストに与えられる賞）を筆者は二〇〇一年に受賞した

※　福音館…福音館書店。子どもの本を出版している会社

※　佼成出版…仏教書や児童書を多く手がける出版社

※　闊達…小さなことにこだわらない様子

問1　[1]～[5]に入れるのにふさわしいことばを次の中から選び、記号で答えなさい。ただし、同じ記号は二度使いません。
ア　たとえば　　イ　しかし　　ウ　つまりは　　エ　そして　　オ　だから

問2　＝＝線ア～エについて、次の各問いに答えなさい。
ア　「赤裸々に」の意味として最もふさわしいものを次の中から選び、番号で答えなさい。
1　熱心に　　2　思ったとおり　　3　あるがまま　　4　ていねいに
イ　「四六時中」の意味をひらがな三字で表しなさい。
ウ　「○●転倒」の○と●にふさわしい漢字一字ずつを入れ、ことばを完成させなさい。
エ　「スポークスマン」は「○○者」という意味です。「○○」にふさわしい漢字二字のことばを文中から書きぬきなさい。

問3　――線①「ある傾向」とありますが、どのような傾向ですか。二十字以内で答えなさい。

問4　――線②「私の世界は『見えない』ことだけからできているわけではない」と同じ内容を表している、四十五字ちょうどの部分を文中からさがし、はじめと終わりの五字ずつを書きぬきなさい。

問5　――線③「その」の指し示す内容を文中から二十五字以内でさがし、はじめと終わりの三字ずつを書きぬきなさい。

問6　――線④「こういう偏った先入観」とはどのようなものですか。それを説明した次の[A]～[C]にあてはまることばをそれぞれ漢字三字で文中からさがし、書きぬきなさい。

[A]は[B]に比べ[C]な存在だと決めつけた考え方

問7 ――線⑤「人間としての障害者枠は無用だと思う」と筆者が述べる理由として最もふさわしいものを次の中から選び、記号で答えなさい。

ア 身体にはハンディがあっても人間本来の感性は共有できると思っているから。
イ 社会に存在する障害者枠は実社会で暮らす場合のバリアになっているから。
ウ 生きている人間を障害者枠に押し込めることなど無意味だと感じるから。
エ 万物の霊長として視力に代わる能力を得ているので不自由などないから。

問8 [A]・[B]（50行目）に入ることばをAは四字、Bは二字で文中からさがし、書きぬきなさい。なお、この問いでは、記号は字数にふくめません。

五 次の①～③に敬語の使い方の誤りがあれば、正しいことばを書きなさい。正しい場合は○を答えなさい。

① 先生のご結婚（けっこん）のお祝いに、みんなで寄せ書きを差しあげましょう。
② おそれいりますが、会議室の場所は受付でうかがって下さい。
③ お父さんが先生によろしくと申しておりました。

11	読んだ本の題名	作者・筆者
	感想・メモ 読んだ日　年　月　日	

12	読んだ本の題名	作者・筆者
	感想・メモ 読んだ日　年　月　日	

13	読んだ本の題名	作者・筆者
	感想・メモ 読んだ日　年　月　日	

14	読んだ本の題名	作者・筆者
	感想・メモ 読んだ日　年　月　日	

15	読んだ本の題名	作者・筆者
	感想・メモ 読んだ日　年　月　日	

16	読んだ本の題名	作者・筆者
	感想・メモ 読んだ日　年　月　日	

17	読んだ本の題名	作者・筆者
	感想・メモ 読んだ日　年　月　日	

18	読んだ本の題名	作者・筆者
	感想・メモ 読んだ日　年　月　日	

19	読んだ本の題名	作者・筆者
	感想・メモ 読んだ日　年　月　日	

20	読んだ本の題名	作者・筆者
	感想・メモ 読んだ日　年　月　日	

読書の記録 

さあ、本を読もうよ！

	読んだ本の題名	作者・筆者
1		
	感想・メモ	
	読んだ日　　年　月　日	

	読んだ本の題名	作者・筆者
2		
	感想・メモ	
	読んだ日　　年　月　日	

	読んだ本の題名	作者・筆者
3		
	感想・メモ	
	読んだ日　　年　月　日	

	読んだ本の題名	作者・筆者
4		
	感想・メモ	
	読んだ日　　年　月　日	

	読んだ本の題名	作者・筆者
5		
	感想・メモ	
	読んだ日　　年　月　日	

	読んだ本の題名	作者・筆者
6		
	感想・メモ	
	読んだ日　　年　月　日	

	読んだ本の題名	作者・筆者
7		
	感想・メモ	
	読んだ日　　年　月　日	

	読んだ本の題名	作者・筆者
8		
	感想・メモ	
	読んだ日　　年　月　日	

	読んだ本の題名	作者・筆者
9		
	感想・メモ	
	読んだ日　　年　月　日	

	読んだ本の題名	作者・筆者
10		
	感想・メモ	
	読んだ日　　年　月　日	

メ　　　モ

啓明館の本

「小学国語」
（みらい）
好評発売中

読解の基礎
（3〜5年向け）

読解の応用
（4〜6年向け）

ことばの学習
（小学校3年生〜）

「秘伝の算数」
（東京出版）
好評発売中

入門編（4・5年用）

応用編（5・6年用）

発展編（6年・受験用）

「中学入試」
好評発売中

日本の地理【第4版】
（株）みらい刊

日本の歴史【第2版】
（株）みらい刊

現代社会【第4版】
（株）みらい刊

「新しい教養
のための理科」
（誠文堂新光社）
好評発売中

基礎編

応用編 Ⅰ

応用編 Ⅱ

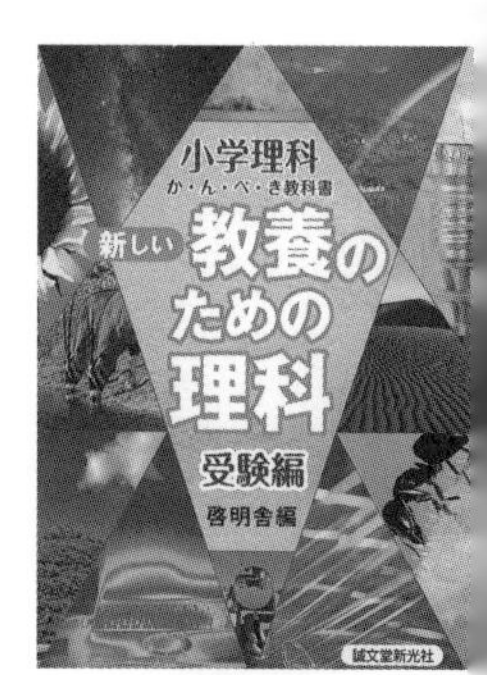

受験編

◆啓明館(啓明舎)とは?

本書『小学国語読解の完成』は、1984年に設立された中学受験専門塾「啓明舎」で作成されたオリジナルテキストです。

啓明舎は1学年150名程度の小規模塾ながら、難関校への進学実績と、高品質なオリジナル教材へのこだわりでは定評がありました。

2009年に大手予備校「さなるグループ」の傘下に入り、2020年に「啓明館」と名称変更。現在では文京区小石川と新宿の2校舎だけで生徒数1200名(2020年4月現在)が通う、東京でも屈指の人気塾となっています。

啓明舎（啓明館）が作成したテキストは、本書『読解』シリーズ・社会の『啓明館が紡ぐ』シリーズ（いずれも「みらい」刊）・『秘伝の算数』（東京出版）・『新しい教養のための理科』（誠文堂新光社）の4教科いずれも、中学受験におけるバイブルとして多くの塾や家庭で愛読され、版を重ね続けています。

啓明館が紡ぐ
小学国語　**読解の完成**

2021年3月30日 初版第1刷発行
2024年4月1日 初版第2刷発行

発行人　荻原　太志
監　修　啓明館
編　集　(株)さなる 教材研究室

発行所　株式会社　みらい
〒500-8137　岐阜市東興町40番地　第5澤田ビル　TEL:058-247-1227(代)
https://www.mirai-inc.jp

印刷・製本　サンメッセ株式会社

ISBN978-4-86015-548-3 C6081

〔著作権許諾〕
日本文藝家協会著作権管理部